路凯

持续探索载具循环共用解决方案

路凯成立于1942年，是亚太地区领先的单元化物流载具循环共用服务商。2023年4月，路凯与集保旗下中国业务完成合并，成立路凯(大中华)控股有限公司（以下简称“路凯（大中华）”），下设路凯包装设备租赁(上海)有限公司、集保物流设备(中国)有限公司等业务主体。路凯（大中华）已在消费品、生鲜与汽配等领域形成完整的业务布局，为客户提供标准托盘、生鲜周转筐、汽车零部件包装等载具及其循环共用解决方案。路凯（大中华）已建成覆盖全国的专业载具运营服务体系，帮助客户管理多对多供应链模式下的载具大规模流转，助力客户打造更经济、更高效、更具可持续发展价值的供应链。

标准化是物流载具循环共用的基础

路凯标准托盘符合国家推荐托盘尺寸标准1200mm x 1000mm，并且采用了全球快消品供应链中应用最广泛的“单面+九墩+日字底”结构。相比于其他结构，日字底结构的木托盘具有更强的通用性，适用于快消品制造商与零售商的各类设施设备与作业场景。

供应链优化，从带板运输开始

路凯托盘循环共用模式是指供应链上下游企业分别租赁路凯标准托盘，通过带板运输及规范的操作流程来转移货物，托盘到终端使用完毕后退回路凯维护保养，帮助客户提高资产利用率，优化供应链效率。

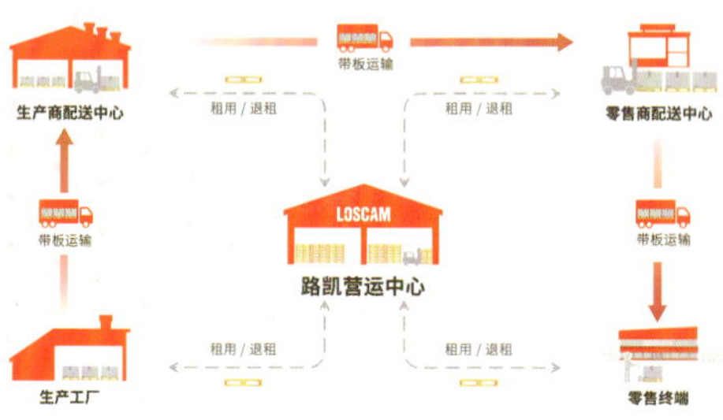

京东物流科技硬件产品

京东物流以客户需求场景为核心；
围绕场景打造智能机器人产品；
为客户提供一体化智能机器人解决方案。

天狼货到人系统 国际领先的货到人智能仓储拣选系统

天狼货到人系统是京东物流自研自产的产品，成长于京东物流智能仓储拣选应用实践，开放应用于各行业仓储及拣选场景成本优化与智能水平提升。作为国际领先的货到人智能仓储拣选系统，“天狼”可以有效提升储存能力和拣货效率，也可以根据不同的仓储场景提供定制化解决方案，解决目前仓储物流行业储存能力不足以及出入库效率不高等痛点，并缓解仓储占地以及人力问题。

地狼搬运系统 国际领先的智能物流搬运系统

地狼机器人是京东物流自研自产的产品，成长于京东仓储智能物流搬运场景应用实践，开放应用于各行业搬运场景并提升行业智能化水平。作为国际领先的智能物流搬运系统，地狼搬运系统可以根据不同物流场景提供定制化解决方案，解决目前物流行业搬运成本高、人员效率低等痛点，有效提升物料搬运效率、降低自动化转运成本，实现物料智能搬运。地狼机器人已广泛应用于十余个国家和地区。

自动分播墙

自动分播墙是一款由京东物流自研自产的、适用于多SKU、多流向场景下中小件商品分播的自动化设备。自动分播墙产品由供包台、分播车和分播架三部分组成，具有立体、柔性和高性价比等特性。

—— 扫码了解 ——
京东物流天狼产品

—— 扫码了解 ——
京东物流地狼产品

—— 扫码了解 ——
京东物流自动分播墙

中国物流包装行业发展报告

（2022）

中国物流与采购联合会物流装备专业委员会
北京交通大学交通运输学院
编

中国财富出版社有限公司

图书在版编目（CIP）数据

中国物流包装行业发展报告. 2022 / 中国物流与采购联合会物流装备专业委员会，北京交通大学交通运输学院编. —北京：中国财富出版社有限公司，2023.9

ISBN 978-7-5047-7994-6

Ⅰ. ①中… Ⅱ. ①中… ②北… Ⅲ. ①物流-包装行业-研究报告-中国-2022 Ⅳ. ①F252 ②TB482

中国国家版本馆 CIP 数据核字（2023）第 187699 号

策划编辑 郑欣怡　**责任编辑** 白 昕 陈 嘉　**版权编辑** 李 洋
责任印制 尚立业　**责任校对** 杨小静　**责任发行** 敬 东

出版发行 中国财富出版社有限公司
社　　址 北京市丰台区南四环西路 188 号 5 区 20 楼　**邮政编码** 100070
电　　话 010-52227588 转 2098（发行部）　010-52227588 转 321（总编室）
010-52227566（24 小时读者服务）　010-52227588 转 305（质检部）
网　　址 http://www.cfpress.com.cn　**排　　版** 宝蕾元
经　　销 新华书店　**印　　刷** 宝蕾元仁浩（天津）印刷有限公司
书　　号 ISBN 978-7-5047-7994-6/F·3583
开　　本 787mm×1092mm 1/16　**版　　次** 2023 年 10 月第 1 版
印　　张 16.25　**彩　　插** 8　**印　　次** 2023 年 10 月第 1 次印刷
字　　数 347 千字　**定　　价** 218.00 元

《中国物流包装行业发展报告（2022）》

编　委　会

《中国物流包装行业发展报告（2022）》

编写人员

主　编： 左新宇　王　沛

副主编： 李艳东　朱　应

成　员： 吉　莹　丁　洋　韩首倪

兰允星　赵　方　李夏曦

万　辉　章凯祥　代辛倩

前　言

包装是人类生产生活物资流通中不可或缺的重要工具。随着历史变迁与生产力的提高，包装经历着从无到有、从简到繁、从繁到适的演化过程。中华人民共和国成立以来，特别是改革开放以来，我国包装行业蓬勃发展，包装的使用功能多样性与设计创新性不断增强，并与物流活动逐步联动融合，成为现代物流的重要组成部分。面对中国式现代化发展要求，物流支撑国民经济发展的先导性、基础性、战略性作用越发凸显，包装作为物流链条中的关键环节，在服务国家战略、适应民生需求、推动经济发展中的贡献能力显著增强。随着重点领域对物流包装的专业化、标准化、智能化和绿色化等要求的持续提升，推进物流包装行业加快发展成为促进经济降本增效、增强核心竞争力的关键着力点。

面对国际经济格局深刻调整，我国积极与世界各国开展国际物流合作，包装作为国际物流的重要组成部分，沟通生产与流通，未来发展驱动力强劲。新技术革命的迅猛推进，促使传统制造业迎来新的转型升级时期，科技革命和产业变革必将为物流包装行业发展注入活力，推动“前沿技术＋物流包装”深度融合。同时，环保低碳规则重构，对技术创新、产业发展、节能减排形成倒逼机制，促进绿色物流包装产业发展，形成新的经济增长点。

中国物流与采购联合会物流装备专业委员会（以下简称“中物联装备委”）深耕物流包装行业，连续举办了多届全国性物流包装技术发展大会，成为物流包装行业技术创新与应用的重要交流平台。在多年工作的基础上，为进一步贯彻国家政策导向，聚焦物流包装领域内优秀企业的创新发展实践成果，展现物流包装发展的新特点，分析物流包装未来发展新趋势，推动物流包装产业高质量发展，中物联装备委专门组织编写了《中国物流包装行业发展报告（2022）》（以下简称《报告》）。

《报告》在编写中坚持了以下原则：一是系统性，《报告》从物流包装发展与变迁起笔，坚持行业实践与技术应用相结合，力图涵盖物流包装材料、包装技术、集装单元及包装系统等各个方面；二是特色性，《报告》立足我国物流包装领域特色实践，立体地展现了快递、快消、汽车等多个专业特色行业的物流包装发展状况；三是实用性，《报告》吸纳包括模数标准化、器具柔性化等在内的多类型企业应用创新案例，尽可能体现包装装备及运营组织技术的现实发展情况，力图给读者提供实用性借鉴；四是可读性，《报告》采用通俗易懂的语言编写，图文并茂，便于读者理解。

本报告由中物联装备委与北京交通大学物流工程系联合撰写，张晓东、马增荣任编委会主任委员，左新宇、王沛任主编。其中第一章由马增荣、张晓东、章凯祥编写；第二章第一、二节由左新宇、张晓东、韩首侃编写，第三节由李艳东、韩首侃编写，第四节由王沛、朱应编写；第三章第一节由马增荣、朱应、韩首侃编写，第二、三节由张晓东、左新宇、韩首侃编写；第四章第一、二节由王沛、兰允星、代辛倩编写，第三、四节由左新宇、朱应、兰允星、代辛倩编写；第五章由张晓东、李艳东、李夏曦编写；第六章第一、二节由马增荣、吉莹、赵方编写，第三、四节由马增荣、左新宇、赵方编写；第七章第一节由李艳东、丁洋、万辉编写，第二、三节由朱应、吉莹、万辉编写；第八章由马增荣、李艳东、代辛倩编写；第九章由张晓东、吉莹、韩首侃编写；第十章由左新宇、丁洋、章凯祥编写；第十一章由朱应、王沛、韩首侃编写；第十二章由马增荣、张晓东、韩首侃、章凯祥编写。

《报告》在编写过程中，得到了国内外许多物流包装企业及专家学者的大力支持，获得了宝贵的一手资料，编写组对此表示衷心感谢。物流包装行业发展日新月异，加之时间和能力有限，《报告》中难免存在不足之处，敬请读者批评指正，以便在后续的报告和工作中不断改进与完善。

编　者

2023 年 7 月

目　录

第一章　中国物流包装发展历程

包装是人类生活与生产物资交流中不可缺少的技术手段。随着人类的进化、生产力的提高、科学技术的进步和文化艺术的发展，物流包装从无到有、从简到繁，经历了一个漫长的演化过程，成为人类经济活动的必然行为。到了近代和现代，物流伴随社会生产和科学技术的进步快速发展，包装也随之变得更为科学、更为复杂。如今生产活动及生活需求不断对物流包装提出新的客观要求，包装已经成为产品正常流通的必要因素。

第一节　物流包装概述

物流包装，是生产与消费之间用以保护商品快速流动、开拓消费市场的一种融合“科学技术”与“艺术形式”的企业行为，是包装在物流领域发挥作用的突出体现。

一、包装与物流

（一）包装概述

1. 包装的定义

在中华人民共和国国家标准《包装术语 第1部分：基础》（GB/T 4122. 1—2008）中，包装的定义是：“为在流通过程中保护产品，方便储运，促进销售，按一定技术方法而采用的容器、材料及辅助物等的总体名称。也指为了达到上述目的而采用容器、材料和辅助物的过程中施加一定方法等的操作活动。”

上述定义包含了对包装认识的两层基本含义：一是静态的“物”，即能够把商品包裹起来的容器、材料。例如，生活中常见的快递包装，其主要表现形式为包装袋、包装盒以及辅助用品等，多采用塑料和瓦楞纸板作为包装原材料；又如一些贵重精密的货物，往往需要通过合理的包装防护来保证货物在整个运输流通过程中的结构和性能不受影响，表现形式常为包装箱，多采用硬度较强的钢材、木材作为原材料。二是动态的“行为”，指选用一定原材料，施以一定技术对商品进行包裹的系列活动。所以，包装可以理解为包装物和包装过程中的相应技术操作。如采用纸质包装盒和胶带等辅助用品将商品进行封装的过程，便可称为包装，若商品为易碎物品，往往包装盒内部会垫有泡沫塑料、充气型塑料薄膜等用以防震。以上过程便可称为包装。

2. 包装的分类

在生产、流通和消费过程中，不同阶段、不同种类的包装所发挥的作用也不相同。对包装的科学分类有利于充分发挥包装在流通和消费领域的作用，可将包装分为物流包装和商流包装。

物流包装也可称为运输包装，在中华人民共和国国家标准《包装术语 第1部分：基础》（GB/T 4122.1—2008）中，运输包装的定义是“以运输贮存为主要目的的包装。它具有保障产品的安全，方便储运装卸，加速交接、点验等作用。”

按包装方式，运输包装可分为单件运输包装和集合运输包装。前者是指货物在运输过程中作为一个计件单位的包装；后者是指将若干单件运输包装组合成一件大包装，以便更有效地保护商品、提高装卸效率和节省运输费用。常见的集合运输包装有托盘、集装袋和集装箱等。

商流包装也可称为销售包装，在中华人民共和国国家标准《包装术语 第1部分：基础》（GB/T 4122.1—2008）中，销售包装的定义是“以销售为主要目的，与内装物一起到达消费者手中的包装。它具有保护、美化、宣传产品，促进销售的作用。”如生活中常见的精美糖纸包装、中秋佳节购买的月饼礼盒等，都是通过精致、高端的包装设计，达到促进销售的目的。

（二）包装在物流中的作用

包装既是生产的终点，又是物流的始点。作为生产的终点，它是整个生产过程最后一道工序，标志着生产过程的完成；作为物流的始点，包装完成后便可以在整个物流过程中发挥对产品的一系列作用。

1. 包装在运输、装卸搬运中的作用

（1）保护产品作用。包装可以保证产品在复杂运输环境中的安全，保证其质量和数量不受损失，如避免搬运过程中的脱落、运输过程中的震动或冲击、保管过程中由于承受物过重所造成的破损，避免异物的混入和污染，防湿、防水、防锈、防光、防止因为化学物质或细菌的污染而出现的腐烂变质，防霉变、防虫害等；在装卸搬运中使商品能够承受一定的机械冲击力，保护商品、提高工效。

（2）方便运输作用。对运输环节来说，包装尺寸、重量和形状，能够适应运输设备对货物尺寸、重量的要求，提高运输工具装载能力，降低运输难度，从而提高运输效率。

（3）在装卸搬运中有利于机械化、自动化装卸搬运作业，减小劳动强度，加快装卸搬运速度。

集装箱作为集合运输包装的一种，在结构上是高度标准化的，与之配合的装卸机具、运输工具（船舶、卡车、火车等）也是高度标准化的，因此在各种运输工具之间换装与紧固都非常迅捷，大大节省了运输时间；作为一种高效率的运输方式，集装箱运输可以在多个方面节省装卸搬运费用、包装费用、理货费用、保险费用等，并大幅降低货物破损率。

2. 包装在储存中的作用

由于物流包装的形状和大小往往较为规则，如生活、生产活动中常见的纸质包装箱，具备530mm×290mm×370mm等多种标准规格，故在储存过程中方便计数，方便交接验收，能够缩短接收和发放时间，从而提高物流作业效率。同时，物流包装往往能够结合托盘等运输器具进行堆存，便于商品堆、码、叠放，进而节省仓容，且良好的包装能够抵御储存环境对商品的侵害。

物流包装上常贴有编码标签，这有利于物流信息管理。产品信息往往都会在产品的包装上得以反映和体现。包装上的标签、标记、代码和其他相关信息，对于物流信息管理起到至关重要的作用。

二、物流包装分类

由于物流包装是包装在流通领域的突出体现，物流包装的具体分类方法和内容与包装的分类方法和内容大体一致。

（一）按物流包装材料分类

1. 木竹包装

木竹包装是以木材、竹材、木竹制品和人造木质板材制成的包装箱、包装盒、包装桶及木制托盘等包装的统称。木竹包装可以就地取材，质轻且强度高，有一定的弹性，能承受冲击和震动、容易加工、具有很高的耐久性且价格低廉。木竹包装是茶叶包装盒的主要方式。由于茶叶是一种干品，极易吸湿受潮而产生质变，且它对水分、异味的吸附性很强，而香气又极易挥发。当茶叶保管不当时，在水分、温湿度、光、氧气等因素的作用下，会引起不良的生化反应和微生物的活动，从而导致茶叶质量的变化。木竹包装对茶叶有较好的保护作用。

木竹包装也可应用于大闸蟹包装、粽子包装、月饼包装、水果包装等各类产品的外包装，能显著提高产品的受欢迎程度和产品档次。

2. 纸质包装

纸质包装是以纸或纸板为材料制成的包装容器，包括纸袋、纸盒、纸箱、纸桶、纸罐等。纸和纸板是一种传统包装材料，至今仍被广泛使用。

瓦楞纸箱是应用广泛的纸质包装之一，特别是作为普通商品的物流包装，可以用来代替木板箱和金属箱。其挺度、硬度、耐压、耐破、延伸性等性能均比一般纸板要高，由它制成的纸箱也比较坚挺，更有利于保护产品。

3. 塑料包装

塑料包装是当今发展最快、使用最广的包装，是以塑料为原材料制成的包装箱、包装袋、包装盒、包装桶、包装瓶及与其他材料合成的各种包装物的统称。在很大程度上替代了传统的木材、金属、玻璃等包装物。

塑料包装包括塑料袋、塑料箱、塑料盒、塑料软管、塑料托盘以及塑料瓶等。其中，化妆品包装材料中用得较多的是塑料瓶和塑料软管，塑料托盘主要用于各类生产现场、物流中的运输、储存、流通加工等环节，可与多种物流容器和工位器具配合，可实现机械化搬运，是现代物流通用化、一体化管理的必备品。

4. 金属包装

金属包装是以钢板、铝板、铝箔等金属材料制成的包装物，包括铁桶、铁盒、铁罐、钢瓶、金属软管等。

钢、马口铁和铝是在金属包装中使用的主要材料。常见的金属包装一般为钢材制成的运输包装和大型容器，如集装箱、钢箱、钢桶等，食品工业中常见的罐头容器就是通过镀锌薄钢板制成的金属包装之一。

5. 玻璃陶瓷包装

玻璃陶瓷包装是以玻璃或陶瓷为材料制成的包装物，如玻璃瓶、玻璃罐、陶瓷瓶与缸、坛、壶等容器。玻璃具有高度的透明性、不渗透性和耐腐蚀性，无毒无味，化学性能稳定，生产成本较低等特点，可制成各种形状和色彩的透明和半透明的容器。陶瓷具有很好的化学稳定性与热稳定性，能耐各种化学物质的侵蚀，耐高温，冷热快速变化也不会对陶瓷造成影响，是理想的食品、化学品的包装材料。

6. 复合材料包装

复合材料包装是利用两种或两种以上的不同材料，利用化学或物理方法制成的新型包装，复合材料是材料科学领域发展的重要方向之一，它的发展也促进了包装材料的多样化。EPP（Expanded polypropylene，也叫“发泡聚丙烯”）周转箱，其硬度达到了中等塑料的95HC，能够保护箱体内部货物不受损伤，且箱体内壁具备复合材料的“镜面”，吸水性为0 g/L（完全不渗水），能够保证周转箱内部的清洁。

7. 藤草类包装

藤草类包装是指利用天然植物（如藤条、植物秸秆、草类等）作为基础材料，经过一定加工手段，直接用于物流活动的包装物，如筐、篓等。

8. 纤维织物包装

利用天然纤维和人造纤维制成的包装物，多为软性包装袋，如塑料编织袋、麻袋、布袋等。

（二）物流包装其他分类方法

物流包装按照包装容器的变形能力可分为软包装和硬包装；按照包装容器的形状可分为包装袋、包装箱、包装盒、包装瓶、包装罐等；按照包装容器的结构形式可分为固定式包装、折叠式包装、拆解式包装；按照包装容器使用的次数可分为一次性使用包装、多次使用包装、固定周转使用包装。

按包装过程所使用的的技术方法，物流包装可以分为缓冲包装、防潮包装、防锈包装、收缩包装、充气包装、灭菌包装、贴体包装、组合包装和集合包装等。

三、物流包装功能

（一）保护产品功能

保护产品功能是物流包装最重要和最基本的功能。主要体现在以下几点。

（1）防止产品破损变形。这就要求包装不仅能承受在装卸、运输、保管等过程中的各种冲击、震动、颠簸、压缩、摩擦等外力的作用；而且需要具有一定强度，可以减少在搬运装卸中由于操作不慎使包装跌落造成的冲击，减少仓库储存堆码时最底层货物承受的强大压力，减少运输和其他物流环节中的冲击、震动。

（2）防止产品发生化学变化，即防止产品发生吸潮、发霉、变质、生锈等化学变化。这就要求包装在一定程度上起到阻隔水分、溶液、光线以及空气中各种有害气体的作用，避免外界不良因素的影响。

（3）防止腐朽霉变、鼠咬虫食。这就要求包装有阻隔霉菌、鼠、虫侵入的防护作用。

（4）防止异物混入、污物污染，防止丢失、散失、盗失等作用。

（二）方便储运功能

物流包装的方便储运功能具体体现在以下几点。

（1）方便装卸，提高效率。物流包装为装卸作业提供了方便，便于各种装卸、搬运机械的使用，有利于提高装卸、搬运机械的生产效率。同时，物流包装的标准化，能极大地提高装载效率。

（2）方便储存，便于识别。物流包装不仅为产品在出入库时增加了搬运、装卸的便利性，而且为保管工作提供了便利条件；物流包装上的各种标志，使仓库的管理者易于识别、存取、盘点产品，使有特殊要求的产品易于引起注意；物流包装中的集合包装也能够节约验收时间、加快验收速度。

（3）方便运输。物流包装的规格、形状、重量等与货物运输关系密切。物流包装尺寸与车辆、船、飞机等运输工具货箱仓容积相吻合，方便了运输，提高了运输效率。

除保护产品、方便储运外，部分物流包装同样具备销售包装促进销售、方便消费的功能，具有广告效力，能够唤起消费者购买欲望。

第二节　物流包装发展与变迁

原始社会，人类为了躲避天灾和猛兽，将获取的剩余食品就地取材进行包裹、保存或者收集归类，这就是最早的包装。伴随着人类文明的发展和生产力的提高，包装在人类的历史长河中经历了漫长的演变和发展过程，大致可以划分为原始包装、古代包装、近代物流包装和现代物流包装四个基本的发展阶段。到了近代随着商品流通方式与流通范围的更新变化，包装在物流领域发挥着越来越重要的作用。

一、包装起源

（一）原始包装

原始的包装形态，是伴随着人类维持生存的需要所进行的最初级的包装。在旧石器时代，原始人的生产能力十分低下，为了生存和繁衍，他们通常群居洞穴，靠双手和简陋的工具采集野果、捕鱼、打猎来维持生活。为了保存和运输劳动得来的食物，他们或用植物叶子、兽皮包裹，或用藤条、植物纤维捆扎，有时还用贝壳、竹筒、兽角等盛装。这些都是早期人类对自然资源直接利用、就地取材的真实写照，是原始形态的包装，完全采用天然材料。

当人类社会进入以石器为代表的新石器时代后，为了更好地储存剩余的食物、种子及盛装物品，原始包装得到了进一步发展，开启早期的包装容器概念，使包装的运输、储存与保管功能得到初步完善。

制陶技术在此时出现了，陶器是原始社会完美的容器。制陶技术逐渐达到了很高的水平，精美的陶器成为人们用来储存剩余粮食及盛装物品的容器。

（二）古代包装

从原始包装到古代包装，包装的功能不断更新发展，从原始的保护和容纳物品功能，渐渐延伸扩展到方便食物、商品储存，方便携带搬运功能。由于物品储存、转运、交换的需要，从事制作各类物品包装材料器具的作坊也随之涌现，出现了陶瓷、玻璃、青铜等人工制作的包装材料。

春秋战国至西汉时期我国漆器工艺得到蓬勃发展，漆器造型丰富多彩而且装饰纹样潇洒飘逸，有很浓的东方艺术意蕴，这个时期出现了盛装酒器、食品和化妆品的漆器饰盒。造型多是盒中套盒，实用美观，具备了便于携带的功能。

唐宋时期，商品经济进一步发展，对包装提出了新的需求。当时，我国一些高档商品如丝绸、纺织品、陶瓷器、手工艺品等需运往东亚、西域各国。这些商品的包装储运，对纺织物、木制、陶瓷和纸制的包装器具，在数量和质量上提出了新的要求。因此，编织业、纺织业以及制作包装容器的工厂和作坊得到较快发展。麻袋、筐、篮使用范围扩大，漆作为防潮、防腐和彩绘涂料，也得到广泛应用。

而单一材料的包装制品逐渐被几种不同的包装材料组合在一起的混合容器所取代，如包装容器内放置缓冲材料或加带捆扎，或采用内外两种材料进行包装等。唐代的商品已普遍使用纸包装，如茶叶、食品等，随着造纸术和印刷术的进步，包装行业进一步得到了发展。

国内外包装的发展都是与人类文明发展同步的，世界文明发源较早的古埃及、古希腊、古罗马等国家和地区，也是从打制石器发展到磨制石器，再发展到陶器。尼罗河盆地曾发掘出公元前 13000 年的陶器，英国、比利时、德国也发现了冰河时期的陶器。古希腊烧制陶器的技艺非常突出，出土的各式陶瓶，造型优美，装饰以反映日常生活和古代神话的人物为主，对人物形象和构图的处理已相当成熟。公元前 3000 年，埃及人开始用手工方法熔铸、吹制原始的玻璃瓶，用于盛装物品；同一时期，埃及人用纸莎草芯制成了一种原始的纸张用以包装物品。

二、近代物流包装

近代物流包装阶段是指工业革命发生以后，包装从传统手工生产向机械制造过渡的历史阶段。此时，我国正处于封建社会后期，而西欧、北美等地区的国家正从封建社会向资本主义社会过渡。18 世纪中期到 19 世纪晚期，西方国家先后经历了两次工业革命，蒸汽机、内燃机的发明，以及电力的广泛使用促使人类社会生产力成倍增长。在包装领域，轮船、火车、汽车的发明提高了海、陆运输能力，促使大量流通用的包装出现，包装在运输领域发挥了越来越重要的作用。

（一）西方近代物流包装

经过以蒸汽机为标志的第一次工业技术革命和以电力为标志的第二次工业技术革

命，整个资本主义经济进入迅速发展的轨道，西方各国的生产、流通、消费直接或间接进入国际经济交往。国内外交易的货物需要经过合理包装，才能进入流通过程，从而使西方各国的包装进入一个新的发展阶段。

19 世纪初，法国人 Nicolas Appert（尼古拉·阿佩尔）发明了用玻璃瓶保存食品的方法，玻璃罐头应运而生。到 19 世纪后半叶，在商店、杂货店中出售的许多商品都采用了玻璃瓶作为包装。1903 年全自动玻璃制造机被成功研制出，这就使玻璃瓶的生产成本大幅降低，从此，玻璃瓶被广泛应用于食品、药品、化工产品等领域，如大规模生产的瓶装啤酒开始走进千家万户。

在物流包装技术方面，18 世纪西方出现了各种类型的瓶塞和瓶盖，对瓶装的流质产品达到有效密封，推动了饮料食品工业的发展。螺纹盖和皇冠盖的出现是近代包装容器密封技术的两次重大变革。

在物流包装的信息传递功能方面，西方进入 18 世纪后，随着造纸机的发明和对平版制版原理的掌握，印刷标签产量大大提高，此后越来越多的厂商使用印刷标签来吸引顾客，扩大销售量。如 1793 年西欧一些国家开始在酒瓶上挂、贴标记和标签；1817 年英国药商行业规定有毒物品的包装要有便于识别的印刷标签。当今世界许多著名品牌的标签早在 19 世纪就已经出现。

物流包装材料方面，纸制品以瓦楞纸以及瓦楞纸箱的发明为标志；赛璐珞是第一种人工开发的塑料材料，其轻便、坚韧、耐水、耐油，成本低，是制作各种包装容器的优良材料。而后，随着第一种完全合成的塑料——酚醛塑料的发明和聚苯乙烯（PS）、聚氯乙烯（PVC）的先后出现，塑料包装材料得到进一步发展。

（二）我国近代物流包装

近代物流包装的发展和取得的成就，标志着包装工业体系开始形成，为包装现代化发展奠定了良好基础。随着近代西方国家的包装材料、技术传入我国，我国包装在功能、材料和生产过程等方面都发生了巨大变革。

1876 年我国在四川铜梁建成第一家机器造纸厂，1906 年在沿海城市出现现代罐头工厂，1921 年在天津建成中国第一家纸板股份有限公司。我国玻璃容器工业始于清朝末期，该时期在沿海地区几个大城市已经出现了单面瓦楞纸箱、机制玻璃瓶和简单的石版、胶版印刷，主要用于包装灯泡、化妆品和烟酒。1920 年，瓦楞包装技术传入中国，这时，世界上瓦楞纸箱在运输包装容器中的比例已经达到 20% 以上。1937 年我国第一只三层瓦楞纸箱在上海制成，用作南洋兄弟烟草公司的卷烟箱。

总之，包装业的发展为国内外的商品流通创造了便利条件。该阶段，经济发展迅速，工业革命带动包装行业发展，使包装行业进入一个新的发展阶段，机器开始替代人力部分完成包装材料生产过程以及包装的过程。近代物流包装的生产打破了古代纯手工制作包装的个性化，向标准化迈进，为现代物流包装的批量化、智能化生产打下了坚实基础。

三、现代物流包装

（一）现代物流包装特点

进入20世纪以来，物流包装在质量和数量上有了飞速发展，不仅形成了一个完整的包装工业体系，而且在物流包装功能和作用方面也发生了显著变化。

（1）新的材料不断涌现。

1908年，瑞士研制出热固性酚醛塑料。20世纪20年代，美国先后研究成功并投产了苯胺甲醛塑料、醋酸纤维透明塑料、聚苯乙烯塑料、脲醛塑料和聚氯乙烯塑料等。20世纪50年代，美国和德国生产聚碳酸酯塑料、意大利合成聚丙烯及多种规格的定向拉伸薄膜、涂布聚丙烯薄膜、复合薄膜等。20世纪90年代，可降解和可食用的有机塑料薄膜包装材料被研制成功。进入21世纪，随着纳米技术的不断成熟，纳米复合包装材料逐渐成为包装行业的新宠。

（2）新技术不断发展。

20世纪以来，人们利用上述新材料开发出了各种各样的包装容器，如双面衬纸的瓦楞纸板箱等。对于易变质的食品，开发出了换气包装、无菌包装、脱氧包装、复合材料包装等，还开发出了自热和自冷罐头。同时，出现了托盘、集装箱等集合包装。目前，已经形成了物理防护包装技术、力学防护包装技术、生化防护包装技术、辅助包装防护技术、物流包装信息技术等多种物流包装技术。

（3）物流包装机械及技术不断进步。

21世纪，物流包装机械向多样化、标准化、高速化和自动化的方向发展，提高了包装效率和效益。在包装印刷技术方面，逐渐引入了现代科学技术的成果，正在向印刷技术电子化、印刷材料多样化、印刷设备联动化、印刷质量高档化的方向发展。

（4）包装产业不断完善。

20世纪以来，包装发展成为一个独立于商品生产之外的工业部门。随着物流技术的不断开发和应用，物流对包装不断提出新的要求，包装也为现代物流的合理化起到了非常重要的作用。

我国物流包装产业已建成涵盖设计、生产、检测、流通、回收循环利用等产品全生命周期的较为完善的体系，分为包装材料、包装制品、包装装备三大类别和纸包装、塑料包装、金属包装、玻璃包装、竹木包装五大子行业。

物流包装不仅是现代物流中的重要环节，也是国民经济产业体系的重要组成部分，在生产、流通和消费活动中发挥着不可或缺的作用。随着我国工业化、城镇化的快速发展和人民物质文化生活水平的不断提高，物流包装也获得了强大的发展动力。

（二）现代物流包装技术

现代物流包装技术主要有物理防护包装技术（防潮包装技术、气调包装技术、危险品包装技术）、力学防护包装技术（主要指防震包装技术或称缓冲包装技术）、生化防护包装技术（防锈包装技术、防霉包装技术、无菌包装技术、防虫害包装技术）和辅助包装防护技术（捆扎包装技术、封合包装技术、收缩包装与拉伸包装技术）四大类。

现代物流包装技术主要研究产品包装的三个阶段，即前期工作阶段（包括包装材料和容器的制造、清洗、干燥、供给等）、主要工作阶段（包括处理、成型、充填、封装、裹包、计量、贴标、选别等）、后期工作阶段（包括堆垛、储存、运输等）所用到的技术原理、工艺过程和操作方法等。

（1）防霉包装技术。

有机物构成的物品诸如食品、卷烟、纺织品、毛制品、橡胶制品、皮革制品、纸与纸板等，容易受霉菌侵袭而发生霉变和腐败，故需要对这些物品实施防霉包装技术。

常用的防霉包装技术有化学药剂防霉包装、气相防霉包装、气调防霉包装、温控防霉包装等技术。

（2）防潮包装技术。

有些物品易吸收水分或表面吸附水分而发生潮解、霉变和腐蚀。因此，应充分了解物品的吸湿特性，明确防潮目的和等级要求，选用适当的防潮材料和技术，才能够达到良好的防潮效果。常见的防潮包装技术便是在商品或包装上缠绕塑料薄膜，达到防潮目的。

（3）防虫害包装技术。

物品在流通过程中，可能受到虫害的侵袭，不仅会使物品破碎或出现洞孔，而且害虫在新陈代谢中产生的排泄物还会污染物品，影响物品的品质和外观。防虫害包装技术是通过各种物理因素（光、热、电、冷冻等）或化学药剂，影响和破坏害虫的生理机能和肌体结构，劣化害虫的生活环境，迫使害虫死亡或抑制害虫繁殖，以达到防虫害的目的。

（4）防锈包装技术。

防锈包装技术的保护对象主要是机电设备、金属制品等容易生锈的物品，通常采用防锈油包装和气相防锈包装。

大气锈蚀是空气中的氧气、水蒸气及其他有害气体等作用于金属表面引起化学作用的结果。如果使金属表面与引起大气锈蚀的各种因素隔绝，就可以达到防止锈蚀的目的。防锈油包装就是根据这一原理，在金属表面涂封防锈油以防止锈蚀。

（5）防震包装技术。

防震包装技术又称缓冲包装技术，它是将防震和缓冲结合起来考虑的包装技术，在各种包装方法中占有重要地位。产品从生产出来到开始使用，要经过一系列的储存、堆码、运输和装卸过程，置于一定的环境之中。在任何环境中，都会有力作用于物品之上，并使物品发生机械性损坏。为了防止物品遭受损坏，就要设法减少外力的影响。

（6）收缩包装与拉伸包装技术。

收缩包装技术是指利用有热收缩性能的塑料薄膜裹包物品或包装件，然后迅速加热处理，包装薄膜随即按一定的比例自行收缩，紧贴包装物品的一种包装方法。

拉伸包装技术是指在常温条件下利用拉伸塑料薄膜对物品或包装件进行裹包的一种包装方法。这两种包装技术原理不同，但包装效果基本相同，都是将包装物品裹紧，都具有裹包的性质。

现代物流包装技术涉及艺术、科学技术与经济等各个方面，是综合性的应用技术。因此，包装技术的选择、研究，应该遵循科学、经济、牢固、美观和实用的原则，综合考虑各方面因素。

第三节　物流包装发展趋势

当前，我国物流服务体系已经基本形成。“十四五”时期的物流发展目标不仅是量的扩张，更重要的是物流服务能力的提升。我国经济已经进入高质量发展阶段，高质量发展的一个重要内容就是绿色低碳，我国物流发展也开始进入绿色低碳发展阶段，而实现物流的绿色低碳发展，包装是关键的重要环节。对于物流包装来说，未来必将向着绿色化、智能化、标准化、专业化的趋势发展，不断提高物流服务能力，同时实现绿色低碳发展。

一、物流包装绿色化

包装耗费了大量的自然资源，且包装废弃物造成了大量的城市垃圾。因此，在物流过程中，发展绿色物流包装不仅是必要的，也是迫切的。从包装的设计和使用两个阶段考虑，可以将物流包装绿色划分为以下两种。

（一）物流包装设计绿色化

绿色包装是指对生态环境和人类健康无害，能重复使用和再生，符合可持续发展的包装。从技术角度讲，绿色包装是指以天然植物和有关矿物质为原材料研制成对生态环境和人类健康无害，有利于回收利用，易于降解、可持续发展的一种环保型包装。

（1）包装设计的简约、高科技化。

“绿色化”包装设计强调尽量减少材料消耗，重视再生材料的使用原则并在包装外观上有所体现。如开发节能新型的包装材料，对现有的包装材料进行开发、深加工，在保证实现包装基本功能的基础上，节约包装材料资源，减少包装废弃物的产生。

（2）包装材料的再循环及再生化。

包装材料的循环再利用是有效治理环境污染、节约能源、合理利用资源的关键，同时它也是一种积极有效处理包装废弃物的方法。

可再生的包装材料是指包装材料经过回收之后再加工，形成新的材料资源而继续使用。如人们用植物的杆、茎等编制袋、篮、筐、篓等包装容器，或以木屑、棉织物、农作物秸秆和麦秸等为原材料，加工生产替代塑料、玻璃等的包装材料。充分利用这些对自然生态环境影响小的包装材料，将是未来产品“绿色化”包装设计发展的方向之一。

其中，用塑料托盘代替木质托盘已成为欧美等地区首选的绿色包装方式，因为塑料托盘不仅可以全部回收利用，减少了因此产生的垃圾，还防止了每年成千上万亩森林的损失。

（二）物流包装使用绿色化

物流包装设计的绿色化，让包装在生产设计阶段便向节约资源、保护环境迈出步伐，而在包装的使用层面，也要做到绿色化，该过程可通过以下方式实现。

（1）使用可拆卸容器。

可重复使用的物流包装容器在其储存和运输过程中一定要方便、成本低，并具有一定的承载力。一般在容器的适当位置采用活动连接的方式使其可折叠、可拆卸。

（2）充分利用可回收容器。

可回收容器的使用越来越普遍，它们有一个共同点：有一个完整的标记系统以控制容器的流通，在可回收系统中，各方必须明确地使用这种标记以达到容器的最大化使用。

（3）采取集合包装方式。

集合包装是将一定数量的包装件或产品，装入具有一定规格、强度且能长期周转使用的更大包装容器内，形成一个合适的搬运单元的包装技术。它能节约包装材料、降低包装成本，还能促使物流包装标准化和规格化。集合包装的方式较多，如集装箱集装、托盘集装、无托盘集装、框架集装等。

二、物流包装智能化

（一）新型材料赋能包装设计

随着现代科学技术的进步，新材料不断涌现，大量的传统包装材料逐渐被新材料所替代。包装的材料智能型技术即在包装设计时使用新型智能材料为包装赋能的技术手段。这些新型智能材料在包装上的应用，增强了物流包装设计的功能性，拓展了物流包装的使用范围。

（1）变色包装材料的使用。

变色包装材料可使包装在受到光、电、温度、压力、溶剂以及化学环境等特定外界激发源作用时，通过颜色的变化来作出反馈，可以实现包装的图案显示、信息记录、警示提醒、美化装饰、防伪安全等功能。

（2）发光包装材料。

发光包装材料是指在受到外界影响时，能以某种形式吸收能量，并以光的形式表现出来的材料，通过包装本体颜色以及与环境光的颜色进行叠加后的第三方色彩去实现包装视觉的传达。在工业上常以油墨涂料、陶瓷玻璃或者有机材料为载体。具有警示提醒、防伪及互动等功能。

（3）活性包装材料。

活性包装材料是指包装材料具有特定物质吸收剂或释放剂，改变包装内部氧气和二氧化碳浓度、温湿度、pH 值及微生物含量，创造适宜内装物储藏的气体环境，延长内装物储藏期。目前已应用于生鲜食品、果蔬、医药及日用品等领域，具有延长食品保质保鲜期、为生鲜活物跨地运输提供保障，以及减少对人体带来的潜在性生物危害等功能。

（4）其他包装材料。

除了以上所阐释的变色包装材料、发光包装材料、活性包装材料外，还有其他如水凝胶包装材料、变形记忆材料、自修复智能材料等新型智能材料，在包装领域均有较好的应用前景。

（二）信息技术赋能包装运用

包装的数字化是以包装为载体，利用二维码、特征图像、RFID（射频识别）、NFC（近场通信）、TTI（时间和温度指示器）、智能传感器等感知元件，对商品的原材料、生产、仓储、物流、销售、消费等全生命周期进行数据采集和信息传递，为智慧物联大数据平台提供数据源，从而使包装成为实现万物互联的入口，使该包装商品具备数据采集和信息交互功能。

从包装过程来说，自动化包装技术也有诸多进展：京东物流开发的“精卫”推荐系统，不仅可以通过机械手抓取和3D视觉等先进技术来高效完成包装过程，而且可以根据货物特性，自动推荐最适合的耗材类型、包装方式，而这一点对于降本增效来说是非常关键的。

三、物流包装标准化

（一）物流包装标准化内容

物流包装标准化并不是指对于物品的外在包装，而是指如何将物流系统进行合理、有序、现代化包装。物流包装标准化包括包装材料标准化、包装容器标准化、包装工艺标准化等多个方面。

包装材料标准化主要是商品在包装的过程中选取符合标准的材料，保证材料的质量能够对商品起到保护作用，避免商品在运输的过程中受到损害。对包装材料进行规范，既可以避免材料的浪费，又可以节省企业的成本，有利于企业的长久发展。

包装容器标准化是指容器的大小与运输工具的大小相适应，避免因为容器过大而造成无法运输的现象。所以，对于包装容器的大小需要进行严格规定。实现物流包装容器的标准化，一方面是为了方便商品的运输，另一方面还能节省材料，避免材料浪费。

包装工艺标准化主要是针对包装箱和桶类物品而设定的。对于这一类物品，必须严格规定商品的数量，防止因为包装箱内的空隙较大，物品之间相互碰撞发生损坏，造成不必要的经济损失。另外，还对包装箱的材料、厚度、规格等进行了规定，达到对商品保护的作用，减少运输的损失。

（二）物流包装标准化意义

（1）物流包装标准化是提高物流包装质量的技术保证。任何一个标准和规范都是从实践经验和科学研究中总结和制定出来的，代表着当时较为先进的水平，标准化的实施影响着物流包装的好坏。

（2）物流包装标准化是供应链管理中核心企业和节点企业之间无缝连接的基础。在供应链中，从供应商的供应商到顾客的顾客，只有将其无缝连接，才能使企业之间实现快速反应。供应链上的各个企业要采用统一的标准，否则供应链的启动难以实现。

（3）物流包装标准化是企业之间横向联合的纽带。随着科学技术的发展，生产社会化的程度越来越高，生产协作越来越广泛，物流包装涉及储存、运输、装卸、搬运、配送等物流环节，这就要求通过标准化将生产部门及生产环节有机联系起来，以保证物流过程中的高效运行。

（4）物流包装标准化是合理利用资源和原材料的有效手段。标准化的主要特征是重复性，标准化的重要功能就是对重复发生的事物尽量减少和消除不必要的劳动消耗，并促使以往的劳动成果重复利用。物流包装标准化有利于合理利用包装材料和包装制品的回收利用。

（5）物流包装标准化可以提高包装制品的生产效率。实现统一的物流包装标准，可以将零散的小批量生产集中为大批量、机械化、连续化生产，从而提高包装制品的生产效率。

（6）物流包装标准化有利于促进国际贸易的发展，增强市场竞争力。物流包装标准化已经成为国际贸易的组成部分，只有实行与国际标准相一致的标准，才能提高产品在国际上的竞争力。

四、物流包装专业化

（一）专业领域的物流包装需求

1. 食品领域物流包装需求

近年来，国内消费者越来越重视食品的安全性，期望利用活性化包装与智能化包装延长食品的货架期，并提高商品的可追溯性。所需求的物流包装要既能对商品的外部环境进行识别、判断和控制，也能对商品包装微空间的温度、湿度、压力以及密封状态等参数进行识别、判断和控制，从而在保障食品安全、提升食品质量、最大限度地保留食品的营养价值等方面发挥重要作用。

2. 医药领域物流包装需求

随着人们生活水平的提高、健康意识的不断增强，以及我国对医疗卫生事业投入的不断加大，我国医药包装市场正在迅速崛起，其对包装的要求也越来越高。2019 年我国医疗器械市场规模就已经超过 6000 亿元，物流运输成本占比为 1% ~2% 。在具体物流运作中，质量管控、信息化追溯、仓储等方面都将走向规范化。例如，对于体外诊断产品（IVD）的物流运输，因其在高温状态下容易失效，就需要极其严格的温控和冷链保障。在运输的全过程中，也需要全程严格监控货物状态，对物流包装的信息追溯、温控、实时数据传输监测等技术要求极高。

3. 高精尖领域物流包装需求

以半导体行业为例，集成电路芯片往往体积较小，但是货物价值很高，在运输过程中，需要非常注意震动、潮湿等因素的影响；该行业对质量问题的容忍度也非常低，因为非常少量的破损都可能意味着高额的损失。反过来说，在这样的高科技行业更需要应用具备先进传感技术的物流包装。

（二）物流包装专业化意义

《“十四五”现代物流发展规划》中明确提出要遵循推动形成需求牵引供给、供给创造需求的良性互动和更高水平动态平衡的原则；提高专业物流质量效率，如推动危化品物流全程监测、统上监管、实时查询，提高异常预警和应急响应处置能力，完善医药物流社会化服务体系，健全全流程监测追溯体系，确保医药产品物流安全；促进物流业与制造业深度融合，实现规模化组织、专业化服务、社会化协同；引导中小微物流企业发掘细分市场需求，做精做专、创新服务，增强专业化市场竞争力，提高规范化运作水平，完善物流服务质量评价机制。

物流包装的专业化需求从品质、效率等方面反映出了客户的独特要求，物流包装的专业化发展将不断加深物流在市场需求层面的延伸度和精细度，加强物流业与其他产业联动发展，推动物流服务能力构建。

第二章　中国物流包装发展环境

物流业作为国民经济中具有先导性、基础性、战略性的行业，对于经济发展具有重要的支撑作用；物流包装作为物流业发展的重要组成部分，对于推进供给侧结构性改革、促进经济高质量运行具有重要作用。本章通过分析物流包装发展面临的国际环境、国内政策环境、国内经济环境、国内社会环境，帮助读者从宏观角度认识我国物流包装发展环境。

第一节　物流包装发展的国际环境

在百年未有之大变局的背景下，国际环境发生深刻变革。全球经济整体增速放缓，冲突摩擦日益加剧，影响国际贸易与物流稳定。同时，以信息技术为代表的新技术革命带来物流包装技术发展的新机遇。通过深刻分析、认识国际环境变化，准确把握深层次趋势性变化，由外及里探究物流包装技术发展的国际环境。

一、国际经济格局深刻调整，包装发展内驱力强劲

（1）全球经济处于低速增长期。随着世界格局深刻调整，人口增速放缓、老龄化加速和环境保护日益严格等诸多约束逐步涌现。人口增速的放缓和老龄化程度的加剧，将成为拖累发达国家和部分发展中国家经济增长的重要因素；在能源资源利用领域，新技术的涌现将改变全球能源供给和产业分工的格局；尽管长期来看全球化仍将继续深入发展，但近期内全球化面临诸多挑战。综合考虑科技发展、城镇化、人口以及环境等重大基础因素变化，专家评估全球经济增长速度将呈现趋势性下降。

（2）国际经济格局多极化更加显著。随着新兴经济体崛起，发展中国家在全球经济中的地位更加重要。部分亚洲和非洲国家有可能成为全球经济增长的领跑者。到2035年，发展中国家GDP规模将超过发达经济体，在全球经济和投资中的比重接近60%。全球经济增长的重心将从欧美转移到亚洲，并外溢到其他发展中国家和地区。

（3）国际贸易将呈现数字化等特点。经济全球化深入发展，国际分工不断深化，仍将是国际贸易持续发展的重要推动力。未来全球贸易发展，将呈现新的趋势和特点。

主要表现在：国际贸易的形式发生改变，数字产品贸易、服务贸易、产业内贸易占比将明显提高。在信息技术推动下，跨境电子商务将快速发展，新的国际贸易方式将催生新的监管模式。全球贸易格局将发生改变，国际分工价值链区域化特征进一步增强；新兴经济体在全球贸易中的地位上升。全球贸易失衡状况将在 2030 年左右达到峰值，而后逐步改善。国际贸易规则将更加强调高标准、高水平的便利化与自由化。

（4）包装发展内驱力强劲。我国政府积极推动与世界各国开展国际物流合作，发展海运、陆运、空运和多式联运在内的多种形式的国际运输合作，推动亚欧大陆桥、澜沧江—湄公河、东北亚等国际物流体系的建设。随着经济全球化和信息技术的发展，发达国家的物流体系建设开始引入先进的管理科学理念和信息技术，在国际物流产业占据着主导位置。从政府层面上来说，发达国家积极加强基础设施的投入、推进物流产业的标准化、支持物流知识和技术创新、协调政府管理职能、打破垄断、减少政府干预，为物流产业的发展建立了高效的运行平台和宽松的市场环境，引导和鼓励本国物流业的国际化发展。

面向适应世界百年未有之大变局加速变化，中共十九届五中全会审议通过的《中共中央关于制定国民经济和社会发展第十四个五年规划和二〇三五年远景目标的建议》提出了“加快构建以国内大循环为主体、国内国际双循环相互促进的新发展格局”。2020 年 9 月 9 日召开的中央财经委员会第八次会议强调，流通体系在国民经济中发挥着基础性作用，构建新发展格局，必须把建设现代流通体系作为一项重要战略任务来抓。要统筹推进现代流通体系建设，为构建新发展格局提供有力支撑。而物流包装作为流通环节的重要领域，沟通生产与流通，未来发展内置驱动力十足。

二、新技术革命迅猛推进，物流包装技术日益创新

21 世纪以来，全球科技创新进入空前密集活跃时期，新一轮科技革命和产业变革正在重构全球创新版图、重塑全球经济结构。以人工智能、物联网、大数据为代表的新一代信息技术加快崛起，传统制造业迎来了新的转型升级时期。在这一轮全新变革中，信息化、智能化取代了自动化、机械化，智能制造、智慧物流的发展日渐深入人心。而面向新技术革命，物流包装产业如何抓住此轮科技革命和产业变革中关键的“机会窗口”，推进“前沿技术 + 物流包装”深度融合，值得思考。物联网、5G 等新兴技术促进物流包装行业与技术发生深刻变革、升级转型，物流包装向智能化、自动化以及个性化方向日益创新。

（1）信息技术助力物流包装智能化发展。信息技术主要是指有关信息的产生、收集、传输、接收、处理、存储、检索等技术的总称，包括微电子技术（提供电脑芯

片)、计算机技术、通信技术、信息存储技术、数据库技术、网络技术等。现阶段，信息技术已经逐步应用在物流系统的方方面面。智能化的物流包装系统集机、电、光技术于一体，通过集成智能化技术，对物品在包装、运输、装卸、搬运和仓储以及流通加工等各工作环节的作业中产生的全部信息，进行及时、有效地收集、分析和处理等，智能包装是其中重要的一环。

（2）新材料技术筑牢物流包装发展基石。材料是物质世界三个基本要素之一，材料技术的发展是各种新技术发展的基础。20 世纪 70 年代以来，具有各种特殊性能的材料（光导纤维、非晶态材料、新型陶瓷、碳 60、钛合金、纳米材料、生物材料、智能材料等）不断涌现。据统计，目前已有 25 万种性能各异的材料问世，以满足生产及生活各方面的需要。而物流包装材料同样是物流包装的重要组成部分，新材料的涌现往往会促进新型包装容器或设备的进一步完善，从而产生巨大的经济效益。

（3）新制造（加工）技术为物流包装赋能。相对于传统的机械制造（加工）技术，新制造（加工）技术呈现出一系列新的面貌。主要表现在以下几方面。①计算机集成制造系统（CIMS）技术：面对市场，从顾客的需要及企业的整体能力出发，利用计算机系统使产品的制造（加工）实现高质、低耗、快速的技术。②机器人技术：利用机器人进行一些特殊的制造（加工）作业。例如，水下机器人、室外遥控移动式机器人、精密装配机器人。③微加工技术：应用纳米技术的加工尺度已达到纳米级，可以对单个原子、分子进行直接操作。上述新制造（加工）技术在物流包装领域的深度应用，对于物流包装装备制造、包装容器设备性能以及包装应用实践方面具有重要的提升意义。

三、国际治理体系加速演变，环保低碳规则重构

恶劣气候变化的灾难性影响推动全球减少碳排放。自从人类社会进入工业化时代以来，以二氧化碳为主的温室气体排放量迅速增加，温室气体浓度升高强化了大气层阻挡热量逃逸的能力，形成更强的温室效应，从而温室气体排放与气候变化之间产生了紧密联系。

近年来，全球主要发达国家的碳生产率、能源生产率、原材料生产率等均有所提升，同时社会对实现绿色发展、应对气候变化也有比较广泛的基础。但广大发展中国家仍然面临如何在发展经济与保护环境中实现协调平衡的严峻挑战。为了实现可持续发展目标和推动世界经济发展，控制污染、实现低碳转型的绿色发展正在成为各国经济发展的主流。绿色发展对国际经济格局产生重要的影响，将对技术创新、产业发展、污染减排形成倒逼机制，促进绿色创新和绿色产业发展，形成新的经济增长点。

我国包装材料的消耗量较大，且可回收循环利用的包装材料的回收率较低，导致了我国应用绿色包装的成本相对其他国家较大。随着全球气候的反常、环境污染的严重，消费者开始关心环保，逐渐迫使我国包装行业向绿色包装转型。在材料研发和包装废弃物防腐降解方面，我国与发达国家依然有一定差距。

第二节　物流包装发展的国内政策环境

包装行业为国家产业政策所支持，其涵盖了包装产品的设计与生产、包装印刷、包装原辅材料供应、包装机械以及包装设备制造等多个生产领域。另外，包装产品还参与了货物流通的每一个环节。改革开放以来，中共中央、国务院有关部门多次出台鼓励发展和规范包装行业的政策，体现出对该行业的高度重视。

第三节　物流包装发展的国内经济环境

经济环境是物流技术发展的宏观环境，为物流技术提供发展的土壤。从国际环境看，世界百年未有之大变局加速演进，新冠肺炎疫情加快世界经济格局演变，全球产业链分工格局加速调整；从国内角度看，我国正处于转变发展方式、优化经济结构、转换增长动力的攻关阶段，结构性、体制性、周期性问题相互交织，但已转向高质量发展阶段。在21世纪初经济全球化深入发展的外部环境下，市场和资源“两头在外”对我国快速发展发挥了重要作用，但是面对保护主义上升、世界经济低迷、全球市场萎缩的态势，我国从长远发展的角度，提出了构建新发展格局。新发展格局的核心变化在于充分发挥国内超大规模市场优势，通过繁荣国内经济、畅通国内大循环为我国经济发展增添动力。

构建以国内大循环为主体、国内国际双循环相互促进的新发展格局，是以习近平同志为核心的党中央根据我国新发展阶段、新历史任务、新环境条件作出的重大战略决策，是新时代我国社会主义现代化建设战略布局的重要组成部分。

一、经济发展增速趋缓

“十三五”时期我国经济增长的预期目标为6.5%以上。“十三五”时期前四年，GDP增速分别为8.4%、11.5%、10.5%和7.3%。2020年我国经济受新冠肺炎疫情严重冲击，GDP只增长了2.7%。由于基数很低，2021年GDP增长13.4%，两年平均增长7.93%。近两年经济增速已呈回落趋势，如2022年GDP增长仅为5.3%（见图2-1）。

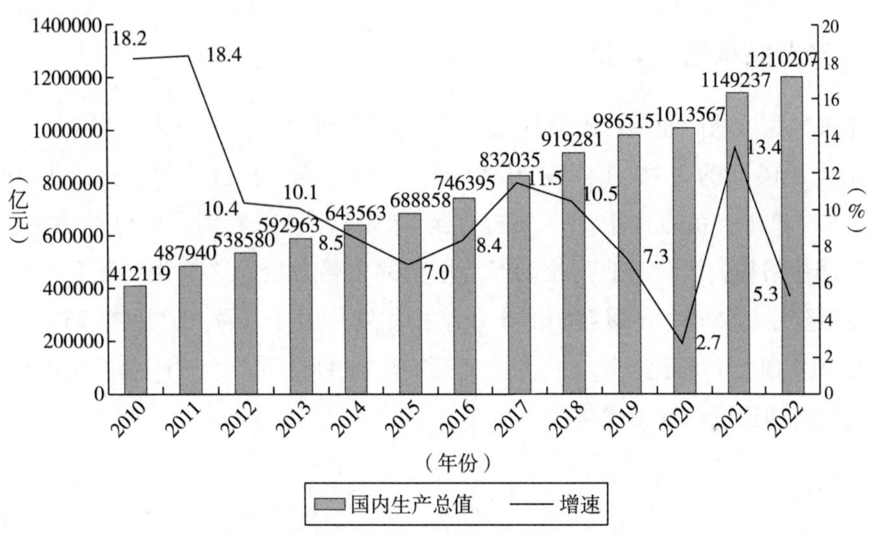

图 2 -1　2010—2022 年我国 GDP 变化情况

资料来源：国家统计局。

在 2020 年之前，由图 2 -2 可知我国人均 GDP 增速在 7% 上下浮动，2020—2022 年人均 GDP 增速受疫情影响波动较大。2022 年，我国的人均 GDP 达到 85698 元。在国际货币基金组织（IMF）公布的 2022 年世界各国人均 GDP 排行榜中，中国列 63 位，与发达国家仍有不小的差距。《中华人民共和国国民经济和社会发展第十四个五年规划和 2035 年远景目标纲要》提出“人均国内生产总值达到中等发达国家水平”。虽然经济下行压力较大，为了实现这一目标，当前我国仍然要付出努力推动经济增长。

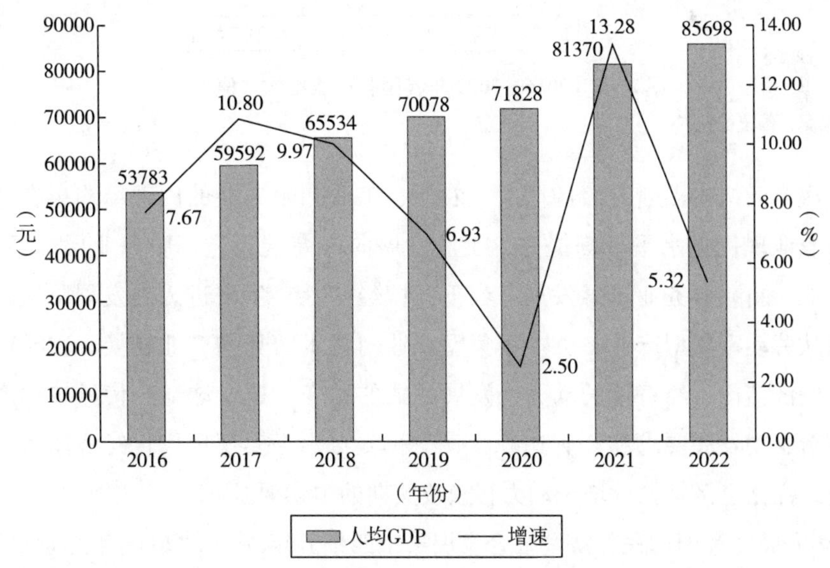

图 2 -2　2016—2022 年我国人均 GDP 变化情况

资料来源：国家统计局。

二、产业结构逐步调整

近年来，我国的产业结构不断优化，如图 2－3 所示，从产业占比来看，第一产业产值占比从 2016 年的 8.1% 下降到 2022 年的 7.3%，第二产业产值占比由 39.6% 升到 39.9%，第三产业产值占比由 52.4% 提升到 52.8%。可以看到我国已经稳定在“三、二、一”产业格局，第三产业为拉动经济增长的主要力量，这是我国正在迈向高效益的综合发展阶段的体现，不过我国的产业结构和发达国家（第二产业在 25% 浮动，第三产业在 70% 以上）相比，第二产业占比还有下降的空间，第三产业占比还有提升的空间，产业结构还可以继续优化。

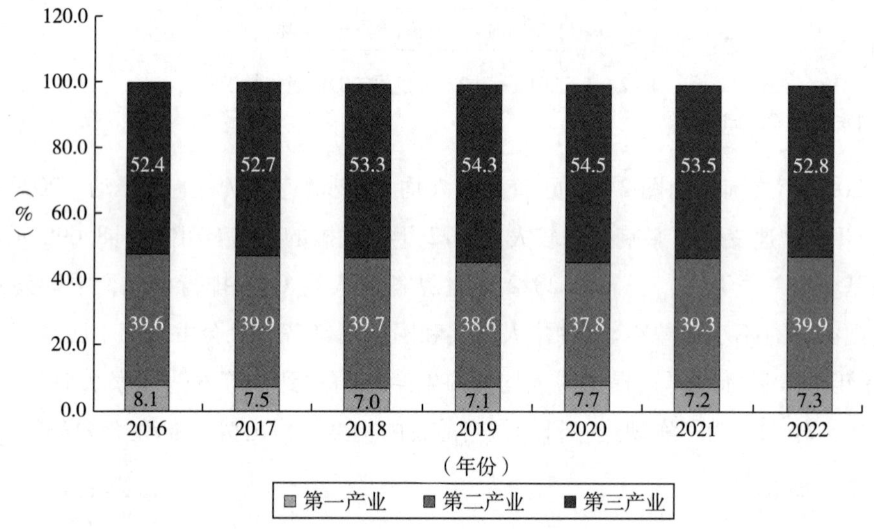

图 2－3　2016—2022 年我国各产业结构产值占比

资料来源：国家统计局。

在三次产业结构不断升级的同时，农业、工业和服务业的内部结构也在调整中持续优化。农业现代化水平不断提高，工业发展向中高端迈进，服务业层次不断提升，现代服务业、新兴服务业迅猛发展。当下我国经济社会发展进入新发展阶段，主导产业将逐渐从劳动密集型产业、资本密集型产业向技术密集型产业转换。主导产业的转变意味着经济结构、经济增长动力、发展方式的转变，是全球新一代科技和产业革命环境、创新驱动发展要求和“碳达峰、碳中和”目标下实现现代化经济体系跨越发展方式转变、优化经济结构、增长动力转换攻关期的迫切要求。

《中华人民共和国国民经济和社会发展第十四个五年规划和 2035 年远景目标纲要》中已提出加快发展现代产业体系的部署和要求，“坚持把发展经济着力点放在实体经济上，加快推进制造强国、质量强国建设，促进先进制造业和现代服务业深度融合，强化基础设施支撑引领作用，构建实体经济、科技创新、现代金融、人力资源协同发展的现代产业体系。”

三、经济发展面临压力

总体来看，我国经济当前尚未恢复至疫情前水平，中央经济工作会议和政府工作报告均强调了经济发展面临需求收缩、供给冲击和预期转弱的三重压力。其中，在需求方面，消费需求、投资需求和净出口需求都存在挑战。

（1）投资需求对经济的拉动作用逐渐减小。

从图 2－4 可以看到，2016—2019 年我国的固定资产投资总额的增长率始终保持在 5% 以上，2020 年增长率最低，为 2.92%，2020 年以后固定投资总额开始逐渐增长。如表 2－1 分产业看，2022 年第一产业投资 14293 亿元，比上年增长 0.2%；第二产业投资 184004 亿元，增长 10.3%；第三产业投资 373842 亿元，增长 3%。

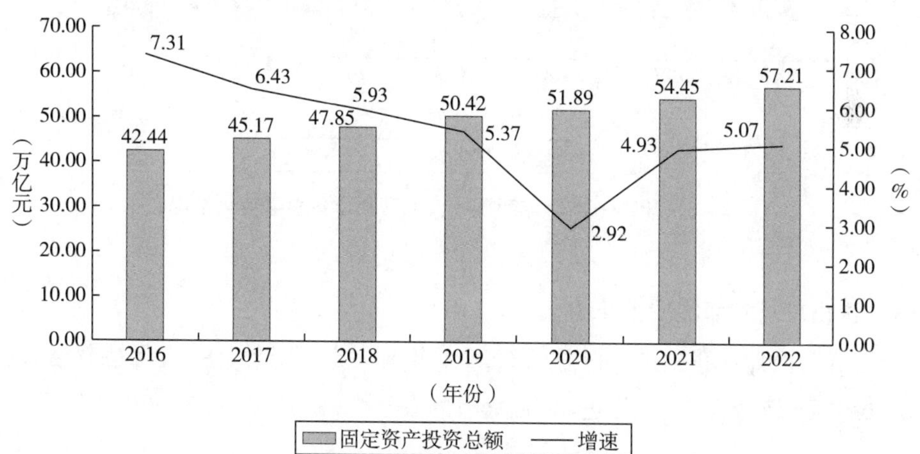

图 2－4　2016—2022 年我国固定资产投资（不含农户）变化情况

资料来源：国家统计局。

表 2－1　2016—2022 年我国固定资产投资（不含农户）分产业数据　（单位：亿元）

年份	2016	2017	2018	2019	2020	2021	2022
第一产业投资	9146	9810	11075	11138	13302	14275	14293
增速（%）	13.0	7.3	12.9	0.6	19.5	9.1	0.2
第二产业投资	132867	135970	144455	149005	149154	167359	184004
增速（%）	2.6	2.3	6.2	3.2	0.1	11.3	10.3
第三产业投资	282386	305949	322931	344071	356451	362877	373842
增速（%）	9.5	8.3	5.6	6.5	3.6	2.1	3.0

资料来源：国家统计局。

（2）消费需求尚未恢复到疫情前水平。

由图 2－5 可以看到，我国社会消费品零售总额 2016—2019 年一直保持着增长，在

2020 年由于疫情，导致社会消费品零售总额有了一定程度下降。2021 年社会消费品零售总额 44.08 万亿元，比上年增长 12.5%，扭转了 2020 年消费需求对经济增长贡献为负的不利局面。但 2022 年社会消费品零售总额与 2021 年基本持平，增速为 –0.2%，可见消费需求增速仍未恢复至疫情前水平。

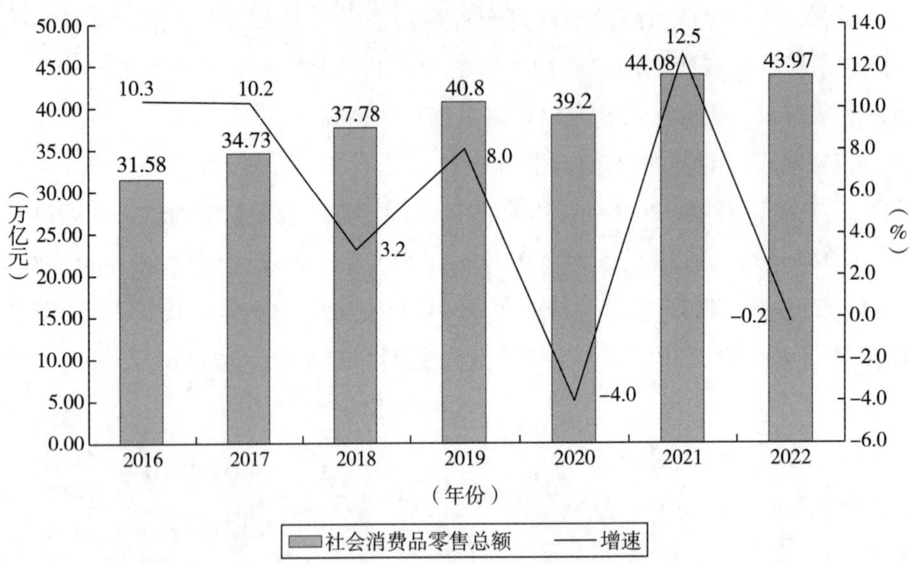

图 2–5　2016—2022 年我国社会消费品零售总额变化情况

资料来源：国家统计局。

（3）进出口需求面临较大压力。

“十三五”时期，我国进出口总额除 2016 年有一定下降外，一直保持着增长状态。从图 2–6 中可以看到，2021 年进出口总额增速较大，达到 21.4%，2022 年进出口总

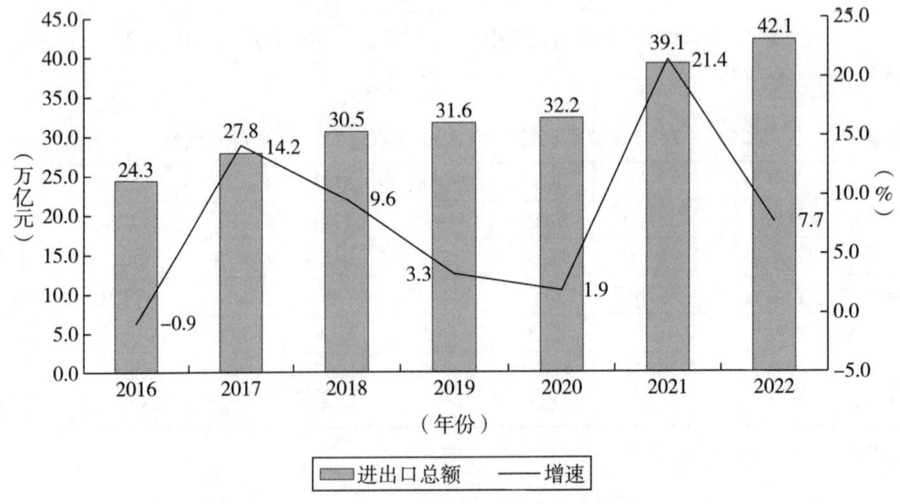

图 2–6　2016—2022 年我国进出口总额变化情况

资料来源：国家统计局。

额已达到42.1万亿元人民币，增速为7.7%。由于2021年增长表现突出，2022年进出口面临较大压力。一方面，发达国家生产逐渐恢复，供需缺口收窄，对我国出口高速增长的支撑作用可能减弱；另一方面，从贸易竞争国来看，随着之前遭受疫情重创的一些新兴国家生产逐渐恢复，我国对发达国家的出口份额有一部分将转移至这些贸易竞争国。

如今，我国内部需求潜力巨大，未来，国内市场主导国民经济循环特征会更加明显，经济增长的内需潜力会不断释放，还会有更大的前进空间。

第四节　物流包装发展的国内社会环境

一是电商的发展。消费者的新需求变化为物流包装的发展提供良好契机。当前，网上消费已经成为社会消费的新型中坚力量。电商平台交易的商品，运输流程复杂多变，多次搬运会直接增加货物摔坏与破损的风险。因此，电商对包装的坚固性、持久性和客户满意度要求更高。

二是客户体验升级。过度包装和无效包装会降低客户满意度，包装的防护能力和使用便捷度之间需要一种平衡。电商的发展衍生出商品的拆箱体验，客户非常享受包裹的拆箱过程，这为包装制造商和产品市场团队创造了宝贵的机遇。

许多知名品牌意识到了连接的重要性，对物流包装设计及包装体验大量投资，利用包装传递产品附加值。消费者扫描物流包装上的条码或芯片，即可解锁新服务和信息。有些条码提供娱乐游戏，可增加与客户的互动。与此同时，许多商家正在研究直达客户手中的商品包装，省去二级包装和包裹填充材料，从而降低成本、减少浪费及提高客户体验。

三是可持续发展的压力。在所有包装材料中塑料的消耗量累计约占1/4。但目前全球只有14%的塑料可循环利用。根据相关报告，在电商市场，24%的包裹空间是浪费的。不得不承认，物流包装在环境保护方面做得还不到位。部分国家已经实施关于使用一次性塑料的相关条例和相应罚则。

第三章　中国物流包装发展现状

随着我国经济的飞速发展，我国物流包装行业经历了高速发展阶段，现在已经建立起较大的生产规模，成为我国制造领域里重要的组成部分。目前我国也是世界上最具潜力的物流包装市场。

第一节　中国物流行业发展现状

（一）社会物流总额

社会物流总额是指第一次进入国内需求领域，产生从供应地向接受地实体流动的物品的价值总额。据中物联统计数据显示（见图3－1），2010—2022年，我国物流社会总额始终保持增长，但增速明显放缓，已由2010年的15.0%下降至2022年的3.4%。

2022年，我国社会物流总额达到347.6万亿元，增速比2021年回落5.8个百分点。从构成看，工业品物流总额309.2万亿元，按可比价格计算，同比增长3.6%；农产品物流总额5.3万亿元，增长4.1%；再生资源物流总额3.1万亿元，增长18.5%；单位与居民物品物流总额12.0万亿元，增长3.4%；进口货物物流总额18.1万亿元，下降4.6%。

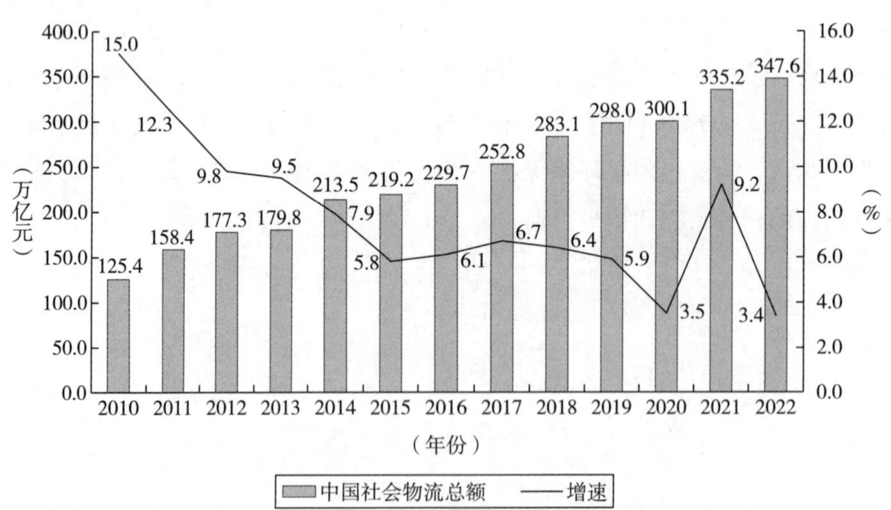

图3－1　2010—2022年中国物流社会总额及增长情况

资料来源：中国物流与采购联合会。

（二）社会物流总费用

2022年社会物流总费用17.8万亿元，同比增长4.4%。社会物流总费用与GDP的比率为14.7%，比上年提高0.1个百分点。从结构看，运输费用9.55万亿元，增长4.0%；保管费用5.95万亿元，增长5.3%；管理费用2.26万亿元，增长3.7%（见图3-2）。

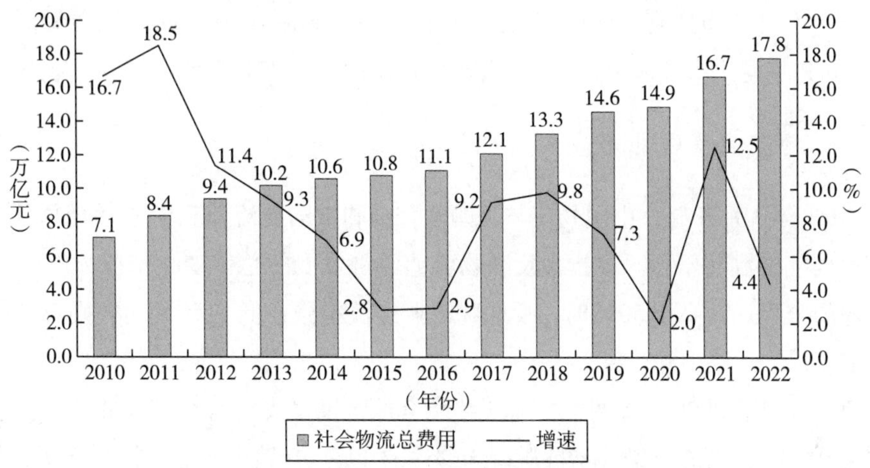

图3-2　2010—2022年中国物流社会总费用及增长情况

资料来源：中国物流与采购联合会、国家发展改革委。

（三）物流业总收入

2022年物流业总收入12.7万亿元，同比增长4.7%. 从年内走势看，一季度物流运行实现平稳开局，二季度回落明显，三季度企稳回暖，四季度稳中趋缓，社会物流总额增速基本延续恢复态势，全年实现恢复性增长（见图3-3）。

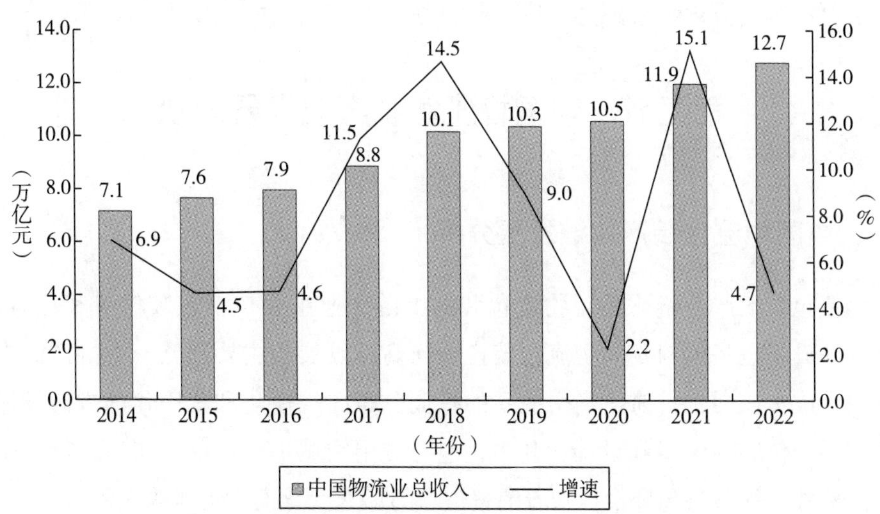

图3-3　2014—2022年中国物流业总收入及增长情况

资料来源：中国物流与采购联合会、国家发展改革委。

（四）物流固定资产投资

交通运输设施一直是中国重点投资对象，交通运输、仓储和邮政业固定资产投资额逐年上升，但增幅波动收窄。2020 年中国交通运输、仓储和邮政业固定投资额累计值达到 69695 亿元，同比增长 1.4%，增幅近八年来最低。近两年该领域固定资产投资额增速有所上升。2021 年，全国交通运输、仓储和邮政业固定资产投资额同比增长 1.6%，2022 年同比增长 9.1%，固定资产投资额达到 77254 亿元。

（五）物流业景气指数

从 2013 年 3 月开始，中国物流与采购联合会和中国物流信息中心联合每月发布中国物流业景气指数（LPI）。该指数反映物流业经济发展的总体变化情况，以 50% 作为经济强弱的分界点，高于 50% 时，反映物流业经济扩张；低于 50% 时，则反映物流业经济收缩。

近两年来，除 2020 年 2 月新冠肺炎疫情全球范围暴发，对经济发展和居民生活产生了较大的影响，物流业景气指数骤降至 26.2% 以外，我国物流业景气指数基本保持在 50% 以上，2023 年 6 月为 51.7%，我国物流业经济整体处于扩张状态。

综合来看，2022 年我国社会物流总额、社会物流总费用、物流业总收入、物流固定资产投资四项指标均呈增速下降的增长态势，物流业景气指数基本保持在扩张水平。可见我国物流行业逐渐进入高质量发展阶段，未来市场规模仍将保持扩大，但增速整体放缓。高质量发展是中国由物流大国向物流强国转变的必由之路，我国物流行业将在政策引导下坚持稳中求进的总基调，坚持新发展理念，加快行业转型升级，进一步创新发展，持续提升内部凝聚力和外部影响力。

第二节　中国物流包装产业发展现状

一、中国物流包装产业链发展分析

从物流包装的产业链来看，物流包装的上游产业主要包括包装材料和包装设备，目前材料和设备也是限制我国物流包装产业向高端发展的主要因素；中游产业为包装生产，由于成本压力，目前已经由散乱的行业分布向规模化和集中化的方向发展；下游产业主要为包装的应用和设计，其中，包装应用领域十分广泛，在多个行业领域拥有不同的标准和体系，包装设计随着消费需求的加速变化而在近年来发展得尤为迅速，俨然成为提升品牌竞争力的主要方式之一。

二、中国物流包装设备发展现状

包装既是生产的终点，又是物流的始点，裹包、装箱、捆扎等各种包装设备都与物流运作密切相关。如同叉车、货架、穿梭车等物流装备一样，功能各异的物流包装设备在进行选择和配置时，也需要遵循一定原则。物流包装设备主要辅助人工完成充填、裹包、封口等主要工序，以及与其相关的前后工序。此外，还包括在包装件上盖印、贴标签等工序。

（一）物流包装设备分类

物流包装设备可以降低人工的劳动强度，提高生产率和物流效率，按照不同标准可分为多种类型。如果以功能为标准，可分为灌装机械、充填机械、裹包机械、封口机械、贴标机械、捆扎机械、集装机械、拆卸机械、多功能包装机械以及完成其他包装作业的辅助包装机械。其中，灌装、充填等与生产环节更加紧密，而裹包、封口、捆扎等则与物流环节相关。

1. 封口机械

封口机械是指在包装容器内盛装产品后对容器进行封口的机器，其中，麻袋、布袋、编织袋子多采用缝合的方式封口，箱类容器多采用钉封或胶带粘封。按照封口方式的不同，封口机械可分为以下几种类型。

（1）热压式封口机，是指采用加热加压的方式封闭包装容器的机器。常用的加热元件有加热板、加热环等，主要用于各种塑料袋的封口。

（2）熔焊式封口机，是指通过加热使包装容器封口处熔化而将包装容器封闭的机器。常用的加热方式有超声波、电磁感应和热辐射等，主要用于封合较厚的包装材料。

（3）缝合式封口机，是指使用缝线缝合包装容器的机器，多用于麻袋、布袋、复合编织袋等的封口。自动缝合机主要由机头、机头支架、备用支架、输送带、脚踏开关等部件组成。

2. 裹包机械

用薄型挠性包装材料进行全部或局部套包产品的物流包装设备统称为裹包机械，其共同特点是用薄型挠性包装材料（如玻璃纸、塑料膜及各类复合膜、拉伸膜、收缩膜等）将一个或多个固态物品进行裹包，广泛用于食品、烟草、药品、日用化工品、音像制品等领域。

裹包机械的种类繁多、功能各异，主要包括折叠式裹包机、接缝式裹包机、覆盖式裹包机、缠绕式裹包机、拉伸式裹包机、贴体式裹包机、热收缩式裹包机等。

（1）折叠式裹包机，即用挠性包装材料裹包产品，将末端伸出的包装材料按一定的工艺方式进行折叠封闭。通常为对长方体物品的裹包，包装后外观规整，视觉效果好。

（2）接缝式裹包机，即用挠性包装材料裹包产品，将末端伸出的包装材料按同面粘接的方式进行封闭、分切。接缝式裹包机通常是不间断地连续动作，工作效率较高，主要应用于各类固定形状物品的单件或多件连续包装，一般能自动完成制袋、充填、封口、切断和成品排出等工序，是应用广泛、自动化程度高、系列品种齐全的一类包装机械。并且，接缝式裹包机适用于一般块状和筒状规则物品及无规则异形物品等的包装，几乎不限制被包装物的体积和重量。

（3）覆盖式裹包机，即用两张挠性包装材料覆盖在产品的两个相对面上，采用热封或黏合的方法进行封口。

（4）缠绕式裹包机，即用成卷的挠性包装材料对产品进行多圈缠绕裹包，一般用于对单件物品或集装单元物品的裹包。

（5）拉伸式裹包机，即使用拉伸薄膜，在一定张力下对产品进行裹包。常用于大型货件以及托盘单元货件的加固包装，也就是将产品连同托盘一起裹包。

（6）贴体式裹包机，即将产品置于底板上，用覆盖产品的塑料薄片在加热和抽真空作用下紧贴产品，并与底板封合的裹包机械。贴体式裹包机可将被包装产品紧紧裹包在贴体膜和底板之间，使产品可以防潮、防震，并使包装物品有较强的立体感，广泛应用于五金、电子元件、小型零部件、装饰品、玩具以及食品等行业。

（7）热收缩式裹包机，即用热收缩薄膜对产品进行裹包封闭，然后再进行加热，使薄膜收缩后裹紧产品。热收缩式裹包机可再分为烘道式、烘箱式、柜式、枪式等多种。热收缩式裹包机常用于啤酒、饮料等瓶装物品以及其他小型物品的集合包装。

3. 装箱机械

装箱机械是指将无包装产品或小包装产品按一定的方式装入包装箱（纸箱或塑料箱）中的一种包装机械，饮料、酒类等商品在灌装后一般需要装箱之后才能运输和流通。

装箱机械一般由机械抓手机构、动力装置和控制装置等部分组成，能够准确、可靠地将成组产品抓起，然后放入包装箱中；根据装箱作业的要求，一般还具有纸箱成型（或打开）、产品整列、产品计量等功能，有些还具有封箱或捆扎功能。此外，装箱机械可单机使用，也可用于自动包装生产线，完成最后的装箱封箱作业。

装箱机械按照装箱产品类型的不同，可分为瓶类装箱机、盒类装箱机和袋类装箱机；按照产品装入方式的不同，可分为顶部装入式和侧面推入式两种；按照自动化程度的不同，可分为自动装箱机和半自动装箱机；按照装箱作业运动形式的不同，可分为连续式装箱机和间歇式装箱机。其中，连续式装箱机按照货物在整个装箱过程中处于连续运动状态的不同，可分为水平旋转式和垂直旋转式两种。水平旋转式装箱机主要由同步输送带、同步输箱带、水平环形轨道和垂直升降抓头等组成，而垂直旋转式装箱机主要是通过机械运转、气动和电控制，将货物成组、准确可靠地放入包装箱中。作为连续式装箱机，垂直旋转式装箱机减少了驱动电动机的频繁启动、停止，减少了箱子位置校准、缺箱等检测时间，所以效率较高，并且噪声低，动作准确，安全可靠。

4. 捆扎机械

捆扎机械是利用带状或绳状捆扎材料将一个或多个包装件紧扎在一起的机器，属于外包装设备。目前，我国生产的捆扎机械基本上采用塑料带作为捆扎材料，利用热熔连接的方法使紧贴包装件表面的塑料带两端加压黏合，从而达到捆紧包装件的目的。其中，机械式自动捆扎机采用机械传动和电气控制相结合的方式，无须手工穿带，可连续或单次自动完成捆扎包装件，适用于纸箱、木箱、塑料箱、信函及包裹、书刊等多种包装件的捆扎。

捆扎机械在物流过程中应用十分广泛，可起到减少货件体积、加固单元包装件的作用，从而便于货物装卸、运输和储存等。捆扎机械的种类很多，按照自动化程度不同，可分为自动、半自动和手动捆扎机；按照捆扎材料不同，可分为塑料带、钢带、聚酯带和塑料绳捆扎机。目前，我国生产的捆扎机大多数采用聚丙烯塑料作为捆扎材料，利用热熔连接的方法，使物料带两端加压黏合。

捆扎机械品种多样，在选用时应注意以下两方面问题。

（1）包装件批量。为了尽可能提高机器的利用率，降低使用成本，首先应根据包装件数量和捆扎包装件的捆扎道数来确定选用机械的自动化程度。自动捆扎机的捆扎速度要比半自动捆扎机快得多。对于小批量生产的产品捆扎，以选用半自动捆扎机为宜，既可充分利用机械，又可降低使用成本。在大、中批量生产的情况下，则应选用自动捆扎机。当包装件是以流水线形式生产时，为能适应生产节拍，则应选用包括自动送包的全自动捆扎机。

（2）包装件尺寸。捆扎机械除了在捆扎速度上存在差异，在结构上也有很大区别，需要根据货物的最小和最大捆扎尺寸来选择捆扎机械。

5. 辅助设备

物流包装设备不仅帮助人工来完成裹包、封口等主要工序，还涉及称重、测量、贴标等前后工序。由于信息技术的广泛应用，相关操作基本能实现自动化运行，例如，自动化贴标机就是一种可将成卷的不干胶纸标签（纸质或金属箔）自动粘贴在产品或规定包装上的设备。作为现代物流包装不可缺少的组成部分，自动化贴标机使贴标变得容易起来，每小时可以达到几千甚至是上万次贴标，速度和效率远超人工操作。

（二）物流包装设备行业市场规模分析

2019 年以来，在下游食品、药品、日化等行业新增长点拉动下，我国物流包装专用设备产量逐年增长。随着我国包装机械（即物流包装设备）行业整体实力的不断提高，我国包装机械产品出口数量越来越多，出口金额逐年增长。如今，我国已经成为全球发展最快、规模最大、最具潜力的包装机械市场。

在快速消费品、电子、医药等自动化、智能化程度较高的细分领域，以数字化转型和智能制造为主要推动力，以传统生产线的改造升级为主要形式，对智能装备和智能生产线的需要越来越多。近年来，传统食品、自动化酿造、消费类电子产品、固体型药品等领域正在实现快速的产业升级，也进一步拉动了我国包装机械行业整体增长。

自《中国制造2025》发布以来，中国智造的进程就开启了加速阶段。在智能化浪潮下，机械智能化成为工业领域中的一个发展重心，而这也使包装机械向智能化转变。近年来，在国家产业政策的扶持下，部分企业通过自主创新、引进吸收国外先进技术，技术水平大幅提高，我国包装机械领域的自动化比例已超过50%，这为智能化的发展奠定了良好基础。

2020 年，我国包装专用设备产量达 26. 34 万台，同比增长 25. 2%。近两年产量骤增，截至 2022 年年底，我国包装专用设备产量为 96. 04 万台，为 2020 年产量的 3. 65 倍（见图 3 –4）。

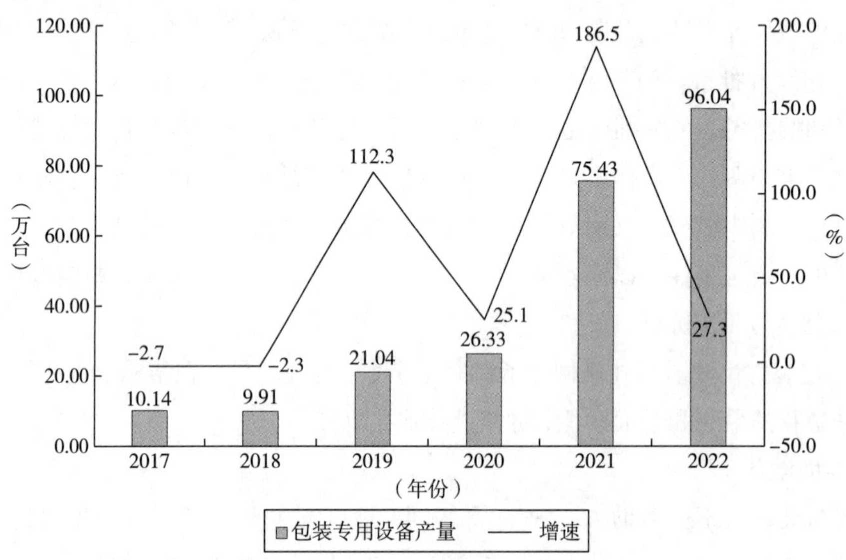

图 3 –4　2017—2022 年中国包装专用设备产量及增长情况

资料来源：国家统计局。

20 世纪 80 年代以前，我国包装机械主要从德国、法国、意大利、日本等世界机械设备制造强国进口。经过多年的发展，中国包装机械已成为机械工业中十大行业之一，为中国包装工业快速发展提供了有力的保障，有些包装机械填补了国内空白，已能基本满足国内市场的需求，部分产品还有出口。

据中国海关总署统计数据，2022 年，我国进口包装机械 4.93 万台，出口包装机械 1733.99 万台。可见，随着我国包装机械行业整体实力的不断提高，我国包装机械产品出口数量越来越多（见图 3－5）。

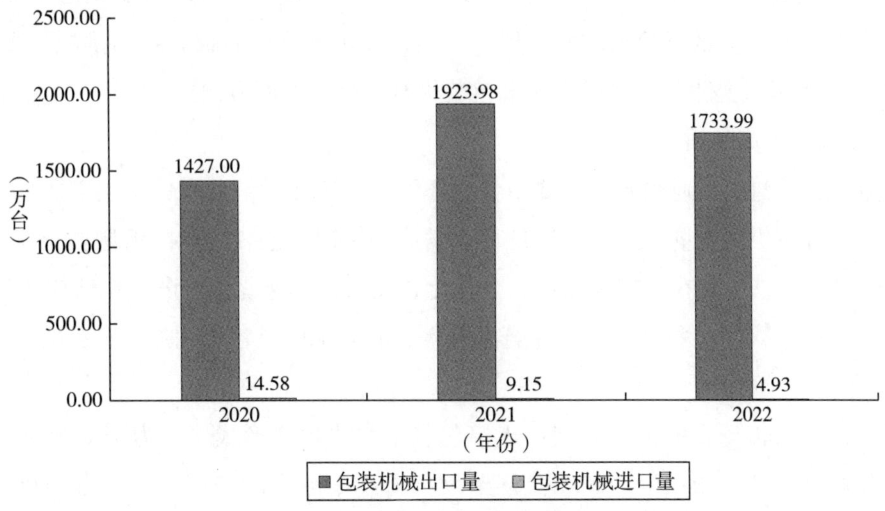

图 3－5　2020—2022 年中国包装机械进出口数量

资料来源：海关总署。

从进出口金额来看，我国包装机械进口金额波动变化，出口金额逐年增长。2022 年，我国包装机械进口总额达 109.63 亿元，出口金额达 263.19 亿元（见图 3－6）。

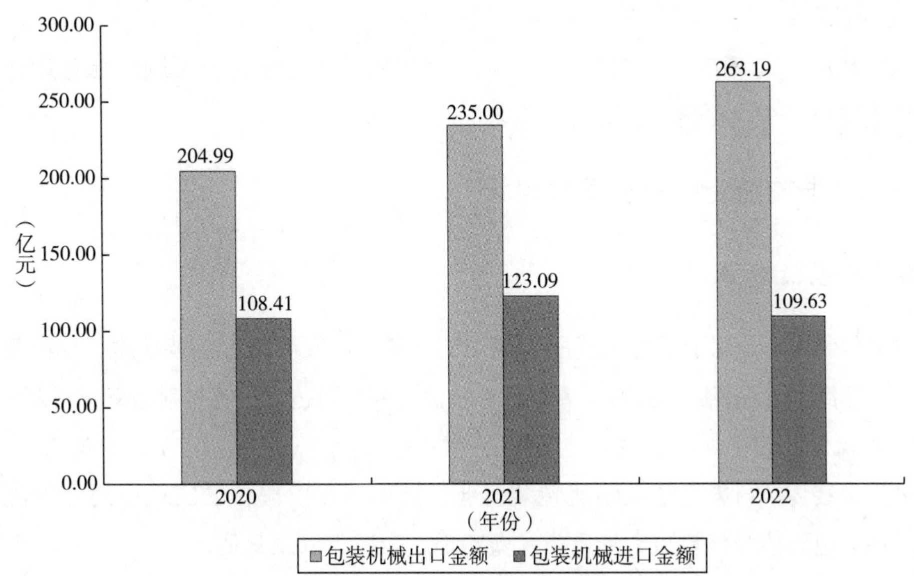

图 3－6　2020—2022 年中国包装机械进出口金额

资料来源：海关总署。

（三）物流包装设备发展趋势

作为国民经济许多领域配套的产业，包装机械行业受益于其他行业的繁荣，它的技术进步和配套服务也反作用于其他行业。随着社会物质文明和精神文明的不断提升，国内外包装机械行业的竞争也越发激烈，中国包装机械行业面临着新的挑战。多用途、高品质、高效率、智能化等将成为未来包装机械产品的发展方向。

1. 多用途、高品质

包装是商品进入流通领域的必要条件，跟随包装工业和消费者的消费需求、消费理念，生产出拥有更高质量的包装机械是行业发展的关键。包装机械在满足功能需求和安全生产的条件下，一直在寻求高品质、个性化、灵活性。这就要求设备能适应不同的包装形式、形状、尺寸、材料结构和闭合结构等，有效地解决各种用途的产品需求。

2. 高效率、智能化

受下游行业市场竞争越发激烈、规模化和集约化生产形式、人力资源成本上升等因素的影响，包装机械在生产和物流环节发挥着越来越大的作用，高度自动化、高效化、智能化、节能化的包装机械已受到下游行业青睐，传统的包装机械逐步与现场总线技术、传动控制技术、运动控制技术、自动识别技术和安全检测技术等不断结合，使智能包装机械应运而生并不断改进。全自动、无人化、一体成型的包装机械目前正在蓬勃发展。包装机械将配合产业自动化趋势，不断促进智能包装机械总体竞争力的提升。

3. 绿色环保

绿色环保与人们的生活息息相关。对于包装机械行业来讲，要顺应绿色生产的理念，使生产更安全、更精细、更符合需求。

三、中国物流包装材料发展现状

（一）物流包装材料分类

物流包装材料是用于货物包装所需使用的材料，对发展物流包装技术、提高物流包装质量、降低物流包装成本具有重要意义。物流包装材料包含传统材料与新材料两大类。

1. 物流包装传统材料

物流包装传统材料是指在物流包装行业发展的起步阶段，已实现应用的物流包装材料。物流包装传统材料包含纸质类、塑料类、金属类以及其他类。

（1）纸质类。

以原纸为主要原材料，通过印刷等加工程序后制成用于保护被包装物的材料。当前物流包装行业较多使用瓦楞纸板箱，即最少由一层波浪形纸夹层及一层纸板构成，可经受物流环节中的大多数碰撞。

（2）塑料类。

以高分子树脂为主要原材料，在增塑剂、发泡剂、稳定剂等添加剂的帮助下，通过吸塑、注塑、吹塑、挤出等成型工艺加工而成。塑料箱具有包装、收纳、保护、缓冲、隔离等用途。

（3）金属类。

一种具有光泽、富有延展性、易导电、易导热、塑性好、硬度高、耐磨性好等性质的材料。金属材料在物流包装行业多用于集装箱、金属包装容器等产品制造。

（4）其他类。

包括玻璃等材料，该材料因价格昂贵或重量大等因素，市场接受程度较低，仅用于特殊场合，如玻璃包装材料用于运输腐蚀性物质。

2. 物流包装新材料

物流包装新材料是指出现时间晚于传统材料、具有优异性能的物流包装材料，具有对生态环境和人类无害、可重复使用和再生等特点，符合可持续发展理念。物流包装新材料可划分为复合材料类、可降解塑料类、植物纤维材料类、陶瓷材料类及其他材料类。

（1）复合材料类。

复合材料是两种或两种以上材料，经过一次或者多次复合工艺进行组合，从而构成具有一定功能的复合材料。具体包括石塑复合材料、低密度聚乙烯（LDPE）等类型。

（2）可降解塑料类。

可降解塑料是指一类其制品的各项性能可满足使用要求，在保存期内性能不变，而使用后在自然环境条件下能降解成对环境无害的物质的塑料。因此，也被称为可环境降解塑料。现有多种新型塑料：光降解型塑料、生物降解型塑料、光/氧化/生物全面降解性塑料、二氧化碳基生物降解塑料、热塑性淀粉树脂降解塑料。

（3）植物纤维材料类。

常用的植物纤维主要有麻纤维（包括剑麻纤维、黄麻纤维、苎麻纤维和亚麻纤维等）、竹纤维、纤维素纤维等。植物纤维具有可降解、可回收、可再生的特点，属于绿色复合材料的范畴。

（4）陶瓷材料类。

陶瓷材料是指用天然或合成化合物经过成形和高温烧结制成的一类无机非金属材料。它具有高熔点、高硬度、高耐磨性、耐氧化等优点。

3. 传统材料与新材料对比分析（见图3－7）

物流包装材料应用过程中，企业关注的方面包含物流包装材料的耐磨性、防水性、防潮性、轻便度、耐温性、成本、环保性能等。纸质材料由于成本低、轻便的优势，使用量较大，在物流包装材料行业细分领域中占比最高。目前，新材料由于成本高，对技术要求高，市场应用规模尚有待挖掘。

整体而言，物流包装中传统的纸质、塑料等材料易造成环境污染。例如，纸质材料使用量大，回收率低，产生严重的资源浪费问题。塑料无法自然降解，对自然环境影响大。受环保政策驱动，物流包装材料行业倡导研发、应用环境友好型材料，促使物流包装新材料可回收、可自然降解。

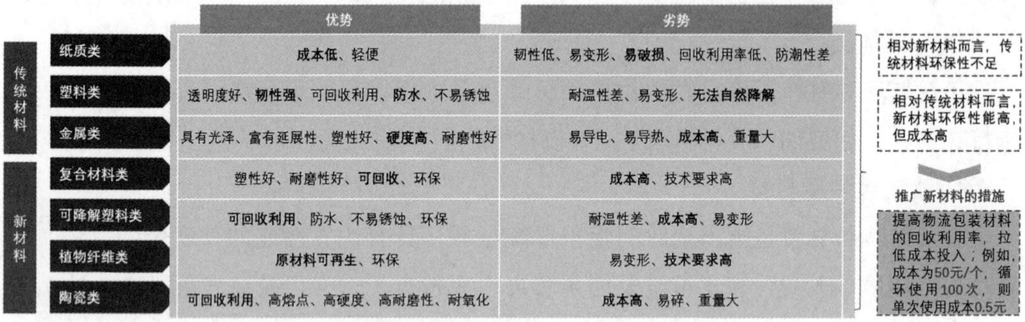

		优势	劣势
传统材料	纸质类	**成本低**、轻便	韧性低、易变形、**易破损**、回收利用率低、防潮性差
	塑料类	透明度好、**韧性强**、可回收利用、**防水**、不易锈蚀	耐温性差、易变形、**无法自然降解**
	金属类	具有光泽、富有延展性、塑性好、**硬度高**、耐磨性好	易导电、易导热、**成本高**、重量大
新材料	复合材料类	塑性好、耐磨性好、**可回收**、环保	**成本高**、技术要求高
	可降解塑料类	**可回收利用**、防水、不易锈蚀、环保	耐温性差、**成本高**、易变形
	植物纤维类	**原材料可再生**、环保	易变形、**技术要求高**
	陶瓷类	可回收利用、高熔点、高硬度、高耐磨性、耐氧化	**成本高**、易碎、重量大

相对新材料而言，传统材料环保性不足

相对传统材料而言，新材料环保性能高，但成本高

推广新材料的措施

提高物流包装材料的回收利用率，拉低成本投入；例如，成本为50元/个，循环使用100次，则单次使用成本0.5元

图3－7　物流包装材料中传统材料与新材料的优劣势对比

资料来源：https：//pdf. dfcfw. com/pdf/H3_AP202101151450888509_1. pdf。

（二）物流包装材料产业链分析

中国物流包装材料行业上游参与主体为原材料及设备供应商；中游参与主体为物流包装材料企业；下游参与主体为物流包装材料的应用行业，包含物流、电商、货运搬家、农业、建筑业、制造业等行业。

1. 产业链上游分析

物流包装材料涉及的原材料包括木材、石油等传统材料，以及石塑母粒、植物纤维、可降解塑料等新材料。其中，木材和石油的产量有限。随着环保政策的推出，物流包装材料对木材和石油的需求将减少，对石塑母粒、植物纤维、可降解塑料等新材料的需求将逐渐增加。

物流包装材料在生产过程中，需要使用相关的设备。设备的技术水平直接影响到物流包装材料的开发、性能、质量、可靠性等因素。物流包装设备专业化程度高，技术障碍高。国际主流设备已向数字、网络、高速、低消耗、环保、人性化方向发展。我国物流包装材料行业的核心设备依赖进口，上游设备供应商的议价能力较强。

2. 产业链中游分析

中国物流包装材料产业链的中游参与主体是物流包装材料企业。物流包装材料企业大多采用销售生产模式，即根据市场需求制订生产计划。生产模式是独立生产或OEM生产。物流包装材料企业的发展周期分为研发、推广、发展和成熟四个阶段，产量从小到大依次增长。

物流包装材料企业与下游大客户建立长期合作关系的门槛高，大客户对物流包装材料验证有具体标准。特别是食品制造企业对物流包装材料企业的业务管理体系、质量控制体系、环境体系等严格审计，中游企业的议价能力薄弱。下游大客户要求高，推动物流包装材料企业增加技术投资，生产满足客户需求的产品。

3. 产业链下游分析

中国物流包装材料行业的下游环节是应用行业。物流包装材料应用广泛，包括电子商务、物流、生产制造、货运搬家等行业，各行业对物流包装材料的需求不同。例如，电子商务行业对纸箱包装材料的需求量高，使用量大，对物流包装材料的需求逐渐从低成本转向可回收利用。2022年全国电子商务交易额达43.83万亿元，同比增长3.5%。全国网上零售额达13.79万亿元，同比增长4.0%。电子商务行业交易量的快速增长带动了物流包装材料行业的发展。

农业对物流包装材料的需求体现在农产品运输上，对物流包装材料的防潮性要求较高。为了拓宽农产品销售渠道，农产品生产加工企业与电子商务平台形成合作关系，推动物流包装材料产业的发展。

（三）物流包装材料发展现状

物流包装材料行业受多重因素影响，包含环保政策走向、客户需求变化、市场竞争格局等方面。未来，物流包装材料呈现产品多样化、绿色化的发展趋势，中国物流包装材料行业市场规模将以6.5%的年复合增长率继续保持上升趋势，预计2024年其市场规模可实现9098.2亿元。

2022年我国包装行业规模以上企业9860家，全国包装行业规模以上企业累计完成营业收入12293亿元。其中塑料薄膜主营业务收入3822.01亿元，占比31.09%；纸和纸板容器主营业务收入3045.47亿元，占比24.77%；塑料包装箱及容器制造主营业务收入1811.05亿元，占比14.73%；金属包装容器及材料制造主营业务收入1500.52亿元，占比12.21%。

第三节　物流包装发展存在的问题与思考

近几年，我国物流包装行业取得了一定的进展，但由于诸多原因，目前我国的物流包装发展也暴露出一些问题。

一、物流包装发展存在的问题

1. 物流包装的浪费和成本问题

我国人口众多，制造企业数量庞大，商品流通数量巨大，这些都造成我国包装资源消耗数量惊人；在促进包装工业迅速发展的同时，也带来了包装废弃物的持续增加。但令人担忧的是包装废弃物的回收利用率较低，一方面，大量原本可以继续回收利用的包装被直接抛弃，造成资源浪费；另一方面，增加了废弃物的处理成本，给自然环境带来生态负担。

在常见的物流包装中，很多企业使用一次性纸箱或木箱，循环使用包装的占比非常低。我国属于林木资源匮乏的国家，很多原材料需要进口。原材料供需关系的波动、汇率波动等众多不可测因素，都会导致原材料成本的变化。而造纸行业属于污染较严重的行业，随着全社会环保意识加强，国家环保监管水平提高，包装生产的成本也会随之提高。这些因素都可能导致物流包装的成本及整个供应链的成本不断上升。如何通过采用新技术或新模式降低整个供应链上的物流包装成本，已成为企业面临的重要课题。

2. 物流包装标准化问题

现阶段，我国很多行业物流运作的惯例是：上游供应商给下游企业发货，常常使用一次性纸箱、木箱进行货物包装与运输，即使采用带板运输方式，由于托盘标准不统一或者没有在整个供应链上实现托盘循环共用，货物在送达目的地后需要人工卸车、重新码盘再入库存放。这种情况导致货物运输、搬运、堆垛、储存等流通环节的作业量增加，既增加了货物损坏的风险，又耗费了时间和人力，导致物流运作效率降低，物流成本升高。

标准化、系统化是物流运作的本质特征，它强调各个环节、各个组成部分的协调和配合。在实际应用中，各种包装材料、包装尺寸、包装容器规格、包装机械、包装检验等方面的技术要求并不是孤立的，需要从供应链角度考虑和设计。目前，我国物流包装的规范化和标准化程度较低，难以实现有效衔接和回收再利用，这必然导致企业的无效作业增多、包装成本增加、效益下降，对整个社会来说，也可能造成环境污染和资源浪费。我国著名物流专家吴清一教授一直积极推进托盘标准化与循环共用体系建设，近年来提出了单元化物流理论并大力推动其实践应用，对于促进我国物流包装标准化具有重大意义。

3. 物流包装材料和物流包装设备创新能力不足

物流包装工作是从生产的末端开始的，其本身是生产制造的一部分。随着制造业技术进步，高效大规模流水线生产体系的建立，物流包装工作也必须依靠先进的机械设备，才能跟得上高效的生产体系。因此，先进的物流包装设备已经成为不可或缺的重要生产工具。

从总量上看，我国已成为世界包装大国，但在物流包装材料和物流包装设备研发能力方面仍与发达国家存在较大差距。代表包装技术前沿的中高端的包装基础材料、包装机械（食品饮料包装、塑料薄膜等）仍由欧美、日本等发达地区主导；国内包装技术研发及创新工作仍需努力。

二、关于物流包装发展的思考

1. 积极发展绿色包装

绿色包装不仅要求包装采用易降解材料，更强调不造成环境污染和资源浪费，使用后能回收再利用。要实现绿色包装，首先要进行包装技术创新，实现包装的大型化、模数化和集装化，这不仅有利于提高物流作业的效率，而且能节省包装材料和包装费用，实现整个物流过程的绿色化。其次要进行包装材料的技术创新，采用绿色的包装材料。最后，对包装废弃物经再生处理，转为其他用途或制作新材料。

2. 改进物流包装技术

在设计包装物的尺寸和形状时，要充分考虑能否承受产品的最大容积，包装长度、宽度的比例要完全符合模数的要求，以最大限度地方便运输，节约仓储空间。另外，在设计时更要合理地利用资源、节约包装材料、完善包装信息，并根据产品自身特点、国际通用的一些标准，实现包装的合理化。

3. 完善物联网技术

物联网的关键技术包括标识技术、体系架构、网络通信、搜索发现、数据处理、安全隐私、标准化和管理等。完善物联网技术，需要政府和企业以及消费者的共同努力。基于物联网在我国刚刚起步及其重要的战略意义，政府需要提出一个统一的战略部署和规划，对于物联网的发展要给予政策和资金支持，国家相关管理部门要及时制定和完善物联网的科学标准。企业对物联网的认识应该回归理性。一方面要进行物联网技术的自主创新和集成创新，形成配套技术。另一方面还要通过对应用、市场、商业模式以及政策等多维度的把握，从基础和实际出发，以应用为导向来促进物联网产业健康的发展。只有让消费者认识到物联网，积极进入物联网世界并通过体验提出技术改进，物联网才能得到快速发展。

4. 物流包装标准化

包装标准化是包装合理化和物流标准化的重要前提。也是现代商品生产和流通的一个必要条件。统一包装的标准、产品的规格尺寸，可以提高物流效率，节约包装材料，降低物流成本。实现物流包装的标准化，首先要加强包装模数与仓储、运输设施模数的统一协调工作。其次要推广包装箱尺寸模数化，这有利于提高运输效率，便于托盘的码放和库存的分配，提高物流活动效率。

第四章　科技赋能，包装技术智慧升级

第一节　物流包装技术升级

物流过程伴随着时间和空间的转换。由于产品自身特性或外界环境影响等原因，部分产品很难顺利进入消费端，因此物流包装技术一直是物流行业研究的重点。目前，传统的包装技术仍在保护产品的过程中发挥着重要作用，随着射频识别（RFID）技术、全球定位系统（GPS）等技术与物流行业的融合不断深入，物流包装技术也不断升级，越来越多的新材料、新科技被应用在物流包装中，助力物流包装智能化、精准化。

一、主要物流包装技术

（一）防震包装技术

从生产端进入消费端的过程中，产品需要通过装卸、搬运、运输、储存等一系列物流活动实现空间上的转换。此过程中有多种外力会作用在产品上，从而导致产品受到冲击和震动，达到一定程度时会造成产品的损坏。防震包装技术又称缓冲包装技术，是指为了减轻内装物受到的冲击和震动，避免其在运输、保管、堆码和装卸等过程中受到损坏所采取的具有一定防护措施的包装方法。

1. 防震包装材料

防震包装材料的种类很多，按形态可划分为以下两种。

（1）无定形防震材料：屑状、丝状、颗粒状等无定形的材料，如碎纸屑、木丝、碎布头等。

（2）定形防震材料：有固定形状的材料，主要用于垫角、隔板、衬垫等，如瓦楞纸板、泡沫塑料、弹簧等。

常见的防震包装材料有以下几种。

（1）泡沫塑料（EPS）：这是一种轻型高分子材料，由树脂发泡而成。其不仅质量轻，还能吸收冲击、震动所产生的能量，起到较好的缓冲防震效果，在家电包装、易碎品包装等方面都有广泛的应用。

（2）气泡膜：该材料是以高压聚乙烯为主要原材料，通过加工使两层气垫膜中间充满空气而制成的材料。由于其封入的空气具有弹性，因此这种材料具有良好的减震性、抗冲击性，广泛用于电子产品、仪表、玻璃制品及精密仪器等抗震性缓冲包装。如果气泡膜的气泡破损，将会失去减震作用，因此不适合包装质量过大、较为尖锐的物品。

（3）瓦楞纸板：这种材料由箱纸板和至少一层瓦楞纸黏合而成。瓦楞波纹为三角形，具有较高的强度，同时具有较好的弹性和延伸性，能够缓冲碰撞时产生的能量。

除了以上常见的防震包装材料，目前还有许多环保、防震能力强的新型防震包装材料在包装行业得到应用，如 EPE 珍珠棉（又称聚乙烯发泡棉）、EVA 材料（乙烯－醋酸乙烯共聚物）等。其中，EPE 珍珠棉由低密度聚乙烯脂经物理发泡产生无数的独立气泡构成，是一种防震性能好、抗撞力强的环保材料。此外，EVA 材料也具有良好的缓冲性，耐震性能优于聚苯乙烯（泡沫）等传统泡沫材料，同时，易于进行热压、剪裁等加工，被广泛应用于电子元器件、红酒等产品的内包装。

2. 防震包装方法

目前，主流的防震包装方法有四种：全面防震包装、局部防震包装、悬浮式防震包装、联合防震包装。

（1）全面防震包装。

全面防震包装是指将包装容器内除内装物之外的剩余空间全部用缓冲材料填满，从而保护产品的方法。这种方法常使用丝状、薄片状以及粒状缓冲材料。由于此方法消耗的包装材料较多且包装过程较复杂，因此较适用于小批量、不规则物品的包装。

根据采用的防震材料的不同，全面防震包装可以分为以下几种。①压缩包装法：用弹性材料将物品填塞固定，以有效吸收震动或冲击的能量，将其引导到物品强度最高的部分，对包装里的物品进行有效保护。②浮动包装法：与压缩包装法的原理相同，只是将所用材料换成了小块衬垫，这些材料可以填充到直接受力部分的间隙。③裹包包装法：采用片状的包装材料将物品裹包起来放到外包装箱盒内。④模盒包装法：借助模型将特殊材料做成和物品形状一样的模盒，用于包装物品。⑤就地发泡包装法：在内装物及外包装之间采用发泡材料进行填充的方法。

（2）局部防震包装。

对于整体性好的物品和有内包装容器的物品，仅在物品或内包装的拐角处或局部地方使用防震材料进行衬垫即可，这种方法称为局部防震包装。这种方法的实际操作过程是根据内装物的特点，在其受力最集中、最容易遭到损坏的地方使用防震材料进行防护，从而达到使用较少材料，取得较好防护效果，减少包装成本的目的。

（3）悬浮式防震包装。

悬浮式防震包装（见图4－1）主要是对于某些贵重物品采用的，通常使用较为坚固的外包装容器，用带子、绳子、弹簧等材料将物品悬挂在包装容器内部，使物品不与外包装接触，从而起到防震作用。

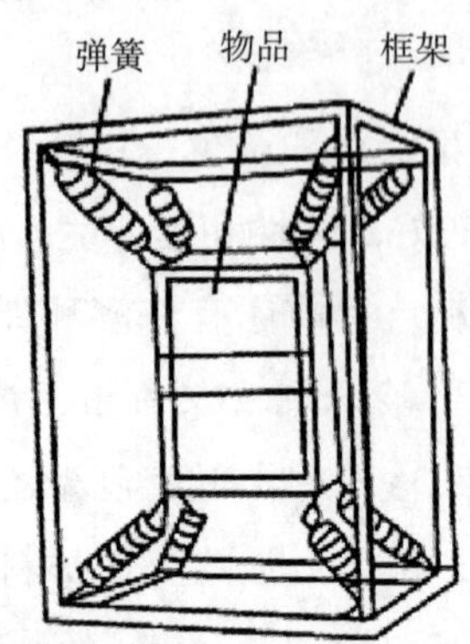

图4－1　悬浮式防震包装

资料来源：http：//www. chinadrum. net/zhuanzhu/sheji/images/2P7Z3. jpg。

（4）联合防震包装。

在实际的物流过程中，为更好地达到防护效果，常常使用两种或两种以上的防震方法，称为联合防震包装。

（二）防潮包装技术

对于食品、药品、化肥等易受潮物品，即便不直接与水接触，也常常会因为空气中的潮气而变质，因此需要通过使用防潮包装进行防护。防潮包装通常采用隔水性好的包装材料或容器来减缓或阻隔外界潮气渗入包装内，或同时添加干燥剂，吸收渗入包装内的水分，在一定时间内将包装内以及物品的含水量控制在合理的范围内。

不同种类的物品对于湿度的敏感性存在差异。应根据产品性质及实际流通中的外界条件选择恰当的包装，同时避免过度包装。在对物品进行防潮包装时，需要参照防潮包装等级（见表4－1）。

表4－1　防潮包装等级

等级	条件		
	防潮期限	温湿度	产品性质
1级包装	2年	温度大于30℃，相对湿度大于90%	对湿度敏感，易生锈、易长霉或变质的产品，以及贵重、精密的产品

续 表

等级	条件		
	防潮期限	温湿度	产品性质
2 级包装	1 年	温度在 20～30℃，相对湿度在 70%～90%	对湿度轻度敏感的产品，较贵重、较精密的产品
3 级包装	0.5 年	温度小于 20℃，相对湿度小于 70%	对湿度不敏感的产品
当防潮包装等级的确定因素不能同时满足表中的要求时，应按照三个条件的最严酷条件确定防潮包装等级，也可按照产品性质、防潮期限、温湿度条件的顺序综合考虑，确定防潮包装等级；对于特殊要求的防潮包装，主要是防潮要求更高的包装，宜采用更加严格的防潮措施			

资料来源：中华人民共和国国家标准《防潮包装》（GB/T 5048—2017）。

常见的防潮包装方法可分为两类，一类是阻隔水分进入包装，另一类是减少包装内的水分。其中，阻隔水分进入包装可通过以下几种方法实现。

（1）选用合适的防潮包装材料或包装容器进行密封包装。在选择防潮包装材料或包装容器时，应当考虑产品所需要的防潮包装等级。不同等级下，防潮包装材料和容器应该具备的透湿度如表 4－2 所示。常见的能延缓或阻止外界潮气透入的材料有金属、塑料、陶瓷、玻璃等。如出于方便装卸、经济性等原因必须采用某些易吸潮的材料进行包装时，需要对此类材料进行防潮处理。

表 4－2　　防潮包装材料和容器的透湿度

防潮包装等级	薄膜/［g/(m^2・24h)］	容器①/［g/(m^2・30d)］
1 级包装	<1	<20
2 级包装	<5	<120
3 级包装	<15	<450

注：①在温度为（40±1）℃，相对湿度为 80%～92% 的条件下测量。

资料来源：中华人民共和国国家标准《防潮包装》（GB/T 5048—2017）。

（2）添加合适的防潮衬垫。被包装物的尖凸部容易破损受潮，应在相应部位加衬一层或多层防潮材料，如沥青纸、牛皮纸、塑料薄膜等。

（3）设计合理的包装造型结构。试验表明，包装结构对物品的吸潮情况影响较大，包装容器的底面积越大，包装及内装物的吸潮性也越大，越接近底部，含水量越大，因此，在设计防潮包装造型结构时，应尽量缩小底面积。

减少包装内的水分可以采用将包装抽成真空、充入惰性气体的方法，也可以在密封包装内加入适量的干燥剂，吸收内部残留的潮气及通过防潮阻隔层透入的潮气。

产品的流通过程往往会受到环境因素的影响。在常见的降雨天气中，如果产品没有做好防护包装，雨水很可能会渗入包装内，影响内装物的质量。

（三）防锈包装技术

由于大部分金属的化学性质较为活泼，因此金属制品易与大气中的氧气、水分等发生化学或电化学作用，从而引起金属锈蚀，影响制品外观、精度、性能等，造成经济损失。防锈包装的主要原理为隔绝或减少金属制品与大气中的氧气、水分及其他污染物的接触。中华人民共和国国家标准《防锈包装》（GB/T 4879—2016）中规定了防锈包装等级，如表 4－3 所示。

表 4－3　防锈包装等级

等级	条件		
	防锈期限	温湿度	产品性质
1 级包装	2 年	温度大于 30℃，相对湿度大于 90%	易锈蚀的产品，以及贵重、精密可能生锈的产品
2 级包装	1 年	温度在 20～30℃，相对湿度在 70%～90%	较易锈蚀的产品，以及较贵重、较精密可能生锈的产品
3 级包装	0.5 年	温度小于 20℃，相对湿度小于 70%	不易锈蚀的产品

注：1. 当防锈包装等级的确定因素不能同时满足本表中的要求时，应按照三个条件的最严酷条件确定防锈包装等级，也可按照产品性质、防锈期限、温湿度条件的顺序综合考虑，确定防锈包装等级。

2. 对于特殊要求的防锈包装，主要是防潮要求更高的包装，宜采用更加严格的防潮措施。

资料来源：中华人民共和国国家标准《防锈包装》（GB/T 4879—2016）。

1. 防锈包装过程

防锈包装过程分为清洁、干燥、防锈和包装四个步骤。

（1）清洁。除去产品表面的尘埃、油脂残留物、汗渍及其他异物。可采用溶剂清洗、蒸汽脱脂清洗、电解清洗等方法。

（2）干燥。产品的金属表面在清洁后，应立即进行干燥。可采用压缩空气吹干法、烘干法、擦干法等。

（3）防锈。产品的金属表面在进行清洁、干燥后，根据需要进行防锈处理，可采用防锈油浸涂、防锈油脂充填、气相缓蚀剂喷洒等一种或多种方法相结合进行防锈。

（4）包装。在对产品的金属表面进行清洁、干燥、防锈处理后，将产品包装。包装可选用防锈油脂包装、气相防锈包装等方法，也可与相关防潮包装方法结合进行防锈包装。

2. 常用的防锈包装技术

（1）防锈油脂包装。

防锈油脂包装分为刷涂法和充填法两种。一般来说，如果产品外部需要进行防锈处理，一般采用刷涂法，将防锈油脂涂覆于金属制品表面，然后用防锈纸、塑料薄膜或铝塑薄膜封装。如果产品内部需要进行防锈处理，一般采用在产品内腔充填防锈油脂，使内腔表面全部涂覆。防锈油脂包装的材料易得、使用方便、价格较低，且防锈期可满足一般需要，常用于钢铁、铜和铜合金、铝和铝合金、各种电镀件、磷化件及多种金属的组合件的防锈。

（2）气相防锈包装。

气相防锈使用的材料是气相缓蚀剂（VPI），也称挥发性缓蚀剂（VCI）。它能在常温下自动挥发出特殊气体，从而在金属表面形成氧化膜、沉淀膜或分子及离子的吸附，抑制金属腐蚀过程的电化学反应，减小腐蚀电流，达到缓蚀的目的。气相防锈包装的防锈期长，且适用于表面不平、结构复杂以及忌油商品的防锈。

（3）可剥性塑料包装。

可剥性塑料是以树脂为基本成分，加入矿物油、防锈剂、增塑剂、稳定剂及防霉剂等配制而成的防锈材料。它喷涂于金属表面后可硬化成固体膜，能防止大气锈蚀。由于固体膜被一层油膜与金属件隔开，固体膜容易剥落，因此这种包装被称为可剥性塑料包装。

（4）贴体包装。

在对金属制品进行防锈处理后，可使用硝基纤维、醋酸纤维或其他塑料膜进行包装，形成真空，提升包装的防锈性能，延长防锈期。

（5）充气包装。

将金属制品放入密封性良好的包装容器后，可充入干燥空气、氮气或其他惰性气体并密封包装，阻隔金属制品与大气的接触，抑制锈蚀作用。

（四）防霉包装技术

霉腐是指物品的霉变和腐败。部分物品含有的脂肪、蛋白质等能为微生物繁殖提供良好的条件，当环境中的氧气和水分适宜的时候，微生物就会大量繁殖，导致物品长出霉菌，发生霉变。物品的腐败则是因为细菌、真菌等将商品内的有机物分解，使其遭到破坏。常见的容易发生霉腐的物品有鱼、肉、乳制品等蛋白质含量较高的食品；水果蔬菜、茶叶等有机质含量较高的食品等。霉腐不仅会影响物品的美观，还会影响物品的正常使用，甚至导致物品彻底失去使用价值。常见的防霉包装技术有以下几种。

1. 化学药剂防霉包装技术

主要通过使用化学药剂对包装物品或包装材料进行处理，使菌体蛋白质凝固、变性，从而达到防霉效果。但是这种方法会使某些物品的外观和质量受到影响，使用范围有限。

2. 气相防霉包装技术

主要通过使用具有挥发性的防霉防腐剂进行处理，将挥发气体充入物品包装中，使其直接与霉腐微生物接触，杀死或抑制微生物，这种方法能保持物品外观和质量不受影响，但对包装容器的密封性要求较高。

3. 气调防霉包装技术

霉腐微生物的生长离不开空气和水分，气调防霉包装技术就是通过营造对其生存不利的环境来防止物品霉腐。一般是在密封包装内充入二氧化碳和氮等气体，以减少包装内的氧气含量。

4. 低温冷藏防霉包装技术

通过降低物品的温度，抑制酶的活性和霉腐微生物的繁殖，以达到防霉腐效果。分冷藏和冻藏两种，冷藏温度在0℃左右，处理时间稍短，适用于水果、蔬菜等含水量大且不耐冻的产品；冻藏温度在－18～16℃，处理时间长，适用于鱼、肉等含水量大且耐冻的产品。

5. 干燥防霉包装技术

通过降低物品及包装内的水分含量，抑制霉腐微生物的生长繁殖。一般是在包装容器内加入干燥剂吸收水分。

6. 其他防霉包装技术

除上述包装技术外，还可以通过电离辐射、射线、紫外线、微波等对物品进行处理，以达到杀菌防腐的效果。

二、冷链物流包装技术

冷链物流是利用温控、保鲜等技术工艺和冷库、冷藏车、冷藏箱等设施设备，确保冷链产品在初加工、储存、运输、流通加工、销售、配送等全过程始终处于规定温度环境下的专业物流。冷链物流是物流包装防护技术应用的典型领域。为保证产品在物流过程中的环境温度控制在合理范围内、保证产品质量、减少物流损耗，冷链物流包装技术起着关键作用。

（一）智能化包装助力温控技术升级

从运作模式来看，冷链物流可以分为“包装冷链”和“环境冷链”。“包装冷链”

一般采用"泡沫盒+冷袋"的方法，利用包装创造一个适合冷链产品短期保存的环境。其优点是可以和其他货物一样通过普通温度物流系统传递，物流总成本较低，目前很多生鲜电子商务采用这种运营模式；但这种包装不可回收且对环境有害。"环境冷链"则是所有物流阶段都处于低温环境下，直到产品到达最终客户。其优点是比较环保，缺点是对冷链配送系统的要求较高，且物流总成本较高。

为增强保温效果，冷链物流的包装材料主要选择隔热性好的材料，如泡沫塑料、珍珠棉复铝箔等。但包装绿色化是发展趋势，因此很多企业尝试使用可降解的新材料，如聚乳酸基可降解塑料、淀粉基可降解包装材料等。目前，在冰袋冷媒材料方面还研发出一种新材料——生物冰。生物冰的97%是水，另外3%是从植物中提取的一种高分子聚合物，其作用是将水分子固化为一种生物制品，通过ISO 9002国际质量认证，具有安全无毒、保温效果良好、使用方便、成本低、可重复使用等优点，与同体积普通冰相比，冷冻时间可延长至6倍，蓄冷量足。

智能化也是冷链物流包装发展的一大趋势，通过射频识别技术、全球定位系统、无线通信技术及温度传感技术的有机结合，对产品所处温度进行细致、实时管理，以解决物流过程中的质量监控问题。

上海海事大学章学来教授团队针对疫苗冷链物流特殊温度的需求，研发了一种基于物联网的新型蓄冷保温箱，不仅温控效果良好，用户还可以通过手机实时监测疫苗温度情况。疫苗试剂管可直接放置在蓄冷盒的贮存孔内，蓄冷剂在试剂管之间更加均匀地释放和传输冷量，实现冷量的高效利用。

苏州大森塑胶工业有限公司进行了大量的市场调研和模拟实验，开发出一种智能果蔬专用周转箱，箱子侧面有唯一标识的二维码，并安装有智能模组植入电子芯片、GPS、温湿度传感器等模块，实现果蔬从田间到餐桌的所有环节都有据可查、有源可溯，达到田间信息可查询、生产加工可追溯、运输流通可追踪、责任主体可追责的目标，保证食品的实效性、品质和安全。该周转箱目前已在西南地区的蔬菜大省大量投入使用，效果显著。

（二）保鲜技术

为起到较好的保鲜效果，在包装过程中，常常会使用预冷技术、速冻技术对冷链产品进行处理。

预冷技术有很多种，①利用干冰或天然冰等制。冷介质冷却物体，方便快捷，但其制冷量和可能达到的制冷温度往往不能满足生产需要。②利用制冷设备，使热量从低温物体向高温物体转移，国内常见的方法就是冷库预冷，利用冷风机将周围的热量带走。③采用真空预冷技术，将蔬菜水果放在密闭环境中，将空气和水分抽掉，强制水分蒸发，使食材温度降低。

速冻技术一般是指运用现代冻结技术，在尽可能短的时间内将食品温度降低到其冻结点以下的某一温度，使食品形成极小的冰晶，不严重损伤细胞组织，且能保存较长时间。常见的有液氮速冻技术、真空速冻技术、臭氧冷冻技术等。

此外，常见的冷链产品保鲜包装技术有以下几种。①真空包装，将空气和水分抽取干净，抑制霉菌和其他微生物的生长繁殖。②收缩包装，将包装好的食材薄膜经过加热后收缩，贴紧食材的表面。③活性包装，根据食品的特性需求在包装腔体内部或者包装材料中加入活性物质，分为释放剂和吸收剂，通过活性物质的作用达到保鲜的功能。释放型活性包装材料主要有抗菌剂、抗氧化剂等；吸收型活性包装材料主要有脱氧剂、乙烯清除剂、水分清除剂等。④无菌包装，包括包装材料的无菌、包装产品的无菌、包装环境的无菌和包装后完整封合四个要素。经无菌包装的食品无须添加防腐剂，在常温下也可以保持一年至一年半不变质。

三、汽车发动机零部件出口防锈包装解决方案

（一）面临问题

2018 年 3 月，国内某发动机及其零部件公司准备出口俄罗斯一批发动机零部件，主要为缸体和缸盖，缸体的材质为铸铁，内部有环形铜件，缸套的材质为硼铜合金，缸盖的材质为铸铁；出口海运的防锈包装方式为无油防锈包装方式：外层采用 80μm 普通 PE 袋进行密封包装，内层采用 100μm 气相防锈膜袋进行密封包装，气相防锈膜袋内放置蒙脱石干燥剂（400 g/m^3）控制包装内的湿度，采用气相防锈纸加强防锈。防锈包装后的发动机零部件陆运至码头，经过 45 ~ 60 天的海上运输后到达俄罗斯，再从俄罗斯港口运至主机厂库房内存放，要求防锈周期为 12 个月。

2018 年 8 月，客户进入主机厂库房进行拆箱检查，发现大量发动机零部件出现锈蚀现象。这导致俄罗斯方面要求全面退货，给供应商造成巨大的经济损失，同时使得供应商企业形象受损。

（二）原因分析

沈阳防锈包装材料有限责任公司（以下简称“沈阳防锈”）的技术专家和技术人员应邀到防锈包装现场进行实地调研，经过系统调研和分析，确定发动机零部件锈蚀的主要原因有三个方面。

一是整体防锈包装工艺的防锈能力不足，无法保证包装内的发动机零部件处于气相保护状态。

二是对现场使用的气相防锈纸进行气相缓蚀能力的测试，发现气相防锈纸的气相缓蚀能力不足。

三是内包装使用的是蒙脱石干燥剂，虽然采用双层包装，但是由于蒙脱石干燥剂自身的吸湿量较小，只能吸收密封包装内一定量的水蒸气，并且当蒙脱石干燥剂达到饱和吸湿后，随着温湿度的变化还会发生脱水现象。而发动机零部件在出口俄罗斯的海运过程中主要是处于高温、高湿和昼夜温差变化较大的环境中，不但会导致集装箱内部形成集装箱雨，还会导致密封包装内的水蒸气不断地发生凝结和气化，进而促使蒙脱石干燥剂无法有效地控制密封包装内的湿度，增加发动机零部件在海运过程中的锈蚀风险。

（三）包装方案设计

鉴于以上的锈蚀原因，沈阳防锈的技术专家根据目前的实际情况重新设计出口俄罗斯发动机零部件的防锈包装方案。现场实施的工艺如下所示。

1. 缸体防锈包装工艺

具体步骤如下：①在木箱/托盘底部放置缓冲材料，将五面体气相防锈膜袋展开后放置在缓冲材料上；②将气相防锈纸（PA 结构）展开后放置在气相防锈膜袋内部，注意将气相防锈纸的纸面面向缸体，膜面朝外；③将清洁干燥后的缸体放置于气相防锈纸上；④将 PO 结构的小张气相防锈纸卷成筒状后放置在缸套中，每个缸套中放置一张气相防锈纸；⑤在缸体四角及内部均匀放置干燥剂和气相防锈粉；⑥将气相防锈纸（PA 结构）展开后放置在缸体上部，气相防锈纸的纸面面向缸体，膜面朝外；⑦排净气相防锈包装空间内的空气，检查并密封气相防锈包装，检查过程中如发现气相防锈膜袋有破损或密封性不佳的位置，必须采用胶带进行密封处理。最终包装效果如图 4 - 2 所示。

图 4 - 2　缸体防锈包装

2. 缸盖防锈包装工艺

具体步骤如下：①在木箱/托盘底部以及缸盖的层间放置缓冲材料，将五面体气相防锈膜袋展开后放置在缓冲材料上；②将气相防锈纸（PA 结构）展开后放置在气相防锈膜袋内部，注意将气相防锈纸的膜面面向缸盖，纸面朝外，主要是为了避免缸盖在运输过程中由于摩擦造成的清洁度不佳；③将清洁干燥后的缸盖放置于气相防锈包装内的气相防锈纸上；④将气相防锈纸（PA 结构）展开后放置在缸盖上，气相防锈纸的膜面面向缸盖，纸面朝外；⑤将超强干燥剂和气相防锈粉放置在气相防锈包装内部的气相防锈纸上，避免干燥剂及气相防锈粉由于包装破损直接与缸盖接触造成锈蚀隐患；⑥排净气相防锈包装空间内的空气，检查并密封气相防锈包装，检查过程中如发现气相防锈膜袋有破损或密封性不佳的位置，必须采用胶带进行密封处理。

此外，沈阳防锈还制定了一系列防锈包装工艺现场实施过程的管控规定，例如，包装前应检查被包装产品，确保被包装产品清洁干燥，无锈蚀；包装室内温度应控制在 0 ~ 40℃，相对湿度应控制在 70% 以下；若制品有凸起部位或锐利边角会损伤产品时，应另行包扎或加衬垫等缓冲材料进行保护。

（四）实施效果

该方案经过实际验证，防锈效果优异，可以满足出口海运防锈期要求，并通过国内多家汽车主机厂及物流公司的现场应用效果检验。

第二节　新型智能包装创新应用

随着北斗卫星导航技术（以下简称“北斗技术”）、物联网技术等新一代信息技术的发展，包装技术也向着数字化、可视化发展，致力于实现便捷的交互式沟通。包装作为信息采集入口，成为万物互联的载体，可实现对产品的生产、仓储、物流、销售等全生命周期的数据采集，并将信息以文字、图像等可视化的方式实时呈现。同时，3D 打印等新型制造技术也在包装中得到应用，促进了包装的定制化、个性化发展。

一、北斗卫星导航技术在包装中的创新应用

（一）北斗卫星导航技术应用方式

北斗卫星导航系统（以下简称“北斗系统”）是中国着眼于国家安全和经济社会发展需要，自主建设、独立运行的卫星导航系统，是为全球用户提供全天候、全天时、高精度的定位、导航和授时服务的国家重要空间基础设施。北斗技术在物流业各个方

面、各个环节都有巨大的应用空间，可以结合电子地图、大数据、云计算、物联网、移动通信等技术的综合应用，做到管控能耗、降低成本、提高用户可视化体验，并借助产品包装对运输车辆、运输环节、运输轨迹进行监控管理。

（二）应用现状

目前在物流包装行业，北斗技术主要应用在提升包装的智能性上。通过将北斗定位模块安装在包装容器上，可对包装物的状态进行进一步监控，实时提供和统计货物位置信息，实现货物在途可视化。北斗技术在物流包装上的应用提升了企业的物流信息化水平以及作业效率，有助于企业统筹货物的实时信息。但是，由于 GPS 等系统进入市场较早，占据了大部分市场份额，目前北斗技术市场推广艰难，在为不同客户服务或者企业之间进行合作时，可能存在着技术不统一、不利于实现物流包装标准化等问题。此外，以北斗技术为主体的信息系统建设以及用户终端开发存在一定难度，成本较高。

（三）基于北斗时空应用的智能托盘系统

1. 案例背景

目前，我国物流业正在从离散分布式的物流过程向聚合分享式方向迈进，进入智慧化物流阶段，而物流过程的信息化将成为智慧物流发展的核心。安徽省埃帕克智能共享物流装备有限公司（以下简称“埃帕克智能”）深度挖掘物流托盘行业痛点，率先于 2017 年研发了基于北斗导航定位技术的智能共享物流器具和安徽省物流标准化托盘（装备）公共服务平台。该平台以智能物流终端为基础，获取物流运输过程中的实时有效数据，通过共享平台进行数据处理，综合各利益相关方物流信息，为企业提供更优的物流解决方案。

2. 方案设计

首先，在物流器具中集成物联网技术，实现物流器具使用方式的变革，从一次性使用或不合理、低利用率的使用，变为高效使用，为物流器具带来新的价值。通过可重复性的共享利用，充分延长物流器具的使用周期，节约物流成本。

其次，结合物联网等高新技术应用，实现数据的主动传输、区域性共享，最终实现对社会资源的高效整合以及整体经营效率的提高。

最后，将北斗导航定位技术、物联网技术、互联网技术等现代科技与现代物流紧密结合，充分发挥“北斗 + 物联网 + 大数据”的作用，对托盘进行智能化改造，将其作为一个供应链及区块链信息收集的载体。构建智慧物流生态圈，打造物流行业区块链，在物流行业内实现资源共享化、绿色智能化、数据实时化、信息透明化、管理轻量化的目标。

3. 实施效果

通过北斗位置服务、北斗智能硬件和北斗智慧物流共享平台，打通数据通道，获得有利于政府的可靠、准确、及时的物流信息和环境数据，进而制定详细可行的减排政策，控制日益严重的空气污染，减少灰霾天气的发生，带来重大的社会效益。埃帕克智能每年仅共享物流托盘就会降低 319622 吨的固体废弃物，减少了 541763 吨的温室气体排放，相当于种植了 735678 棵松树。

二、物联网技术在包装中的创新应用

物联网在物流领域有着广泛的应用，如库存跟踪和分析、实时车队管理等。随着智能包装技术的发展，包装正日益成为产品功能的延伸，成为集成各种创新技术手段的载体。物联网的应用将包装推向了更高的发展境界，包装市场也将成为物联网技术产业的蓝海。

物联网技术在包装行业既应用在包装过程中，也应用在包装本身。在包装过程中会使用许多机械设备，如称重系统和包装秤，由于高频次使用，这些设备容易损坏。称重不准确会导致物料称量过少或过多，设备无法使用会导致包装过程中断，这两种情况都会给企业造成损失。通过物联网可以有效地解决这些问题。具有物联网功能的传感器等设备可以帮助企业预测包装作业线的维护需求。传感器将收集物流包装设备的数据并将其发送到数据分析平台，平台解读数据并进行实时显示，以便用户可以远程访问和监测设备。

物联网技术还可以直接应用在包装中，在包装材料中嵌入传感器或 RFID 芯片，从而实现对产品物流过程的监测。同时，也可通过在包装中加入智能标签，使消费者能够直观地获得产品相关的信息，提升客户互联体验。

2022 年 5 月，艾利丹尼森公司和物联网先驱企业 Wiliot 建立了战略合作伙伴关系，艾利丹尼森公司将利用其优秀的研发能力来设计和制造第二代 Wiliot 标签。第二代 Wiliot 标签包含由蓝牙供能的邮票大小的微型计算机，可附加到任何包装上，使其具备智能性和互联性。此外，艾利丹尼森公司还将整合 atma. io 数据平台和 Wiliot 传感服务（SaaS），将标签获取的传感信息添加到产品数据库中，从而帮助企业实时获取供应链信息。

三、3D 打印技术在包装中的创新应用

3D 打印技术即快速成型制造技术。它是一种以数字模型文件为基础，运用粉末状/丝状金属或塑料等材料，通过逐层打印的方式来构造物体的技术。区别于做减法的去除

式制造技术，它是一种做加法的增材制造技术。

（一）应用领域

与传统制造技术相比，3D 打印技术具备许多优点：节省材料，不用剔除边角料；能从计算机图形数据中生成任何形状的物件，达到高精度；可以自动、快速地将计算机中的设计转化为模型，有效地缩短了产品研发周期等。因此，在各行业的包装中都可以看到这种新型制造技术的应用。

1. 物流业

物流业涉及的产品种类多样，为设计出更符合产品特点的包装，研发部门往往需要做出大量尝试。从平面图纸到立体模型这一步往往需要大量的制造和运输时间，这使得研发者不能迅速测试新设计产品的性能，研发周期较长。但借助 3D 打印技术，研发者不需要借助生产线就可以在几十小时甚至几小时之内打印模型。

GKN 集团的汽车分公司 GKN driveline 曾使用 3D 打印技术来制造定制的零部件。该公司团队利用 3D 打印技术为机器人打印了一个电缆支架，节省了大量的时间。如果像以前一样通过供应商运输供货，至少需要一周的时间才能收到零部件。

2. 医疗行业

医疗器械、植入物和仪器等医疗包装对 3D 打印技术有着巨大的潜在需求。由于医疗包装必须是无菌的，同时在运输和使用过程中也要保持内容物无菌，如果采用传统的生产线进行生产，每一个环节都需要进行严格杀菌，才能保证产品和包装的无菌环境。而采用 3D 打印技术可以在距使用端较近的无菌环境中一次打印成形，避免反复多次的消毒杀菌。

3. 美妆行业

美妆产品属于快速消费品，具备消费群体广、使用率高、产品迭代较快等特点。是否能够精准快速地为客户提供高品质且具有美感的包装解决方案，决定了企业能否在竞争激烈的市场中获取市场份额。3D 打印技术凭借其便捷快速、高还原度的优点被许多美妆企业应用在产品包装的研发和生产中，提升了创新效率。

（二）3D 打印技术在上汽通用汽车制造中的应用

上汽通用汽车有限公司（以下简称“上汽通用”）通过不断探索智能产品在汽车领域中的应用，来提升汽车包装设计和制作的质量，其中包括 3D 打印机。该公司目前将 3D 打印技术应用在四个场景中。

一是满足项目紧急制作需求，保证包装开发进度。当紧急项目来不及委外制作时，通过 3D 打印机可以快速将发动机料架定位块打印出来。

二是实现无法手工切割、多弧面造型的复杂型面定位件打印。在前期验证过程中，部分零部件没有模具，制造较难，之前是靠手工切割，但复杂的手工不一定能达到效果，现在可以采用3D打印机进行打印。

三是辅助柔性化检具制作，增加操作便利性。在该公司的定期检测中，可能每一款产品都需要一款检具，通过3D打印机和金属的配合可以制造一些柔性化的检具，减少投入量。

四是3D打印零部件，支持包装提前验证。当包装已经生产出来但是零部件没有实物时，上汽通用会用3D打印机打印一些零部件的壳体，以进行后续验证。

四、中包物联货安达®智能模组

中包物联自成立以来，以高技术含量、高质量品位为标准，开发出一系列创新、实用的智能循环托盘、智能循环箱、智能循环料架、可回收料盒等智能物流器具。其中，在WL系列货安达®物流监测黑匣子的基础上，基于多年运输包装研究，突破多项传感器技术难关，中包物联推出可直接应用于用户现有循环包装的“变身神器”——“货安达®智能模组”，通过四大核心技术解决行业痛点问题。

1. 超低功耗技术

中包物联与芯片厂商联合研发了超低功耗物联网通信芯片，将手机通信单条数据采集功耗降低98%，保证物流资产全生命周期持续供电。

2. 4GCat1/CatM移动物联网通信解决方案

该方案的网络覆盖范围更广、通信速度更快、延迟更低且成本低、功耗低，可以保证数据传输无死角、无断点。

3. 非接触传感器状态捕捉黑科技

该模组可以动态识别包装器具的使用状态，包括出入库、上下线、装拆箱等，为供应链小时级调达管理提供可靠数据保证。

4. 货安达®可视化供应链云平台

该平台可以将智能模组数据通过超高分辨率卫星地图进行可视化呈现，将智能循环包装器具动态大数据进行动态业务报表呈现。通过MNFC模组对货物、容器和集装器具等编码、绑定、追溯、定位，实时了解包装器具的位置，并定时监测货物环境温湿度，实时监测物流风险。

在汽车供应链方面，中包物联已为吉利、长城、东风、李尔、格特拉克等整车与零部件企业部署了5万多个智能循环箱。在某企业供应链优化项目中，中包物联的“循环铁箱+EVA循环包装”取代了原有的一次性包装，降低25%的包装成本，减少20%的循环资产投入，实现了3个工厂发送全国8个城市的8条路线往返循环。并将平均单箱周转率提升至1.2次/月，使企业供应链应用库存降低20%，提高了整个供应链的周转速度，更利于物流资源的节约。

第三节　物流包装自动化

在工业4.0时代，自动化生产是重要的发展趋势之一。物流包装自动化是自动化物流系统的重要环节之一。在整个物流运作系统内，包装作业通常占用大量人工，劳动强度大、机械重复多。随着识别技术、控制技术、机械制造等技术的发展，市场需求的类型向多样化发展，物流包装领域的新设备与新模式不断涌现，逐渐由纯人工操作向自动化方向演变。近年来，我国电商企业和制造业相关企业也在物流包装自动化技术方面不断进行新尝试，呈现崭新气象。

一、物流包装自动化的优势

目前，物流包装自动化在我国还处于发展中，由于具有节约劳动力、提高包装效率和精度、提升灵活度等优点，物流包装自动化在我国物流行业的应用前景可观、潜力巨大。

（一）物流包装自动化的优点

1. 大幅节约劳动力

在整个物流系统中，包装过程涉及包装材料准备、物品码放、包装封口、贴标等作业。针对小件物品的包装，包装作业重复性高，劳动强度大。大件物品重量大，码放的危险性高。因此，包装作业往往占用了大量劳动力。自动化包装流水线在很大程度上能缓解包装操作人员的压力，减少重复性动作、大重量搬运及尖锐物品对人身造成损伤的风险。传统的物流包装设备主要是指完成全部或部分包装作业的机器。以往设备的操作和运行，离不开人工的参与。在人力成本不断提高的前提下，大量人工操作的岗位需要自动化的解决方案。

2. 提升物流包装作业效率

以某企业快递气泡袋打包机产品为例，若采取人工包装，包装作业效率仅为每小时500件左右，当应用自动化包装流水线后，包装作业效率可达到每小时1300～3000件。因此，自动化设备特别适合包装作业量较大的物流节点或企业应用，既能够节省劳动力，又大大提高了生产效率。

3. 提高物流包装精度

传统包装解决方案中，人工效率较低，计量精度不准确，容易造成包装材料的损耗。在货物的码垛过程中，使用机器人能够实现包装的精确性。例如，深蓝码垛机器人手臂被固定安装在坚固的机座上，多轴机器人的轴均经过伺服马达和齿轮控制进行转动，这就确保了机器人在工作半径范围内可全方位灵活自由地确定工位。而且，只要确定了抓取点和摆放点，码垛机器人就能精确地抓取摆放。此外，自动化的包装生产线还能提高包装的一致性，减少包装失误的发生。

（二）物流包装自动化的发展现状

目前，物流包装自动化技术和装备的主要市场还在欧洲、美国、日本等发达地区，国内正处于逐渐推广应用的阶段，整体应用规模较小。由于欧美等发达地区在自动化技术方面的研究起步比较早，技术也较为成熟，另外人工成本较为高昂，因此物流包装自动化技术和装备的应用普及程度比较高。在人工成本尚可接受的情况下，国内企业在包装环节还是倾向人工操作。

二、物流包装自动化主要技术

物流包装自动化通过自动化设备得以实现，自动化设备综合应用了机械、电、光等技术，利用模块化的生产方式，将不同功能的模块进行有效整合，对应不同的包装作业环节。目前国内市场上应用较多的包括封口机械、裹包机械、装箱机械、捆扎机械和辅助设备。

自动包装流水线主要是按照包装的工艺过程，将自动包装机和有关辅助设备用输送装置连接起来，具有独立控制能力，同时能使被包装物料与包装材料、包装辅助材料、包装容器等按预定的包装要求、工艺要求和工艺顺序，完成物料包装全过程的工作系统。自动包装流水线的种类繁多，所包装的产品也各不相同，但总体上可分为控制系统、自动包装机、输送装置和辅助工艺装置四个组成部分。

1. 控制系统

在自动包装流水线中，控制系统将流水线中所有的设备连接成一个有机的整体。控制系统主要是由工作循环控制装置、信号处理装置以及检测装置组成。随着科学技术的发展，如数控技术、光电控制、电脑控制等各种高新技术被大量应用到自动包装流水线中，使控制系统更加完善、可靠，效率也更高。

2. 自动包装机

自动包装机是一种无须操作人员直接参与、主要由操作系统控制、在规定时间内各机构自动实现协调动作并完成包装作业的机器设备。自动包装机是自动包装流水线上基本的工艺设备，是自动包装流水线的主体。

3. 输送装置

输送装置是将各台完成部分包装的自动包装机连接起来，使之成为一条自动线的重要装置，担负着包装工序间的传送任务，并且使包装材料（或包装容器）和被包装物料进入自动包装流水线，以及成品离开自动包装流水线。常用的输送装置大致分为重力式和动力式两种，其中，动力式输送装置是利用动力源（如电动机）的驱动作用，使物料得以输送的装置，是自动包装流水线中常用的输送装置，不但可实现由高处向低处的输送，而且可实现由低处向高处的输送，并且输送速度稳定可靠。

4. 辅助工艺装置

在自动包装流水线中，为满足工艺上的要求，使自动包装流水线能有节奏、协调地工作，需要配置一些辅助工艺装置，如转向装置、分流装置、合流装置等。这些装置可以为包装自动化生产的柔性化做好准备。

转向装置是为了满足包装需要，用于改变被包装物输送状态或改变被包装物料的输送方向的装置。转向装置结构形式多样，应根据不同物料、不同要求进行选择。分流装置是为了平衡生产节拍、提高生产率，在前台包装机完成其包装作业后，将被包装物分流给其他包装机来完成后续工序的装置。合流装置是用于连接前道工序多台包装机与后道工序一台包装机的装置。

三、电商快递包装自动化

21 世纪以来，电商进入高速发展时期。从 2013 年开始到 2022 年，电子商务交易的用户规模从 3 亿增长到 8 亿多，快递业务量从 99 亿件翻 10 倍增长到了 1105. 81 亿件。伴随电商营销方式的多样化，电商快递的高峰期明显对包装作业的要求更多，因此在总体需求的高速增长下，电商快递对包装自动化需求很高。电商企业在电商快递包装自动化技术方面也做出了大量尝试。

（一）电商快递包装自动化难点

物流包装自动化的基础是标准化，根据包装的尺寸标准设计控制系统的程序、机械的参数和动作，从而使控制系统和机械以统一精准的动作完成包装作业。电商快递包装的固有特点使其包装自动化存在一些难点，主要包括以下几方面。

1. 产品形态各异，订单结构复杂

互联网购物和线下购物不同，一种产品可能有不同种类，但又都属于一种产品，例如手机，128G 内存和 64G 内存就是两件产品，但又都属于一种产品。这类耐用品的规格、种类数量与快消品相比相对较少，如果将同样的场景置换到服装行业或日化行业，产品的规格、种类数量更是成倍增长。而综合各类消费品的电商平台所面临的产品差异化程度又再次叠加。

不同的产品之间，重量、形状、大小等性质形态各有差异，适用的包装大小、类型也不尽相同。同时，电商面向客户的物流具有按照订单组合发货的特点，每一笔订单可能包含不同种类、规格的产品，需要进行组合包装，订单结构复杂。现有普遍应用的包装设备基本上难以实现多品种产品在同一条流水线上的自动化，订单的组合包装也几乎完全依靠人工，这一特点对包装自动化技术的柔性化、智能化水平要求非常高。

2. 定制化需求丰富

电商行业发展迅猛，规模不断增加，但市场整体空间增长放缓，行业竞争更加激烈。电商企业要进一步提高用户消费体验，才能够在激烈的竞争中存活下来。因此，电商快递包装所面临的环境是，服务的客户一般对消费的体验要求高，电商企业面临不同客户、不同场景、不同竞争条件下的定制化需求，对于自动化包装提出更高要求。

（二）电商快递包装自动化类型

根据电商销售的主要货物品类，电商快递包装中应用较多的主要有三类：纸箱、塑料袋或气泡袋、信封。这三类包装形式均有对应的自动化包装设备。

1. 自动化纸箱包装技术

目前，自动化纸箱包装技术可实现三种不同的解决方案，分别是统一规格纸箱自动包装、单件可变纸箱自动包装和多件可变纸箱自动包装。从应用的普及程度上来看，在电商快递包装中，统一规格纸箱自动包装更为普及，能实现纸箱的自动开箱、封箱，而可变纸箱自动包装的技术水平较高，主要是大型电商平台实现应用。

以意大利 CMC 公司的解决方案为例，可变纸箱自动包装系统可以根据物品扫描体积个性化制作纸箱，并实现自动化装箱、贴面单一体化生产操作，是目前全球 B2C 自动化包装系统装机量最高的设备。如图 4－3 所示，可变纸箱自动包装系统能根据包装

图 4－3 可变纸箱自动包装系统

内件的尺寸，实现从瓦楞纸卷到个性化纸箱包装的整个制作过程。制作实现的贴体包装可以最大限度地减少包装物料的浪费。根据被包装产品的规格尺寸，设备自动在线形成对应的瓦楞纸板包装结构。充分贴体的方式不再需要内部的缓冲材料，而本身瓦楞纸板包装结构会巧妙地形成防冲击的缓冲细节结构。

除了单件可变纸箱自动包装，目前多件可变纸箱自动包装系统也已实现应用。该包装系统的输送带直接连接到仓库，物品经过分拣被放置到可变周转箱中，并直接传送到系统进行自动包装。系统采用激光技术实现纸箱的可变压痕和裁切，根据多件商品的周转箱尺寸制作精准的纸箱，并自动化装箱及打印贴面单，速度可达 900 件/小时。意大利 CMC 公司的这个系统是目前全球最高速的柔性化多件智能包装系统，无须多件订单即可进行捆绑固定。

2. 自动化气泡袋包装技术

如图 4 -4 所示，气泡袋自动包装系统通过检测物品尺寸，制作尺寸合适的塑料袋或气泡袋，可以做到不同尺寸气泡袋的自动化包装。全自动化的系统可根据物品尺寸进行可变长度热封裁切包装，适用于多种软包材料，替代大量人工作业，速度高达 2500 个/小时。

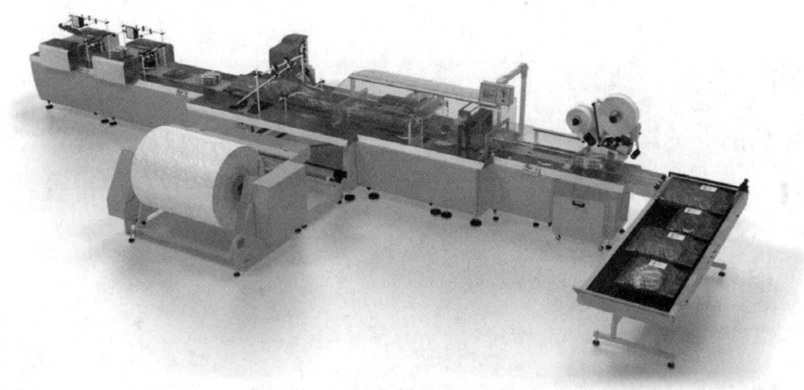

图 4 -4　气泡袋自动包装系统

3. 自动化快递封包装技术

如图 4 -5 所示，意大利 CMC 公司的快递封自动包装系统可以将普通的商业信函、银行账单、保险账单等进行大批量插入信封。同时，还可以通过选配的条码系统进行插入内容的识别，在线生成邮寄标签并打印在信封表面。另外，这套系统通过定制，可以插入 CD、图书等有一定厚度的产品。产品的后端，还可以选装自动分拣系统。

图4－5　快递封自动包装系统

（三）典型企业电商快递包装自动化探索

1. 京东物流：含磁悬浮的智能包装机

2018 年“双十一”期间，京东物流正式启用智能包装机。如图4－6 所示，该设备将磁悬浮技术应用于仓库作业的包装环节，通过视觉识别、自动抓取、自动匹配包装箱、自动校验等先进技术，大幅提升运营效率，并且通过在包裹底部与纸箱底部接触处喷胶固定的方式，有效防止商品在运输过程中的晃动，节省填充物的使用。在京东物流的应用中，该设备主要用于各品牌手机、路由器、智能手环等商品的包装环节。

图4－6　京东物流磁悬浮智能包装机

磁悬浮技术是指利用磁力克服重力使物体悬浮的一种技术，目前主要应用于磁悬浮列车、电梯以及一些高精度的机械加工等，具有高速、精度高、摩擦力小、维护成本低等优点。京东物流此次使用磁悬浮技术的主要目的，是实现多种不同规格纸箱的快速定位，通过自动选取与商品规格相匹配的包装，节约包装耗材的使用。利用这一智能化包装技术，可减少大箱装小货或纸箱套装问题的出现，从而减少纸箱用量。京东物流在智能包装机中嵌入磁悬浮轨道和用于运送包裹的智能拖车，最高速度可达 5 米/秒。采用磁悬浮智能包装技术后，经测算该智能包装机的打包效率高达 1000 件包裹/小时，较传统的打包作业效率提升了 10 倍。

2019 年“双十一”期间，杭州中亚机械股份有限公司为京东物流打造的磁悬浮智能包装机实现全面升级，引入了全自动的机器人供包系统，与智能包装机实现无缝对接，完成了供件打包环节的自动化。机器人供包系统使用业内先进的 3D 视觉技术和更加柔性的抓取夹具，在拣选过程中最大限度地实现柔性拣选，完全不会对被拣选产品包装造成伤害；同时，机器人的夹具有快换功能，可以做到 0.6 秒内更换夹具，因此，可以应用在手机、食品等多种商品的打包供货流程中。此外，全方位条码扫描技术也确保了商品可以被迅速识别。

2. 苏宁物流：智能自动打包机

2018 年 4 月，苏宁物流在武汉地区正式上线自动化气泡袋包装项目，10 秒钟就能完成一笔客户订单商品的自动化包装，主要针对 3C 类商品进行第一阶段推广。智能自动打包机可以将双面气泡植入包装袋中承载一定的外界压力，从而保护商品安全；同时，不使用任何胶带和填充物，同等商品的包装体积相比传统纸箱大约减少了一半。

据武汉地区的 3C 产品仓库工作人员介绍，用这款设备打包一部手机，只需要扫码录入商品信息，然后将手机和发票放入打包入口，该设备会自动为商品贴上面单，再根据商品大小切取合适气泡袋进行稳固黏合，实际作业场景如图 4 –7 所示。

图 4 –7　苏宁物流智能自动打包机作业场景

四、物流包装自动化发展趋势

（一）智能化引领

智能化、数字化热潮席卷全球，智能制造理念逐渐成形，为物流包装设备领域的转型升级提供了新契机。现代化物流包装追求智能和自动化。人无法 24 小时连续工作，因此机器人智能包装在流水线上有着巨大的作用。使用智能机器人可减少人工失误的情况，在流水线上智能机器人能实现自动码垛、自动捆扎、自动包装、自动输送等工作，在数据和信息统计、跟踪、包装效果、包装质量上有优势。

（二）设备成本更低

面对当前巨大的市场潜力，物流包装设备在提升技术水平的同时，还应通过技术创新降低设备成本，提高行业对市场的适应能力，更好地满足客户对于物流包装的需求。目前，自动化设备在我国普及程度不够的主要原因在于自动化设备成本较高，因此，未来降低自动化设备本身的成本也将成为主要趋势。

（三）柔性化程度更高

由于所服务的行业跨度大，不同行业以及不同产品生产模式都需要重新设计解决方案，这是物流包装环节设计的难点之一。从各企业的市场竞争来说，产品的更新换代周期越来越短，对包装机械的柔性跟灵活性提出了更高要求，即包装机械的生命周期要远远大于产品的生命周期。未来，物流包装设备应具有更高的柔性和灵活性，允许在一定的尺寸范围内包装物大小的变化。

第四节　物流包装管理智慧化

智慧物流是物流行业当下的热门话题之一。顺应行业发展的大潮，RFID、MIS、GPS、物联网、云计算、大数据等先进技术不断在物流包装中得到应用。将这些先进技术进行系统集成，实现信息感知、分析和及时处理，乃至于优化设计，可称之为对物流包装过程管理的智慧化。智慧化往往贯穿了物流包装全生命周期，行业中的相关实践主要聚焦在包装方案优化、循环包装、共享包装等方面。

一、物流包装全生命周期管理

包装生命周期是指由包装材料的采集与配制、包装生产与制造、包装运输、销售、使用，以及废弃包装无害处理和再循环利用等环节组成的全部过程的总和。对这些环节进行划分，针对物流包装的全生命周期可以分为包装设计、包装制造、包装流通、包装回收和利用等环节。

包装设计是包装生产、制造的引领。物流包装设计中可能会存在为了保护物品等目的而产生的过度包装问题。通过优化包装设计方案，可以减少包装耗材成本和空间。

包装制造和包装流通过程的管理目前主要集中于控制材料浪费和包装流通追踪两个目标。包装制造过程中，可以通过过程和结果管理统计、分析包装方案的材料使用情况，优化包装方案。包装流通过程的智慧管理，随着共享理念的兴起受到了更多关注。例如，托盘、周转箱等共享包装的实现都需要依托对包装流通进行准确、高效管理。

包装回收和利用过程目前仍是薄弱环节。由于日常管理不到位，在回收制度、回收体系建立、循环利用管理等方面存在问题，物流包装回收和利用的效果并不好。智慧化手段在包装回收和利用管理中的应用，有助于回收物流体系的建立，减少物流包装材料的浪费。

出于节能减排、降低成本、绿色环保等目的，各类企业或多或少需要在物流包装全生命周期中的各个环节进行优化管理。随着信息技术的发展，针对各个环节存在的问题或需求，采取数字化、智慧化手段对物流包装全生命周期进行优化的应用在逐渐拓展。

二、物流包装智慧化硬件技术

智慧化的实现，除了通过顶层处理的大数据、云计算、深度学习以及人工智能等技术应用，还需要底层相应的感知、控制等硬件技术支撑。本节主要介绍外部辅助硬件技术。

（一）视觉识别技术

视觉识别技术的核心技术要点是，借助摄像头采集数据并传送到云端的数据中心，再利用计算机视觉运算建立物体特征，然后与其他已位于数据库中的物体进行比对，找出相似点，并根据这些信息提供搜索结果。视觉识别所涉及的关键技术包括图像处理、模式识别、计算机视觉、神经网络等。在物流包装中，视觉识别技术可以赋能物品识别过程，并为智慧化、柔性化操作提供依据。

目前，京东物流已经在物流包装场景中做出了应用视觉识别技术的尝试。2017 年建成的首个全流程无人仓中，5 个场景内，京东物流分别使用了 2D 视觉识别、3D 视觉识别，以及由视觉识别与红外测距组成的 2.5D 视觉识别，为这些智能机器人安装了

“眼睛”，实现了机器与环境的主动交互。在2018年的“双十一”大促中，京东物流引入并启用的智能包装机也应用了视觉识别技术，并基于视觉识别技术实现了自动抓取和自动匹配包装箱，大幅提升了运营效率。

（二）智能机器人技术

智能机器人集成了人工智能、机器人视觉技术、智能控制技术、传感技术等技术。随着人工成本上升，包装机器人已成为包装行业快速发展的新契机。在不少企业中，自动化生产线已经应用了自动化包装机器人，但更多的是执行规格确定的、重复性高的、包装标准的包装作业。随着包装纸箱、包装配置、包装内容物的种类日益增多，提高自动化包装机器人的智能化程度、改善工作能力和使用性能必然成为未来趋势。

目前，包装智能机器人的难点和热点在不规则的软包装产品。服装、食品等产品的软包装需要轻量、自动化的作业，以避免损坏，同时也需要能力更强的识别系统，以提高执行能力。

在服装行业，优衣库的母公司迅销集团与工业机器人初创公司牧今合作，用智能件包装机器人对生产线进行全自动改造。如图4－8所示，智能件包装机器人采用3D成像镜头对服装产品进行扫描，然后精确无误地进行折叠打包。

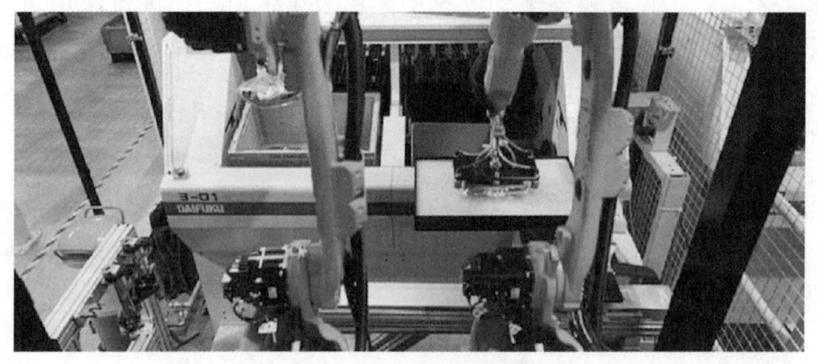

图4－8　智能件包装机器人

我国食品行业智能装箱方面也有类似的实践。勃肯特（北京）机器人技术有限公司开发的并联机器人（见图4－9）应用于软包沙拉酱的装箱作业。作业流程上，通过传送带上的编码器及工业视觉系统识别软袋的位置和摆放角度，识别软袋是否合格地摆放到纸箱中，在线检测重量后，封箱工位完成装箱，若不合格则传送到剔除工位。视觉拾取机械手用于装配、拾取，在包装领域的优势显著，可以针对不规则、凌乱的多种物料进行分类包装，采用高速摄像机对物料进行图像采集，通过数据处理，转化成信号传送给机械手臂，从而进行作业。

图 4－9　勃肯特并联机器人

三、物流包装智慧化软件技术

通过优化算法设计、创新管理模式、应用信息技术等手段，物流包装全生命周期中的各个环节已初见智慧化管理的趋势。近年来，电商快递的蓬勃发展使行业逐渐意识到包装材料浪费的问题，在包装方案优化、共享包装管理领域涌现出一批典型企业和典型产品，采用运筹优化等方法，综合运用多种信息技术对物流包装进行智慧化管理。

（一）物流包装方案优化技术

物流包装方案优化是包装优化的源头，一般需要根据包装内容物进行分析和计算，并输出相应的推荐方案。许多电商企业建设了这样的系统，实践比较成功的包括京东物流、菜鸟和苏宁物流。

1. 京东物流的精卫智能耗材推荐系统

面对电商行业中包装箱、纸袋、塑料袋的大量消耗，以及随之而生的材料和工时上的成本浪费，京东物流在 2019 年推出了精卫智能耗材推荐系统，通过气泡膜打包机、枕式打包机、对折膜打包机等 18 种智能设备，实现了包装材料的降本增效。

京东物流的在库 SKU 已达千万级，涉及 3C、母婴、快消、服饰等品类，其包装耗材的种类、款式、用途也各不相同，目前，京东物流仓库内的包装箱、编织袋、泡沫箱、胶带、缠绕膜等有 1500 种以上，仅包装箱这一类目之下，就存在几百种不同材质、不同尺寸的选择。

精卫智能耗材推荐系统可以根据不同订单类型自动计算与商品最匹配的耗材及型号，确保纸箱、手提袋的精确使用。数据显示，2019 年 3 月，北京某 3C 仓库，通过精卫智能耗材推荐系统进行的耗材推荐准确率达到 96.5% 以上。

2. 菜鸟的数智化包装方案优化系统

菜鸟的数智化包装方案优化系统综合利用了大数据、深度学习、自研优化算法等技术，实现按上游订单提供即时性、可视化的包装推荐，并基于历史数据不断对方案进行优化。菜鸟依托淘宝、天猫的亿级订单数据，根据美妆、电器、快消、家居、服装等不同行业的特性，利用大数据技术，结合算法进行包装推荐方案设计。

菜鸟自主研发了一套箱型设计算法——装箱算法，通过深度学习、自研 Merge Cube 等算法系统优化箱型，并自动推荐最优的装箱方案。基于订单大数据，该算法可计算出最合适的箱型和长宽高，从而优化纸箱型号、减少包材浪费。大小合适的箱子不仅可以减少商品与箱子之间的碰撞、减少耗材成本，还节省了运输成本、运输空间，更加绿色环保。

依托数智化包装方案优化系统，菜鸟实现了 10% 以上的塑料辅材节约，预计每年的纸箱用量可以减少 50 万平方米以上，从而实现较低的采购及储存资源投入。

3. 苏宁物流的智能包装推荐

苏宁物流研发大数据团队推出“智能包装解决方案”，利用历史数据分析和大数据算法技术，结合客户订单信息、商品数据、包装耗材数据等相关数据进行大数据算法模型优化，自动为客户的商品确认包装材料类型、包装应用，确定装箱顺序和装箱位置，实现包装的智能化应用。通过智能包装解决方案在仓库包装的应用，每年可为苏宁物流节约包装成本近千万元。同时，通过新包装材料（可回收利用“漂流箱”）的推广使用，促进了包装减量化和循环利用。

（二）物流包装共享管理技术

共享包装的出现符合社会发展中绿色、环保、节约的大趋势，同时共享包装理论能够很大程度节约物流行业的成本。

苏宁自 2017 年“双十一”期间就推出了苏宁共享包装箱，与瓦楞纸箱相比，因为耐用性好、可重复使用的特点，共享包装箱的单次使用成本不及瓦楞纸箱的 1/20，成本效益凸显。考虑到尺寸及规格类型的标准化问题，目前共享包装箱尚未广泛应用，仅局限于企业内部物流作业或某些特殊品类商品中。

一些企业还借助区块链、RFID 技术、定位技术、物联网技术等构建共享包装循环回收系统，对共享包装在仓库、运输、配送全流程的行踪轨迹进行数据统计，监测仓库中仓储环节的出入库使用情况、运输环节中的在途变化情况以及配送过程中的回收使用率情况。共享包装循环回收系统的应用可以更好地促进共享包装的推广。

1. 衢州懿创的区块链无仓储式共享物流系统

衢州懿创智能科技有限责任公司（以下简称“衢州懿创”）开发的无仓储式共享物流系统及方法专利，创新了区块链技术的应用方式和共享快递盒的运营模式，实现了共享快递盒在小部分区域和场景的推广。

衢州懿创应用的快递盒整体由硬壳材质组成，使用了轻质金属、ABS（丙烯腈－丁二烯－苯乙烯共聚物）材料，并且内嵌了 RFID、北斗/GPS、移动通信、NB－IoT 智能锁、电池，集物件包装、运输、存储于一体，具有定位追踪、防盗、循环使用功能。

在共享快递盒的使用方面，衢州懿创应用了平台远程控制和区块链技术，实现了快件的安全使用，解决了共享快递盒的信用问题。客户通过 App 实名注册下单，在附近快递盒扫码投放快件，系统平台自动运算出电子调度单，已注册快递员根据系统平台分配任务完成接力投递的过程。客户通过 App 可实时查看快递轨迹并可变更收件地址，扫码开盒收件。客户在交纳即时保证金后均可共享接力投递快件，保证金与投递费即时结算。整个流程电子化（保护客户的个人信息安全）、无仓储化、投递共享化，可实现区块链分布式记账及电子货币化。

在共享快递盒的管理方面，衢州懿创针对社区和农村物流设计了两种模式。社区场景中，城市小区节点和主干道路干线节点配置物流支架，一个干线节点对接多个小区节点，节点投放智能物流箱/物流袋；整合社会人员和车辆在小区和干线上共享接力，一部分快递员专门负责小区节点到干线节点的配送，一部分拥有车辆的快递员专门在各干线节点来回接力配送，实现快递精准配送。农村场景中，在村民小组设置终端物流支架，在村村通公交站台上设置区块物流支架，通过村民、社会车辆、公交中巴实现共享接力，完成快递接力配送，服务乡村振兴。

衢州懿创分布在各场所、运输车辆上的支架都带有 NB－IoT 智能锁，能实现盒子、袋子的锁入和固定，能将相关数据传递到平台。手机应用软件可实现客户身份认证、投递单据上传、查询物件轨迹、实现非固定物件交接（货随人投）、远程扫码开锁、手机钱包功能。

2. 温州丰宝客的可循环使用智能包裹箱项目

温州丰宝客科技有限公司（以下简称“温州丰宝客”）通过 RFID 芯片植入、循环运营平台搭建，运用物联网、边缘计算、智能回收装置等技术和设备，实现数据采集、智能调配、后台动态追踪、数据信息前置等智能化功能，打造将绿色智能包裹箱在物流揽收、物流分拣、物流储配、物流运输、物流回收等系统的全链条闭环。

温州丰宝客开发智能回收体系，使用物联网技术，增加 RFID 芯片，实现人工智能化，在箱体转运过程中仅需通过 RFID 芯片读取设备，就可以实现群读，大大减少了人工逐件识别时间，提高了人工效率，从而降低了人工成本并提高了转运效率。使用智能锁可更好地管理包裹；内置通信模块可实时采集包裹信息，实现大数据管控包裹。

四、物流包装管理智慧化系统实现

物流包装行业实践中涌现出循环包装、共享包装等新模式，依托各种信息技术，许多企业通过信息系统的开发，推动实现这些新模式的高效应用。智慧化系统推动物流包装管理实现准确定位、远程控制、可视化等功能，既促进绿色环保的循环包装、共享包装模式实现，又通过提高信息化程度，助力物流与供应链信息共享。

（一）中包物联智能包装管理云平台

中包物联研发设计货安达®智能模组，并开发了对应的智能包装管理云平台。基于二维码、RFID、GPS、LBS等模块，可以实现对货物、容器和集装器具等的跟踪管理。智能托盘可感知托盘上货物的装载、运输、卸货、堆码等不同状态。智能包装管理云平台实现了以下功能。

1. 安全可控的可视化管理

包装中嵌入的智能模组可以实时感知环境风险。一方面，定时监测货物环境温湿度；另一方面，加强型智能模组可实时监测物流风险，对运输过程中的各种风险进行实时分析，包括冲击、跌落、振动等情况的识别。

中包物联为客户提供全国产品发送全链路数据监控的实际应用。该平台可以检测物流过程中的每一个位置，并监测整个过程中的风险，分析冲击、震动以及它们的分布。不仅可以识别整个过程中风险所处的环节，还可以通过模型的波形详细分析出每一个风险的原因。

2. 对循环包装的资产管理

循环包装面临的最大问题是包装资产管理，除了定位循环包装的位置，还需要了解包装使用情况、空闲情况、是否可供调度和使用。实现这些功能需要进行全面的数据化采集，而中包物联通过智能模组和平台实现了数据采集和分析问题。

实现数据信息的采集和分析之后，中包物联的智能包装管理云平台还实现了对信息的及时处理。独有智能循环包装使用状态识别专利技术和智能化循环系统的云平台，在循环包装使用或闲置状态判别、物流节拍管理、物流器具利用率、循环包装回收成本、车辆利用率、商品周转率等多个方面，都能做到可视化管理和实时在线管理。

3. 低成本高效可视化供应链

风险可视化解决了供应链中物流环节对产品品质问题的影响，解决了这个问题以后，中包物联的智能包装管理云平台还致力于通过高效运转，打造低成本可视化供应链。

安装智能模组的箱子可以实时与平台进行交互，因此平台可以自动记录包装位置、包装使用的次数，同时还可以监控包装中的产品在每一个仓库的滞留时间、是否先进先出。

使用该智能包装管理云平台可以降低供应链成本，以中包物联为某汽车制造企业设计的系统解决方案为例，通过实时捕捉数据，可为制造企业实现动态库存、自动盘点、科学化包装设计提供数据支撑。

（二）乐橘科技托盘共享管理解决方案

共享经济已成为新型经济形态的中坚力量。“互联网 +”概念的提出与发展，为共享模式创新与应用提供了更多可能。目前，共享经济是物流领域应用的焦点，推动共享经济在物流行业的应用是近年来商务部推行商贸物流标准化的重要举措。上海乐橘科技有限公司（以下简称“乐橘科技”）建立的共享托盘池实现了较好的应用和推广。乐橘科技以流通和共享为核心，打造全新绿色智能物流，自主研发智能调度系统，逐步部署投入清洁能源厢式货车，现已形成生产—循环—回收—再生的闭环服务。

1. 智能化标签

乐橘科技的托盘具备智能化标签，可以随时监管货物状态。该托盘配置 RFID 芯片，预留插槽可放置定位模组，能够实现追踪定位、信息传输功能。托盘使用方可通过智能管理系统进行托盘的收、发、存管理，并通过托盘、仓库及车辆等货物接触点获取数据，对货物整体运输从监管、标准化、安全预防等角度进行科学管理。同时，乐橘科技的每一个托盘产品均嵌入了定位芯片，以智能托盘、智能货车为基础，用数据连接供应链的每一个节点，实现了人、车、货的实时感知和上下游企业间的高效协同。

2. 智慧循环共享平台

乐橘科技将移动互联网、物联网、大数据、云计算以及高精度定位技术融入智能包装中，通过线上整合平台（Yeloflex）实现包装自主定位并上传数据，从而达成货物信息与包装的深度连接，有效增加货物信息获取能力。

乐橘科技通过建立共享托盘池，打造高效完整的供应链体系，让标准化托盘与货物一同在产业链中流动，不同企业间无须重复装卸。当货物带托盘运输至供应链终端，由终端企业将托盘退租给就近托盘运营网点，乐橘科技将托盘入库维修、清洗，再次对外租赁，进入新一轮的供应链循环共用体系中。

另外，乐橘科技结合物联网组件提供的数据和托盘运营状态，自主研发智能调度系统（YeloAI），根据托盘需求量、库存量、回收量、运输路线等参数选择不同车型进行托盘运输调拨，增加运输重载率，有效减少车辆无效和低效行驶。

第五章　绿色驱动，物流包装推陈出新

70%以上的包装产品只能使用一次，使用后即成废弃物，产品的生命周期非常短，故资源消耗量大。在我国，包装废弃物带来的污染已成为仅次于水质污染、海洋湖泊和空气污染后的第四大污染源。随着全球生态环境进一步恶化，人们越来越关注环境污染问题，绿色物流包装应运而生。

第一节　绿色物流包装的基本概况

本节首先阐述了绿色物流包装的定义，并从产品全生命周期角度论述了绿色物流包装的内涵，指出绿色物流包装整个生命过程主要由三个阶段组成：绿色物流包装原材料经绿色加工制造形成绿色物流包装产品，经使用与循环使用阶段后，成为绿色物流包装废弃物，最终形成闭环的生态循环圈。在此基础上，进一步阐述了包装不良发展带来的环境恶化、资源紧缺等问题以及绿色物流包装兴起的三个阶段。最后从政策导向、企业实践、发展趋势三个方面介绍了我国绿色物流包装的现状。

一、绿色物流包装定义与内涵

（一）绿色物流包装定义

2019年5月，中华人民共和国国家标准《绿色包装评价方法与准则》（GB/T 37422—2019）发布并实施。该标准针对绿色包装产品低碳、节能、环保、安全的要求，结合中华人民共和国国家标准《绿色产品评价通则》（GB/T 33761—2017）中“绿色产品”的定义，将绿色包装的定义为：在包装产品全生命周期中，在满足包装功能要求的前提下，对人体健康和生态环境危害小、资源能源消耗少的包装。

而绿色物流包装当前无明确定义，结合中华人民共和国国家标准《绿色包装评价方法与准则》（GB/T 37422—2019）中“绿色包装”的定义，本书将绿色物流包装的定义为：在物流包装产品全生命周期中，在满足物流包装功能要求的前提下，对人体健康和生态环境危害小、资源能源消耗少的物流包装。

（二）绿色物流包装内涵

绿色物流包装作为实现绿色物流的基础，是包装行业中的一个新兴理念。它从资源节约和环境保护的角度对传统物流体系进行改进，有助于形成资源节约型和环境友好型的绿色物流体系。绿色物流包装充分利用环保再生资源，以保护人类健康和减少对环境的污染为基础，通过绿色加工制造形成绿色物流包装产品，经使用及循环使用后进入回收处理阶段，回收商对有再制造价值的绿色物流包装废弃物进行回收再制造，对无再制造价值的原材料进行无污染处理。绿色物流包装整个生命过程如图 5 – 1 所示。

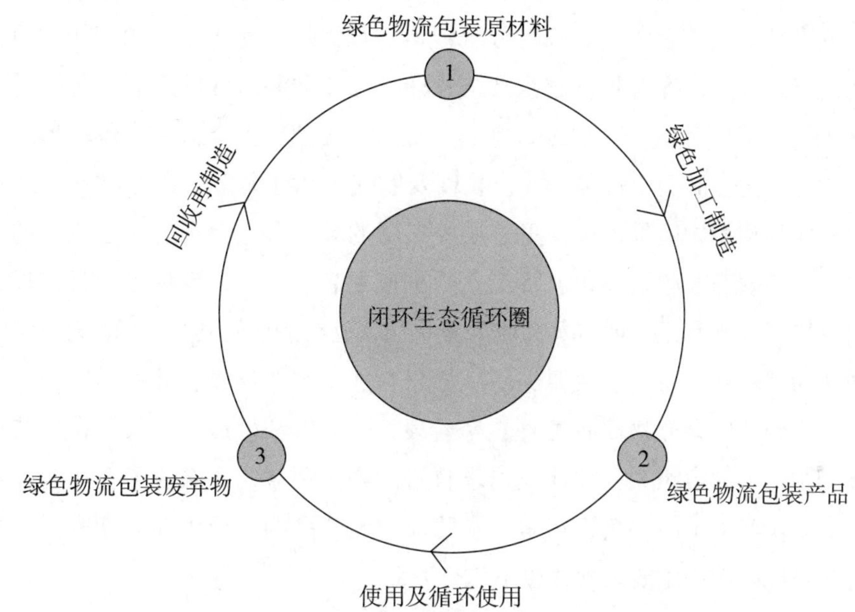

图 5 – 1　绿色物流包装整个生命过程

3R1D 原则作为绿色物流包装闭环生态循环圈的重要组成部分，对绿色物流包装原材料的选取、设计生产及循环使用都具有重要的指导意义。一般认为，绿色物流包装具有以下四个方面的内涵。

（1）绿色物流包装在设计时应遵循包装的减量化（Reduce）原则。即包装在满足容纳、保护、方便、传达等功能的条件下，尽可能减少材料使用的总量，反对过度包装。欧美部分发达国家已将包装的减量化视为发展绿色物流包装的首选措施。

（2）绿色物流包装应能重复利用（Reuse）。即绿色物流包装应当被多次使用，即要求包装可重复使用。这样既节约材料资源、能源，又避免了包装废弃物给环境造成污染。

（3）绿色物流包装应能回收利用（Recycle）。即废弃的包装物质或能量容易通过生产再生制品或焚烧回收热量等方式，达到再利用的目的。因此，包装在生产时应尽量选用具有回收再生价值的原材料。

（4）绿色物流包装的废弃物要能降解腐化（Degradable）。即要求包装可降解腐化。包装废弃物作为包装的生命末端产物，应进行合理处置，不应形成永久垃圾，污染环境，成为大自然的负担。

二、绿色物流包装发展历程

（一）物流包装污染的产生

国际物流环境的形成和发展，促使现代物流和包装紧密结合，以达到提高商品防护能力、便利储运、安全流通、降低综合成本、加强环保及再生资源利用的目的。物流包装在经济社会中发挥着越来越重要的作用。随着包装工业的发展，包装材料从单一的天然植物、陶瓷等演变为以纸、塑料、金属、玻璃四大类为主；包装形式也日趋丰富，如产品的内包装、中包装、外包装以及物流运输包装等，在产品的流通过程中都发挥着一定的作用。但是，这种里三层外三层的包装形式无疑造成了极大的资源浪费。同时，伴随着商业的繁荣和包装工业的迅速崛起，包装废弃物也与日俱增，一些包装材料难以回收再利用，或对其回收处置不当，容易造成极其严重的环境污染问题。

包装作为消耗性产品，一般要经历从原材料加工制造形成包装产品，到包装的流通使用，最后到包装废弃物回收处理三个阶段，产业链和生命周期长。在包装物的整个生命周期中，各利益相关方往往仅追求自身的经济利益，而忽视了企业应承担的社会责任，对环境产生了诸多负面影响。从物流包装产品的整个生命周期来看，物流包装对资源及环境的污染主要表现在以下三个方面。

一是物流包装生产过程中的污染。物流包装生产企业在生产过程中需要排放大量的废水、废气和废渣，内含多种有毒化学物质和有害微生物，若不进行处理或回收利用，任其排放，会造成环境污染。目前，我国大多数包装生产企业都实行粗放型生产模式，包装工业在生产过程中排出大量“三废”，其中，纸包装的制浆造纸生产、金属包装的涂料及打磨工艺、玻璃包装的熔融成型和塑料包装的原材料采掘非常严重。例如，某些造纸企业产生的废水未经有效处理就直接排放，废水中的有机物质会在水中消耗氧气，进行发酵、氧化、分解，从而导致鱼类、贝类等水生生物缺氧致死；废水产生的臭气还会严重威胁沿岸居民的身体健康，造成各种疾病的出现。

二是物流包装在流通使用过程中的污染。物流包装材料中的重金属、有机挥发物及一些持久性有机污染物将通过与食品接触、直接挥发、填埋转化等途径进入大气、水体和土壤中，对人类健康和环境造成潜在危害。不同类型物流包装材料由于其固有生产工艺和特殊性能而在流通过程中不可避免地存在安全隐患。

三是物流包装废弃物的污染。物流包装废弃物通常是指包装工业生产和商品消费后废弃的各种包装物。根据物流包装废弃物的不同来源，可将其分为两类：第一类是包装工业自身返回的物流包装废弃物，即物流包装产品生产过程中产生的废物、废气、废水；第二类是生产和生活中使用后的各种物流包装废弃物，如金属桶、塑料箱、薄膜袋、纸盒及玻璃瓶等。物流包装废弃物对环境造成的污染是包装污染环境的主要组成部分，也是当前世界性环境污染的重要问题。

（二）绿色物流包装的兴起

在可持续发展战略的烘托下，绿色生产、绿色消费已成为人们新的追求，绿色物流包装作为这一发展趋势中的一部分，以其强大的市场需求及环保优势已得到了较好发展。如今，绿色物流包装已成为当今包装工业及世界贸易发展中不可逆转的浪潮，受到了整个国际社会的关注。纵观绿色物流包装的兴起与发展，主要有以下几方面的原因。

（1）物流包装的绿色化可以有效减少环境污染。物流包装的绿色化，要求包装在原材料选取、设计生产、使用及回收处置环节均未对自然资源及环境造成破坏，这能有效减少“白色污染”的产生，降低对资源的消耗和对环境的污染，真正实现绿色发展理念。

（2）绿色物流包装顺应了国际可持续发展趋势的需要。在可持续发展浪潮的推动下，越来越多的客户倾向于选购对人体及环境无害的绿色产品，尤其在欧美等发达地区中，采用绿色物流包装的产品更容易被客户接受。

（3）发展绿色物流包装是世界贸易组织有关贸易协定的要求。世界贸易组织要求各国企业必须生产出符合环保要求的产品及包装。

（4）绿色物流包装是各国消除新的贸易壁垒的重要途径之一。国际标准化组织（ISO）制定的环境相关标准 ISO 14000，为世界各国在国家贸易中增加了新的非关税壁垒，世界各国纷纷建立绿色物流包装体系以消除贸易壁垒。

（5）绿色物流包装是促进包装业与物流业可持续发展的基础。可持续发展要求经济、环境、社会三者协调发展，因此经济的发展必须走“少投入、多产出”的集约型模式，从而减少对环境的污染与对社会的负面影响，而绿色物流包装能有效促进资源的利用，实现经济、环境和社会的协调发展。

三、我国绿色物流包装的现状

（一）政策导向

随着我国经济的飞速发展，能源的使用和二氧化碳的排放也在急剧增加，能源危机、资源短缺、环境污染等问题逐渐凸显。日益严峻的环保形势引起了我国相关部门的高度重视，一系列相关的政策、法规陆续颁布，引导、支持企业积极参与到推进绿色发展当中。中共二十大报告指出，推动经济社会发展绿色化、低碳化是实现高质量发展的关键环节；发展绿色低碳产业、健全资源环境要素市场化配置体系、加快节能降碳先进技术研发和推广应用、倡导绿色消费，推动形成绿色低碳的生产方式和生活方式。此外，《国家邮政局关于印发〈推进快递业绿色包装工作实施方案〉的通知》《国家邮政局 国家发展改革委 科技部 工业和信息化部 环境保护部 住房城乡建设部 商务部 国家质量监督检验检疫总局 国家认证监督管理委员会 国家标准化管理委员会关于协同推进快递业绿色包装工作的指导意见》《电子商务物流绿色包装技术和管理规范》都对当前绿色物流包装的发展进行了引导。为了满足绿色发展的需要，减少物流包装对资源的消耗、环境的污染，实现物流包装材料的无害化、减量化已成为当前物流包装发展的主要目标。

2020 年 3 月《市场监管总局 国家邮政局关于开展快递包装绿色产品认证工作的实施意见》出台；同年 4 月，国家邮政局、工业和信息化部印发了《关于促进快递业与制造业深度融合发展的意见》。两个文件均对快递包装业有着重要的影响。一方面，两个文件都强调要推进“生产、使用经绿色认证的邮件快件包装产品”，长期以来绿色包装的实现方式多样，绿色包装认证一直是快递包装绿色化的关键和难点；另一方面，快递业和制造业的深度融合也能促进快递包装集约化发展，从而减少包装消耗总量。

2020 年，为进一步加强快递包装治理、推进快递包装绿色转型，国务院办公厅转发国家发展改革委、国家邮政局、司法部、生态环境部、住建部、商务部、市场监管总局发出的《国务院办公厅转发国家发展改革委等部门关于加快推进快递包装绿色转型意见的通知》，明确强化快递包装绿色治理，加强电商快递规范管理，增加绿色产品供给，培育循环包装新型模式，加快构建与绿色理念相适应的法律、标准和政策体系，推进快递包装“绿色革命”。

2021 年 12 月，国家邮政局、国家发展改革委、交通运输部联合印发的《“十四五”邮政业发展规划》指出要推进包装绿色转型。全面提升快递包装减量化、标准化、循环化水平。加强邮政快递领域塑料污染治理，推进包装材料源头减量，提升绿色环保包装材料与可循环快递包装应用比例。推进快递包装规范化，大力推广简约包装和包装模数化，杜绝过度包装。推动电商与快递包装协同治理，促进用品通用、标准统一、平台互认。持续增加绿色产品供给，规范和加强快递包装废弃物回收和再利用。同年 12 月底，国家邮政局发布的《“十四五”快递业发展规划》在主要任务的促进绿色低碳发展部分指出推广应用绿色包装，引导企业建立实施绿色包装采购制度，督促企业执行绿色标准，淘汰重金属和特定物质超标的包装物料。推行快递包装绿色产品认证，鼓励企业优先采购使用经过绿色产品认证的包装用品。建立实施塑料袋等一次性塑料制品使用、回收情况报告制度。构建电商、快递绿色包装协同治理机制，推动电商与快递实现包装用品通用、包装标准统一、循环平台共建，指导企业参与社会化包装回收体系建设。鼓励快递企业与上游企业有效衔接，减少包装物料用量，推广应用可循环包装。

2022 年，国家发展改革委印发的《“十四五”现代流通体系建设规划》和国务院办公厅印发的《“十四五”现代物流发展规划》均强调了推动绿色包装发展的重要性。

绿色物流包装相关政策如表 5－1 所示。

表 5－1　　　　绿色物流包装相关政策

发布时间	名称	重点内容
2016 年	《国家邮政局关于印发〈国家邮政局推进快递业绿色包装工作实施方案〉的通知》	明确了快递业包装工作的总体目标，提出要稳步推进快递业包装的依法生产、节约使用、充分回收、有效再利用，实现“低污染、低消耗、低排放，高效能、高效率、高效益”的绿色发展
2016 年	《工业和信息化部商务部关于加快我国包装产业转型发展的指导意见》	提出了两个目标，一是围绕绿色包装、安全包装、智能包装、标准包装，构建产业技术创新体系；二是围绕清洁生产和绿色发展，形成覆盖包装全生命周期的绿色生产体系
2017 年	《国家邮政局 国家发展改革委 科技部 工业和信息化部 环境保护部 住房城乡建设部 商务部 国家质量监督检验检疫总局 国家认证认可监督管理委员会 国家标准化管理委员会关于协同推进快递业绿色包装工作的指导意见》	分别从资源、能源和环境方面对快递业绿色包装发展做了相关要求
2018 年	《国务院办公厅关于推进电子商务与快递物流协同发展的意见》	提出了六个方面的政策措施，其中第六点强调要强化绿色理念，发展绿色生态链
2018 年	《电子商务物流绿色包装技术和管理规范》	明确推行包装简约化、减量化、复用化及精细化包装设计技术；联合有关协会编制发布仓储配送与包装绿色发展指引
2020 年	《市场监管总局 国家邮政局关于开展快递包装绿色产品认证工作的实施意见》	强调要推进“生产、使用经绿色认证的邮件快件包装产品”

续 表

发布时间	名称	重点内容
2020 年	《国务院办公厅转发国家发展改革委等部门关于加快推进快递包装绿色转型意见的通知》	明确强化快递包装绿色治理，加强电商快递规范管理，增加绿色产品供给，培育循环包装新型模式，加快构建与绿色理念相适应的法律、标准和政策体系，推进快递包装“绿色革命”
2021 年	《“十四五”邮政业发展规划》	指出要推进包装绿色转型。全面提升快递包装减量化、标准化、循环化水平。加强邮政快递领域塑料污染治理，推进包装材料源头减量，提升绿色环保包装材料与可循环快递包装应用比例
2021 年	《“十四五”快递业发展规划》	指出推广应用绿色包装，引导企业建立实施绿色包装采购制度，督促企业执行绿色标准，淘汰重金属和特定物质超标的包装物料。推行快递包装绿色产品认证，鼓励企业优先采购使用经过绿色产品认证的包装用品

政策和法规在一定程度上能引导并促进物流包装的绿色化改革，但要真正实现物流包装绿色化发展，还需要我国企业的不断探索与努力。

（二）企业实践

1. 京东青流计划

2017 年，京东物流联合九家品牌共同发起绿色供应链行动——青流计划，京东物流通过与供应链上下游合作，探索在包装、仓储、运输等多个环节实现低碳环保、节能降耗。在包装方面，京东从循环包装的推广、包装减量化、绿色包装技术升级等多个方面入手，助力物流包装绿色化发展。

（1）循环包装方面。2017 年 12 月，京东物流首发试点循环快递箱——青流箱。青流箱由可复用材料制成，箱体正常情况下可以循环使用 50 次以上，破损后还可以回收再生。同时，青流箱无须胶带封包，在循环使用的同时可做到不产生任何一次性包装垃圾，并配合自行研发的循环包装管理系统，借助 RFID 技术，实现循环包装全流程监控。目前，青流箱在北京、上海、广州、杭州、成都、西安、沈阳、武汉等 30 余个城市进行常态化使用，已累计使用 1600 余万次。

（2）包装减量方面。一方面，京东物流通过入仓优惠政策激励上游品牌商企业推行直发包装，宝洁、联合利华等品牌商上千个商品 SKU 已实现出厂原包装可直发，截至目前，已减少使用物流纸箱 1.5 亿个以上。另一方面，使用简约包装，即通过简化或去除品牌商纸箱版面商标，提升商家纸箱在下游物流企业中的重复利用率，降低供应链一次性包装的使用。

（3）绿色包装技术升级方面。2016 年，京东与东港股份联合打造了“京东包装实验室”，致力于绿色物流包装产品的研发和使用。该实验室是国内首家基于电商物流包装领域的实验研发机构。2018 年 4 月，包装实验室升级为“电商物流联合包装创新中心”。2019 年年初，京东物流启用全链路智能包装系统——“精卫”，实现了针对气泡膜、对折膜、纸箱等各种包装材料的统筹规划和合理使用。

2. 中国邮政绿色包装发展

2018 年，中国邮政启动“绿色行动”，开展绿色包装、绿色运输和绿色金融“三大工程”，努力探索绿色、低碳、高质量发展路径。在邮件快递包装方面，中国邮政不断在绿色化、减量化和可循环使用等方面下功夫，专门成立了绿色包装创新实验室。绿色包装创新实验室重点围绕包装标准和包装产品研发两个方面进行攻关，目前取得了一定的成果。

在包装标准方面，绿色包装创新实验室参与中华人民共和国国家标准《绿色产品评价　快递封装用品》（GB/T 39084—2020）以及相关绿色包装操作规范的制定。《绿色产品评价　快递封装用品》规定了快递封装用品的产品类别、绿色评价要求和评价方法，为快递企业研发绿色封装用品明确了方向、提出了要求，对推动我国快递业绿色低碳转型发展具有促进作用。与此同时，绿色包装创新实验室的研究成果——《中国邮政集团有限公司绿色包装操作规范》《邮政用生物降解胶带技术规范》和《邮政用可降解包装袋技术规范》已在邮政全网系统得到推广。

在包装产品研发方面，绿色包装创新实验室推出了一系列新型环保包装物，如可重复使用封套、邮政新型信盒、包装可回收装置、可循环集装容器、新版环保包装箱、充气填充包装、悬空紧固包装等。以可重复使用封套为例，这一产品采用无毒无味、耐酸碱腐蚀的 PP 材料制作，具有强度高、防水性好、表面不易开裂且有韧性的特点，较传统一次性纸质封套更加低碳环保，可重复使用 30 次以上，再配合易碎纸标签确保邮件安全，进一步实现了有效的耗材数据化运营管理及循环包装自身的生命周期管理。截至 2021 年，绿色包装创新实验室研发的减量化、可循环、可降解包装产品近 20 种，获得 15 项相关的技术专利。

3. 华为绿色包装行动

近年来，华为包装团队采用多密度缓冲工艺，实现包装“减重瘦身”。在产品运输环节，采用塑钢轻质托盘。

2017 年，华为整机工程部的包装团队开始研究开发多密度缓冲新工艺。该工艺实现了同一模具内不同密度原材料的无缝融合与一体化成型。据悉，目前该工艺已应用于无线基站和服务器等系列产品，与传统的单密度发泡成型工艺相比，华为多密度缓冲新工艺通过了震动、冲击、跌落等测试，在实现同等防护能力的同时，可以使5G MIMO产品包装体积减小38%。2020年实现减重1362吨，相当于减少约2165吨的二氧化碳排放，成效显著。

2019年，华为研发出了可应用于无线5G基站等产品包装的新型载具——塑钢轻质托盘，并推动其循环使用。与过去不利于复杂物流环境长期流通使用，并且极易造成大量林木资源消耗的“一次性胶合板托盘”有所不同，塑钢轻质托盘采取“塑料＋钢材”为原材料，整体较传统托盘可实现单位托盘减重40%～70%，2020年实现减重4739吨，节约森林木材业约3.95万立方米，减少二氧化碳排放约2.39万吨。塑钢轻质托盘的“材质轻量化＋木材替代”，同样也能在运输过程中为车辆“减负”，降低汽油消耗，做到节能减排“1＋1＞2”的环保效应。

（三）发展趋势

绿色物流包装符合国家环保战略，是未来发展趋势。随着我国生态文明体制改革的不断深化推进，国家越来越重视物流包装行业的绿色治理，越来越多的企业在节能减排的号召下，开始积极探索绿色转型的方式，绿色物流包装凭借资源节约性、易降解性、可回收性，成为行业未来发展趋势。当前，我国绿色物流包装的发展主要体现在研发绿色材料、创新包装技术、推进循环共用三个方面。

1. 研发绿色材料

近年来，我国不少企业致力于包装材料的研发，在包装生产源头实现材料的绿色化。2018年，北京一撕得物流技术有限公司推出了Nbag环保塑料袋，该塑料袋以30%的淀粉含量替代PE塑料，使每个塑料袋里都可以减少30%塑料的使用量，这就意味着从源头上可以节省30%的煤、石油等化石原料的使用量。2021年，广东泽和环保科技有限公司研发的瓦楞纸箱采用了纳米纤维素聚乳，以提高瓦楞纸箱的生物降解率，实现多次无害循环使用，减轻了环境负担。2022年，万华化学成功研发并应用了PBAT可降解材料的缓冲包装。该包装在经过堆肥处理后，PBAT可降解材料可完全降解为二氧化碳、甲烷和水，具有环境友好性。同时，PBAT可降解材料的力学性能也毫不逊色，凭借着气泡饱满、吸振性能良好、缓冲性强、长期密封性能出色、支撑性持久等优异性能，PBAT可降解材料可以为精密仪器、玻璃器皿、生鲜水果、酒水等易“受伤”的产品提供有力保障。2022年，白云美湾公司与多伦多大学合作，成功开发出一种绿色全生物降解包装材料木质纤维素改性聚乙烯醇（PVA），该类包装材料具有环保、成本低等优点，在食品、药品和化妆品包装领域具有广泛应用前景。

2. 创新包装技术

包装技术的创新也是物流包装绿色化的重要方面。苏宁物流研究院副院长孟雷平曾表示，通过包装结构、包装形式、包裹方式的创新研究，减少或降低纸箱、缓冲材料、纸质面单的使用量，从而实现降本增效。2018 年，顺丰自主研发并推出碳中和产品丰多宝循环包装箱，并于 2021 年进行了二次升级，升级后的丰多宝循环包装箱采用了更易回收的单一化材料 PP 蜂窝板材，并使用自锁底折叠结构和全箱体魔术粘贴合模式，免去使用胶带纸、拉链等易耗材料，减少了原纸、塑料使用，降低了温室气体的排放量。2021 年，宝洁自主研发了更轻量、更便利、更可靠的绿色创新电商包装——空气胶囊。它是由 100% 单一可回收材料（聚乙烯）制成，采用一体化封口及撕拉线结构设计，无须填充、无须套纸箱、无须胶带，利用空气作为核心的资源满足快递运输的缓冲保护需要，替代传统纸箱加填充保护的组合，缓冲性能增强的同时轻量 40%，拆快递的时候仅需沿着撕拉线一撕即开，无须工具，包装内空气自动释放后可以卷起回收处理，既实现了拆箱便利又节省了包装空间。2022 年，海天研发的 MA/K 超高速注塑机在德国杜塞尔多夫国际塑料及橡胶博览会上亮相。MA/K 超高速注塑机可实现各类包装盒、瓶盖、超薄医疗包装的超薄壁、可降解，满足包装薄膜、包装容器的轻量化、薄壁化发展需求。

3. 推进循环共用

在包装循环共用方面，许多企业都进行了尝试。2017 年，京东推出了循环包装袋，用抽拉绳完成包装袋密封，无须使用胶带。而且消费者到京东自提点带走商品后，包装袋会被配送员回收并送回仓储，供再次打包使用。2017 年，菜鸟启动“绿色回箱行动”，在菜鸟驿站建立绿色回收专区，让更多纸箱加入循环行列。截至 2021 年，全国 13 万家菜鸟驿站已铺设绿色回收箱，每年可回收利用上亿个快递纸箱。

第二节　绿色物流包装应用实践

推动物流包装绿色转型，需要全链条发力，在包装材料选择、包装设计与生产制造、包装回收利用的全生命周期中进行应用实践。

一、绿色物流包装的材料选择

（一）绿色物流包装材料的选择要求

物流包装的功能主要有两方面：一是自然功能，即对商品起保护作用；二是社会功能，即对商品起媒介作用。其中，保护被包装物是物流包装制品的基本功能，而物流包装材料是重要的物质基础。

因此，绿色物流包装的选材首先取决于被包装物自身的特性，由此实现被包装物在物流运输过程中的各种要求，如食品在物流运输中对物流包装防潮、无菌的要求；玻璃、精密仪器等易碎品对物流包装减压抗震的要求；化妆品、药品对防止光照或辐射的要求等。其次，物流包装材料要符合物流包装行业可持续发展的要求，所以物流包装材料的选择使用要从保护环境和节约资源出发，选择可重复利用和再生的物流包装材料，尽量延长物流包装的生命周期，提高物流包装的可回收利用率及可降解能力。从绿色环保的角度出发，物流包装材料的选择应满足以下四点要求。

（1）选择原材料对环境危害小的物流包装材料。物流包装的选材必须符合可持续发展的理念，不应选择不可再生的自然资源，且在材料的生产制造过程中尽量减少废水、废气、废弃物。传统的纸、塑料、金属、玻璃等物流包装材料在生产过程中会消耗大量的能源，从石油、金属等提取物流包装材料会产生大量的废水、废气、废弃物，对环境造成严重的污染。如果利用木材、木屑、柳条、芦苇、稻草以及农作物秸秆等作为绿色物流包装的原材料，不仅能减少不可再生资源的消耗、还能减少对环境的污染。因此，绿色物流包装材料应利用成本低、资源丰富、环境负载低的自然资源。

（2）选择耐用坚固的物流包装材料。选择耐用坚固的物流包装材料，既具有很好的稳定性，可有效降低物流过程中的产品损坏风险，可以更好地保护被包装物；又可实现物流包装循环利用，延长物流包装的生命周期，进而减少物流包装的材料因获取、加工等过程对环境造成的污染。通常用于制造可重复利用的物流包装材料包括钢材、木材或其他塑料材料。

（3）选择可再生利用的物流包装材料。包装材料再生是指对原有废弃的或进入产品生命末期的包装进行回收，并对其进行一定的物理或化学方式处理，从中提取可再利用的组分作为绿色物流包装的原材料。例如，利用物理方式，将包装废弃物彻底净化、粉碎，将处理后的包装材料用于生产再生包装；利用化学方式，在化学试剂的作用下将塑料解聚成单体或低聚物，纯化后再将其合成再生包装的原材料等。

（4）使用可降解的物流包装材料。可降解是指在特定时间内，不可回收利用的物流包装废弃物要能分解腐化。应用可降解材料的物流包装能有效减少物流包装废弃物对土壤的污染。根据出现时间的不同，可降解的物流包装材料可分为传统可降解物流包装材料和新型可降解物流包装材料，其中，传统可降解物流包装材料主要包括淀粉基塑料、聚乳酸、聚羟基脂肪酸酯等；新型可降解物流包装材料主要包括纤维素、壳聚糖、蛋白质、生物质材料等。因此，回收利用价值低或无法回收再利用的包装应采用可降解的包装材料，以降低包装废弃物对环境的污染。

（二）绿色物流包装材料的种类

绿色物流包装材料是指不对环境造成污染、保证人类生存安全、可充分利用资源、可降低消耗和节约自然资源的物流包装材料。绿色物流包装材料在其开发、生产、流通使用、回收整个生命周期中都不会对环境造成污染。当前，绿色物流包装材料主要分为纸质绿色物流包装材料、木质绿色物流包装材料及其代替品、新型绿色物流包装材料三类。

1. 纸质绿色物流包装材料

纸质包装是将纸板和不同类型的纸张组合起来形成的新型产品包装，该类包装有易折叠、易加工、成本低、可循环的特点，对环境造成的破坏相对较少。纸质材料本身在使用过程中就具备独特的物理特征，可以满足基础的抗拉性要求和抗压性要求。不同材料制成的纸张具备独特的视觉特征和触感体验，纸张本身的纹路和色彩及其肌理效果也为纸张多次重复使用提供了可能。

瓦楞纸板近些年作为绿色物流纸包装材料在我国得到迅速发展，其用量占到了纸质包装材料的60%以上。在包装领域，高强度、低克重、轻量化的瓦楞纸板将代替传统的五层或者七层的瓦楞纸板，实现包装的高质量和低消耗。瓦楞纸板的原材料是资源丰富的草浆，因此，将高强度瓦楞纸板制成托盘替代木板托盘，可以减少木材消耗，瓦楞纸板衬垫替代发泡塑料，可以减少白色污染。未来瓦楞纸板还将替代塑料、木板、金属包装材料，在彩电、冰箱、手机产品的包装领域有广阔的市场前景。

当前，荔枝等多数生鲜农产品的物流配送都是使用塑料袋、泡沫箱、胶带、干冰等，带来了一定的环境污染问题。如透明胶带主要材料为PVC（聚氯乙烯），废弃后埋在土里100年都难以降解。白色泡沫塑料箱的成分一般是聚苯乙烯，渗入土壤后会对植物生长造成影响。2018年，惠州城市职业学院与惠州市青农会共同合作，研发出了一款绿色环保的荔枝“珍宝箱”。荔枝“珍宝箱”具有以下特点：一是以木浆为原材料，可循环利用；二是采用“自然呼吸”原理，在箱子表面打孔透气，荔枝果实与枝叶共同放入，从而达到保鲜和缓冲的作用，不用经过预冷和添加任何保鲜剂，节约电力资源；三是可折叠封箱，无须使用胶带封箱，减少对土壤的污染。

纸质绿色物流包装材料具有可再生利用的特点，废弃物易回收、可降解，纸质绿色物流包装材料发展前景广阔，能够更好地适应包装市场需求，可以促进社会经济的健康可持续发展。

2. 木质绿色物流包装材料及其代替品

木材作为包装材料具有悠久的历史，由木材制作的木包装箱很早就被用作包装容器和运输器具。虽然木材较其他包装材料具有方便取材、抗震能力强、成本低、无污染、可回收等优势，但近年来，我国大量木材的使用导致我国森林面积急剧下降。为了减少木材的使用，我国在产品包装节材代木方面进行了积极探索。其中，以竹胶板代替木包装材料取得了较大进展。首先，我国的竹林资源充沛，占地面积在世界排名第一，为了合理利用有限资源而将竹材作为木材的代替品是合适的选择。其次，竹包装具有浓郁的传统文化气息，它也是一种无毒、无污染的绿色包装，而且使用过后也可以回收再利用，因此在国内深受青睐。

3. 新型绿色物流包装材料

当前新型绿色物流包装主要包括可降解塑料。

可降解塑料和普通塑料的不同之处在于其在制造过程中加入了淀粉、光敏剂等的物质。可降解塑料加入了这些物质，导致它的稳定性比普通塑料要差，更容易被自然环境所降解。对于大多数可降解塑料来说，在自然环境中暴露 2 ~3 个月就会发生明显变化，材料本身就会出现变薄、失重、强度下降等现象，并且会逐渐分解，生成对环境无害的物质。经研究表明，它能有效解决“白色污染”问题，符合绿色发展的观念，是未来塑料行业的发展方向。

根据降解原理的不同，可降解塑料包装材料可以分为四种，它们分别是光降解塑料、生物降解塑料、光/生物双降解塑料、水降解塑料。

①光降解塑料。光降解塑料是在塑料中添加一定量的物质（如光增敏基团或光敏性物质）。在光照条件下，这些物质会在吸收紫外线后发生一系列光化学反应，进而使塑料大分子发生分解、断裂、老化。由于在降解的过程中容易受到环境的影响，所以在 20 世纪末期，大部分国家减少了对光降解塑料的应用。

②生物降解塑料。生物降解塑料是指大分子物质被微生物（如细菌、霉菌、藻类等）分解成为低分子物质，从而生成水、二氧化碳或甲烷等无污染物质的清洁材料。生物降解塑料所采用的原材料大多是一些多糖类和蛋白类物质。

③光/生物双降解塑料。双降解塑料兼具光降解和生物降解的双重性特点，并且克服了生物塑料加工步骤复杂、成本较高以及受光线的影响而导致降解难度系数大等缺陷。从近几年来看，有关光/生物双降解塑料薄膜的研究是非常广泛的，其制备过程主要包括光敏剂的研制以及生物降解专用料的一系列物理以及化学处理。

④水降解塑料。利用化学合成方法在高分子结构中添加吸水性的物质。材料本身就含有亲水性成分，当材料使用后丢弃于水中即被溶解掉。水降解塑料使用安全方便，有效消除了白色污染、保护生态环境，符合绿色包装的时代发展理念。由于该材料的水溶性和生物降解性都比较优异，所以它已经被广泛地应用于各个包装行业，如食品包装、药品包装、洗涤包装等。

二、绿色物流包装的技术提升

（一）绿色物流包装在设计生产中的技术

物流包装与人类生活息息相关，然而市场中过度物流包装比比皆是。过度物流包装不仅增加了原材料消耗及加工制造成本、装卸和运输成本，也增加了物流包装废弃后的回收再利用和处理成本，给环境造成很大压力。

减量化是对传统物流包装在投入使用前进行的重新定位，通过对其部分功能的改变实现物流包装量的减少，避免不必要的材料重复与浪费。它从源头上节约材料，也从源头上减少废弃物的数量。在设计和生产实践中，可以通过不同技术途径实现物流包装减量化，主要技术包括物流包装薄壁化技术、物流包装减量化技术。

1. 物流包装薄壁化技术

物流包装薄壁化技术是指在保证实现物流包装功能所需各项机械性能的前提下，通过减小物流包装壁厚来减少物流包装材料的用量。物流包装的薄壁化不仅能有效减少物流包装材料的使用，降低企业的生产成本和物流成本，还有利于仓储优化，通过增加货物的堆放层数提高仓储空间的利用率。但同时，薄壁化也给物流包装的加工制造工艺提出了更新和更高的要求，如对物流包装来说，在薄壁状态下保持较高的耐压强度是非常困难的。因此，在同等用料的前提下，提高物流包装材料的抗挤压强度、抗磨损性能非常关键。当前，物流包装薄壁化技术已广泛应用于瓦楞纸板、金属板材、塑料薄膜等物流包装材料。

2. 物流包装减量化技术

物流包装减量化技术是指在保证实现物流包装功能所需各项机械力学性能的前提下，减轻物流包装材料的重量。通常从物流包装的包装方式、包装结构、包装形态三个方面，实现包装的减量化。

从物流包装方式上看，是在不破坏原有物流包装结构、作用的基础上，打破固有观念，改变局部设计，在旧元素中添加新功能。例如，手机包装盒将装载功能与说明作用二者结合在一起，减少盒体、手机说明书的二次制造，不仅盒体生命周期延长，而且又具备了另一意义，重复使用率高，且不会随意丢弃。

从物流包装结构上看，物流包装结构减量化设计的目的是尽量减少物流包装材料的用量，减少物流包装废弃物的体积量和数量，以减轻环境的负载。因此，为了更好地保护产品，物流包装容器往往需要具有一定的强度，增加物流包装容器的厚度会使强度提高，却会带来资源浪费；若改变材料结构，既能保证强度，又能减少材料的使用量，是一项两全其美的方案。DEC 公司的研究表明，增加其产品的内部结构强度，可以减少54%的物流包装材料，降低62%的物流包装费用。例如，推动塑料共混技术、塑料助剂新品及应用技术的进步和发展，在保证塑料包装材料无毒、卫生、环保的前提下，利用低成本技术使塑料包装材料性能提升，为实现减量化提供可能。

从物流包装形态上看，物流包装形态的减量化是指增强包裹、集装功能，实现其简化目的。它不仅能够很好地解决物流包装资源浪费的问题，也能解决目前过度化物流包装的问题。例如，宝洁研发团队研发出单一可回收材料制成的“空气胶囊”。该包装改变传统填充空气、缓冲物的形态，无须填充、无须套纸箱、无须胶带，拆快递只需沿着撕拉线一撕即开。“空气胶囊”的特殊结构形态还能够减少产品在快递过程中受到的冲击。包装形态的改变减少了快递40%以上的重量。

（二）绿色物流包装的再利用技术

1. 重复利用技术

包装的重复利用技术是指通过简单的“清洗—灭菌—杀毒”等过程使包装可再次利用，在这一过程中，一般不涉及化学反应。常见的重复利用包装如物流周转箱，它可广泛应用于电子、机械、轻工等行业，适用于物流中的运输、配送、储存、流通等环节。物流周转箱因其耐磨损、可重复使用的特点，一定程度上改变了传统的纸包装箱资源浪费现状，减少了包装垃圾的产生。此外，食品包装（如玻璃瓶、塑料瓶等）在经过“清洗—灭菌—杀毒”等一系列操作，并经检验符合卫生标准后即可投放市场再次利用。对此，我国不少企业针对包装重复利用技术开展了相关的实践。

2018年，重庆诚通与托盘生产厂家结合中铝昆铜的实际情况，设计了可循环载货新托盘。可循环载货新托盘外观呈正方形，边长为1600mm，高170mm，进叉高度900mm；托盘主架采用钢材制造，不易变形、断裂，确保可回收循环使用。可循环载货新托盘取代了一次性木质托盘，最大限度避免了对自然资源的浪费，减少了碳排放，具有环境效益。

2019年，宁波绿栈环保科技有限公司结合宁波天猫智慧物流仓电商城配业务的具体情况，以PP中空板为材料，设计了天猫超市循环箱。该循环箱具有远超于纸箱的边压强度、耐破强度和成箱抗压性能，可承受多次运输对箱子造成的损耗，可循环使用15次以上。

2021年，申通快递股份有限公司推出了申通可循环包装箱。该循环箱采用可拆卸底结构，方便拆卸且回收体积小；包装整体采用热压工艺，箱体回收状态反弹小，液体不会进入材质内部；相对于旧式包装纸箱具有包装简单、强度高、可循环的优势。

2. 循环再生技术

绿色物流包装的循环再生原则要求尽可能使用在自然界中可循环再生的原材料，

且尽可能减少使用自然界中不可循环再生的原材料，实现“资源—产品—再生资源”的循环。随着可持续发展理念的不断深入，以生态系统的循环再生原理为基础，包装工业的循环再生技术得到了广泛应用。目前，包装材料中的金属板材、瓦楞纸板等，都可实现有效的循环再生。

废弃塑料包装循环再生技术。大型的塑料物流包装容器从垃圾堆中分拣后，经过清洗、消毒后可直接回收利用；塑料物流包装废弃物的循环再生主要指熔融再生和造型等。

废弃金属包装循环再生技术。对于不同的废弃金属包装，选用合适的循环再生技术非常关键。对于用纯铝制造的包装容器，如牙膏软管经碱洗后可直接挤压分切成铝粒；对于镀铝纸，清洗干净后与润滑剂（石蜡）混合粉碎、筛选、洗涤、抛光，可得到铝粉，商业中称其为银粉；对于混合的铝包装废弃物，可以通过酸溶水解、过滤、聚合等工序，生产净化工业废水用的聚合氯化铝。钢铁包装废弃物不能重复使用时，均可作为废铁进行回收，送到钢铁厂重熔；对于大型铁桶，如果锈蚀不严重，可以考虑直接用来制造瓦楞铁板或改制成较小尺寸的铁桶。

废弃纸包装循环再生技术。废弃纸包装通过专业厂家的处理和加工之后，再生出一大批生活用品和工业用料，既有益于环保，又能产生良好的经济效益。纸包装的学名叫“复合纸包装”，通常由纸浆、塑料和铝等金属合成数层复合结构。废弃的复合纸包装经过一系列回收利用之后，可以做成以下三种物质。一是优质纸。废弃的复合纸包装回收后，经过分离的纸浆可以直接制成纸张、信封、纸袋、书籍、练习本等再生纸产品，还可以与其他纸浆混合，制成板纸、鞋中底、擦手纸等。二是铝塑粒子。将废弃的复合纸包装投入专业的水力碎浆机搅拌、打浆处理，不需要加热和辅助化学药品，纤维层、塑料层、铝塑层就会自动分开，分别悬浮在水中。复合纸包装的铝塑与纸分离之后，变为铝塑粒子。该粒子在铝塑板的原材料中可以用到30%，是制造工业托盘、花盆、排污管道及其他塑料制品的原材料。三是彩乐板。废弃的复合纸包装被回收之后，成为制作环保家具的原材料。除了家具板，非常多的木质建筑材料也可以用再生材料板来取代，如地板、扶手、踢脚线等，不但防水、防潮、耐酸碱，还可以节约大量木材。

三、绿色物流包装的回收利用

（一）绿色物流包装的回收

1. 我国物流包装回收现状

当今电子商务的不断发展打破了人们传统的购物方式和理念，方便快捷的购物方式成为人们生活中必不可少的一部分，但同时也使得快递垃圾不断增加。截至 2022 年 12 月，我国网络购物用户规模达 8. 45 亿，较 2021 年 12 月增长 319 万，占网民整体的 79. 2%。在此背景下，我国快递市场也随之快速增长。并自 2014 年以来，我国快递业务量就稳居世界第一。2022 年，我国快递业务量达 1105. 8 亿件。与此同时，快递物流包装废弃物也在不断增长。中国快递包装年耗用量惊人，2022 年共消耗包装箱约 99. 22 亿个、胶带约 169. 85 亿米。若不实施有效的措施予以控制，预计 2025 年我国快递物流包装材料消耗量将达到 4127. 05 万吨。当前我国物流包装回收主要存在以下四个方面的问题。

一是环保意识匮乏，资源浪费严重。大部分消费者收到快递后都将注意力集中在所购买的商品上，消费者拆完快递后极少对物流包装物进行分类处理。由此可以看出，人们对垃圾分类知识了解欠佳、回收意识不强、没有充分理解物流包装的附加价值、分不清垃圾的属性，导致各种垃圾混在一起。普通大众这种不正当的行为阻碍了回收工作的开展，更是污染环境的“推动力”。

二是包装材料不环保，易过度包装。快递包装物的种类多种多样，如包装袋、包装盒以及辅助用品等。包装袋的材料大多是聚乙烯材质，很难降解。在辅助用品中，如胶带、泡沫填充物和塑料薄膜等也很难降解，造成环境污染。在商品流通过程中，商家为保证商品的完整性以及提高客户的满意度，通常会过度包装。

三是专业的快递包装回收机构较少。据相关数据显示，目前我国快递包装总体回收率不到 20%，与其他发达国家相比快递包装回收率极低。我国在处理包装回收相关事宜方面，不仅技术落后，还缺乏专业的快递包装回收机构。快递包装回收是一项复杂的工程，耗费人力、物力和财力。而且，一些包装物如快递袋，拆开后便无法重复使用；包装箱经过装卸、搬运、配送等环节后，第二次使用的价值极低。所以对于这样一个利润低、成本高、弊大于利的工作，我国缺少完善的、专业的、标准的快递包装回收机构来完成此项事宜。

四是废弃包装回收机制不健全。目前，我国还没有建立回收利用废旧包装的完善机制，缺乏对物流企业供应商和消费者的引导和激励机制。而且在国家政府层面，我国在此方面的规范较为欠缺，缺乏相应的约束体系，导致了物流包装回收行业的混乱局面和资源浪费。

2. 物流包装相关回收模式

虽然物流包装废弃物回收体系不可能完全独立于再生资源回收体系之外，但物流包装废弃物回收体系仍具有一些特点。下面是从不同角度归纳出的物流包装废弃物回收模式，各种回收模式相互之间存在交叉，主要包括以下六种。

（1）以生活垃圾回收体系为主的回收模式。对于主要来自居民生活消费后的物流包装废弃物，尤其是大量进入生活垃圾回收处理系统的物流包装废弃物，依托生活垃圾回收体系进行回收具有优势，这种回收模式在我国一直具有较好的基础和广阔的市场，是一种传统的回收模式。

（2）以居民社区和其他社会回收为主的回收模式。包装废弃物的居民社区回收在我国是另一类回收模式，和前者的区别在于包装废弃物产生后不直接进入生活垃圾中，而是通过社区的各个参与者进行回收。

（3）以再生利用企业为主的回收模式。这种回收模式实际上是以再生利用企业为主要推动力建立的包装废弃物回收体系，企业参与回收体系建设，在回收体系中起到关键作用。因为再生利用企业不可能直接面对广大分散的回收体系前端，所以，这种模式并不是由企业建立的完全独立的回收体系。

（4）以商品流通领域为主的回收模式。这种回收模式主要是商品的包装在流通、销售环节得到回收，有两种典型情形，一是很多二类包装（二类包装是用来装数个一类包装的包装；一类包装是直接与产品接触的包装，是消费者带回家的包装）产生于销售环节，这部分包装相对比较集中而且比较干净，由商场、商店、快递驿站直接负责回收，例如，宁波绿栈环保科技有限公司针对包装箱回收难的问题，改进菜鸟城配业务流程，通过快递员和菜鸟驿站相结合的回收方式保证包装箱的循环再用，如图 5－2 所示；二是销售环节采取一些经济、鼓励措施，回收消费者消费商品后的包装，如通过收取押金回收啤酒瓶。

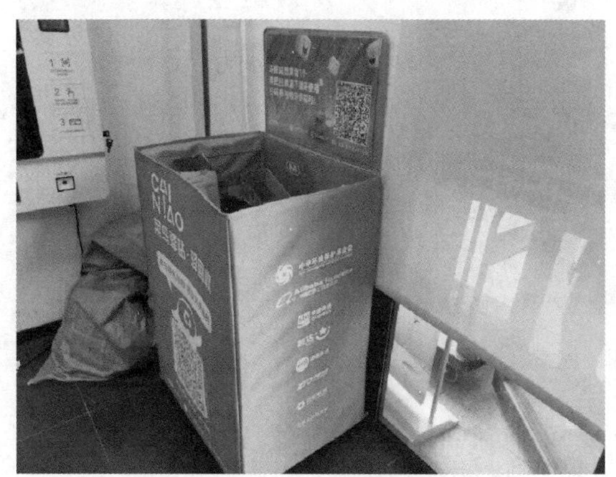

图 5－2　菜鸟驿站回收包装箱

资料来源：http：//k. sina. com. cn/article_5044281310_12ca99fde02001f6dn. html。

（5）生产者责任延伸制度下以责任方为主的回收模式。法律强调生产者有责任回收包装废弃物，但一般生产者很难直接面对产品消费的分散市场，不可能直接建立回收体系，但可以通过授权委托中间机构或第三方机构代为履行回收责任。这种回收模式的好处是生产者既履行了法律回收责任，又没有陷于自建回收体系的烦恼中。中间机构也只是起到联系生产者、基础回收网点、再生利用企业的纽带作用，本身需要获得政府主管部门的授权。2021 年，国家发展改革委办公厅、住房城乡建设部办公厅、商务部办公厅、市场监督管理总局办公厅联合印发了《关于印发〈饮料纸基复合包装生产者责任延伸制度实施方案〉的通知》，该方案指出，到 2025 年，饮料纸基复合包装领域生态设计将更加广泛开展，废弃饮料纸基复合包装的资源化利用率力争达到 40%。

（6）以专业化回收体系为主的回收模式。有组织的专业化回收公司是包装废物回收体系的中坚力量，是构成回收体系的关键层次和节点。分散的个体回收者回收的包装废弃物几乎不能直接送到再生利用企业，大多会卖给回收公司，再由回收公司卖给再生利用企业，或者送到再生资源交易市场或集散市场，最终流向再生利用企业。从组织管理角度来说，全国供销合作社系统的回收网络是一支非常重要的力量。中华全国供销合作总社下属企业中国再生资源开发集团有限公司利用中国供销集团系统发展的再生资源回收网点对物流包装废弃物开展了相关的回收加工再利用业务。此外，有实力的专业化回收公司会通过建立一些回收连锁经营新形式来扩展回收业务范围。例如，上海程胜环保科技有限公司开展对物流包装废弃物的回收，如图 5－3 所示。

图 5－3　上海程胜环保科技有限公司回收物流包装废弃物

资料来源：https：//www. sohu. com/a/539324911_745358。

（二）绿色物流包装的再设计

1. 一体化设计方式

包装的一体化设计方式是指将包装完美融入产品设计当中，利用包装的材质和造型等特征，让包装成为产品结构的一部分。此类包装不仅具有保护产品的功能，同时共同构筑了产品的使用功能，能够最大限度地利用包装。一体化设计方式可以最大限度地完成包装与产品结构功能的结合，这样包装就具备了双重功能。但在考虑此种设计方式时，必须了解包装材料的一些固有特性，如防潮性、耐热性、坚固性等，选择适合的材料或通过一些有效的加工工艺来克服材料的局限性，以符合产品使用的需要。

2. 配套化设计方式

包装的配套化设计方式是指在包装发挥其保护和运输功能的同时，探索其成为产品的配套物件的可能。在现实生活中，许多产品需要同一些配件配合使用才能充分发挥其功用，而配套化设计的目的就是希望充分利用包装的结构、材质、造型特点等实现配套使用的功能，赋予包装二次价值，甚至使其在产品损坏后仍可以发挥功能，实现包装的充分利用，为其创造更大的价值。如肥皂盒与肥皂的套装，在运输的过程中，肥皂盒既可以保护产品，同时在使用时发挥其放置肥皂的配套功能，延长包装的使用时间。

3. 独立化设计方式

包装的独立化设计方式与配套化设计方式相反，它是指在进行包装的设计时，不考虑其与内装物之间的关系，单独探索包装的新功能。因为在实际的设计中，很多包装由于材质、结构等限制，很难与内装物相互结合或配合，这时就需要对包装的二次功能进行独立设计。这种类型的设计需要厂商的引导和消费者的积极参与。如拆卸后的包装在合适位置附有详细的再利用说明和可能的组装形式，能够引导消费者积极参与，同时具有一定环保意识的消费者能够亲自动手对包装物进行一些组装、改造。

第三节　典型案例

一、苏宁漂流箱——绿色地球的守护者

（一）苏宁物流简介

苏宁易购集团股份有限公司（以下简称“苏宁”）始于 1990 年，早期主要为苏宁提供物流服务，2012 年苏宁物流从苏宁的内部服务体系中剥离出来，转型成为第三方物流公司（以下简称“苏宁物流”），2015 年苏宁物流集团成立，加速物流业务板块产业化发展、独立化运营的能力。

苏宁物流是中国首批从事仓储、配送等供应链全流程服务的企业，致力于打造中国商业领域高效率的消费品仓储服务提供商和智慧物流服务平台。

苏宁物流主要业务涵盖物流资产管理、物流运营（物流云、大件物流、快递）、物流售后服务等。其拥有仓储面积 628 万平方米，同时拥有 3708 条干支线、43705 辆运输车辆，配送网络覆盖全国 2810 个区县。苏宁物流已经发展成为供应链全流程提供智

能化解决方案的提供商。

（二）解决的重点问题

1. 环境保护

2016 年，我国快递行业增长迅速，2022 年，邮政行业寄递业务量累计完成 1391.0 亿件，同比增长 2.7%。其中，快递业务量累计完成 1105.8 亿件，同比增长 2.1%；人均快递使用量为 78.3 件；邮政寄递服务业务量累计完成 285.2 亿件，同比增长 5.0%。随着快递业务量的增长，快递包装材料使用量也随之上升，2015—2019 年，我国快递业主要包装材料使用量呈增长趋势，如表 5－2 所示。

表 5－2　2015—2019 年我国快递业主要包装材料使用量情况

使用量	2015 年	2016 年	2017 年	2018 年	2019 年
快递运单（亿张）	206.7	312.8	400.6	507.1	635.2
塑料袋（亿个）	80	121	160	245	220.2
封套（亿个）	30	45	48	57	65
包装箱（亿个）	95.8	145	192	143	142.2
胶带（亿米）	163.7	248	364	430	425.5
编织袋（亿条）	28.7	43.5	58	53	50
内部缓冲物（亿个）	28.7	43.5	60	—	—

资料来源：2018 年物流包装技术发展大会《苏宁漂流箱——绿色地球的守护者》。

目前，纸箱封箱的主要方式依旧是采用胶带封口加固，强黏性的胶带会在顾客拆箱后不易被撕下。我国居民在处理快递包装纸箱时，由于普遍没有养成二次利用的习惯，更多人选择直接扔掉，此类包装废弃物未被回收处理，无论是焚烧还是填埋，都会对环境造成污染。

2. 成本压力

多年来，纸箱生产的主要原材料价格一直处于平稳浮动的水平，这样的情况在 2016 年年底彻底被颠覆，全国展开环保检查风暴，造纸业作为重污染类型企业受到重点整治，关停了上千家环保不达标的中小工厂。而无论是制造业还是电商物流企业，需求都呈上涨态势，原纸厂争相涨价，纸箱价格也节节攀升。

对于类似于苏宁这样的电商企业，订单出库时再包装是一个必要的过程，而纸箱目前仍然是最为普遍的包装物料。数据显示，2017 年 1 月相同规格纸箱出厂价格相较 2016 年同期涨幅超过 50%，巨大的运营成本上涨压力，也是企业不得不面对的严峻问题。纸箱循环二次利用虽然已经达到了 10% 的比例，但仍然难以满足各企业对于进一步降低运营成本的要求。

（三）解决方案

1. 共享快递盒 1.0

2017 年 4 月，为了应对环保问题以及企业自身面临的成本问题，苏宁物流创新性地采用可循环的特制快递包装代替常用纸箱。这项绿色物流行动中的可循环快递盒，被称为“漂流箱”，也就是共享快递盒 1.0（见图 5 -4）。共享快递盒 1.0 可用于 3C、母婴、快消易碎商品的自提、送货上门服务，结合智能包装推荐，可有效减少纸箱的使用量，减少商品运输过程中的损耗。

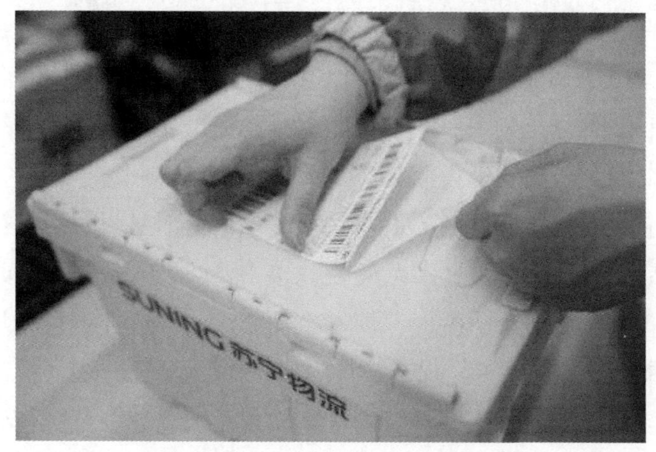

图 5 -4　苏宁物流共享快递盒 1.0

资料来源：2018 年物流包装技术发展大会《苏宁漂流箱——绿色地球的守护者》。

2017 年，苏宁物流在北京、上海、南京、广州等 8 个城市首次推出 1 万个共享快递盒 1.0。同年“双十一”期间投放量增加到 5 万个，在原先 8 个城市的基础上新增杭州、深圳、重庆、郑州、济南。每个共享快递盒 1.0 每天可循环使用 1 ~2 次，按此计算，1 年可节省使用纸箱超过 650 万个。虽然共享快递盒的使用在短时间内可能需要一定的投入，但从长远来看，这不仅提高了用户体验，而且对企业降低成本、对整个环境保护工作的顺利开展都会起到巨大的推动作用。

2. 共享快递盒 2.0

2017 年“双十二”大促前夕，苏宁物流对共享快递盒进行升级，共享快递盒 2.0 正式推出，如图 5 -5 所示。这款新版共享快递盒，采用环保高科技材料，重量轻，无毒无害，坚固耐用，可 100% 回收再循环，生产过程中不排放任何有毒气体、不排放污水，让可循环的快递盒本身也绿色环保。

图 5－5 苏宁物流共享快递盒 2.0

资料来源：2018 年物流包装技术发展大会《苏宁漂流箱——绿色地球的守护者》。

共享快递盒 2.0 获得了多项国家发明专利、实用专利及外观专利，兼具密度小、轻便易用、表面刚度高、抗划痕、柔韧性好、不容易开裂的优点，可有效循环使用 60 次以上，成品单次使用价格比纸箱低 30% 左右。

与易湿、易破的传统纸箱相比，共享快递盒 2.0 更加坚固耐用且抗震防摔。与共享快递盒 1.0 相比，单个箱体重量仅为 50 克，最重要的是实现了更轻便的折叠化设计。打开使用仅需 5 个步骤，回收折叠时只要 4 个动作，非常适合在仓库与运输途中的堆码，能够有效提高物流运输效率、节省仓库容量、提高物流周转率。

在循环回收系统设计上，共享快递盒 2.0 实现了入仓、分拣、包装、配送、回收的全流程在线。此外，共享快递盒 2.0 采用一体化生产制造体系，中间成本大幅降低，原材料价格稳定，而且可以 100% 回收无污染循环再造。

此外，在物流商品安全性方面，共享快递盒设置了牢固的一次性“环保封箱扣”，能最大限度地保障商品安全，商品取出后，快递盒交由快递员折叠后带回快递点，再循环入仓。不仅如此，“环保封箱扣”由麦秆纤维制作，可以实现自然降解，保障了共享快递盒对自然环境的零污染、零破坏。

（四）实践经验

2018 年，超过 100 家品牌商均使用过共享快递盒的配送服务。在商品端，苏宁已经与荣耀、佳能、康佳等多个 3C 品牌商建立了绿色包装循环使用机制，形成了和品牌商的绿色联动。

在共享模式上（见图 5－6），苏宁物流与上游共享快递盒供应商以及平台商家联动，由供应商将共享快递盒提供至苏宁仓库，3C、母婴、易碎品等品类商品经过扫码装箱、关联料箱动作，运输至快递点、代收点或自提柜，可以通过快递员当面回收，也可以通过纸箱回收柜进行回收。回收后集中快递盒至检测处进行检测，可循环使用的归集后运输至苏宁仓库，损坏品返厂处理。

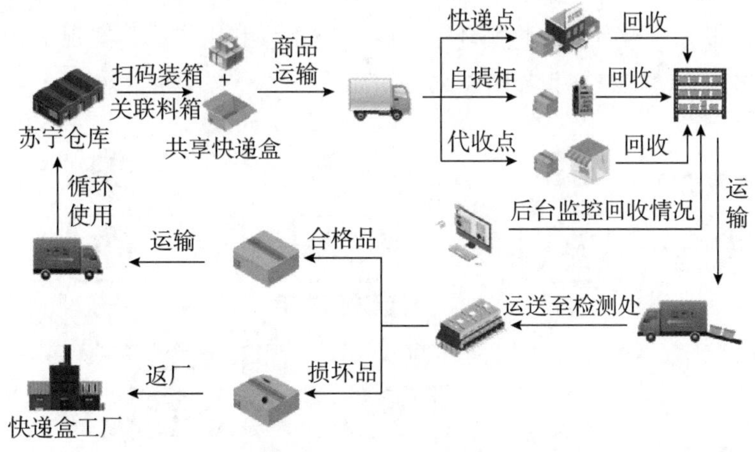

图 5－6　苏宁共享模式 2.0

资料来源：2018 年物流包装技术发展大会《苏宁漂流箱——绿色地球的守护者》。

（五）实施效果

截至 2018 年 1 月，上海、南京、沈阳、成都、武汉、郑州等全国 13 个城市共投放使用共享快递盒超过 10 万个，其中，包括了北京、杭州两地使用的共享快递盒 2.0 版。从使用情况来看，南京的周转率平均达到 1.7 次/天，是全国所有城市中循环使用效率最高的城市。其次，杭州平均 1.5 次/天，郑州平均 1.45 次/天。

二、箱箱共用——零碳循环新基建

（一）箱箱共用简介

箱箱共用是一家专注于智能包装设计与制造，并提供运营服务和循环管理 SaaS 的全产业链物联网企业。凭借全行业物流包装、物联网、循环管理 SaaS 等综合研发能力，以及一箱一码、箱货共管、AI 辅助决策等创新技术，箱箱共用为散装液体、汽车配件、生鲜冷链、生物医药等行业定制物流包装循环服务，打造低碳供应链。

箱箱共用正在搭建覆盖全球的服务网络，已在中国部署 30 个中心仓、2000 家上下游网点，业务覆盖 200 个城市，并在美国、英国、日本、德国等 10 多个国家组建了本地化团队，为全球千万个企业提供循环服务。箱箱共用一直在探索物流包装对自然环境产生积极影响的最佳途径，用可循环智能包装代替一次性塑料包装。通过推动智能包装的循环与共用，已累计实现减碳 25 万吨。

（二）解决方案

箱箱共用通过自主研发循环管理 SaaS 平台，可对包装物的使用路线进行优化分析和合理调度，极大地提高包装物循环率，减少空箱率和丢失率，实现了高效减排的效果，推进业务流程零碳循环，如图 5－7 所示。

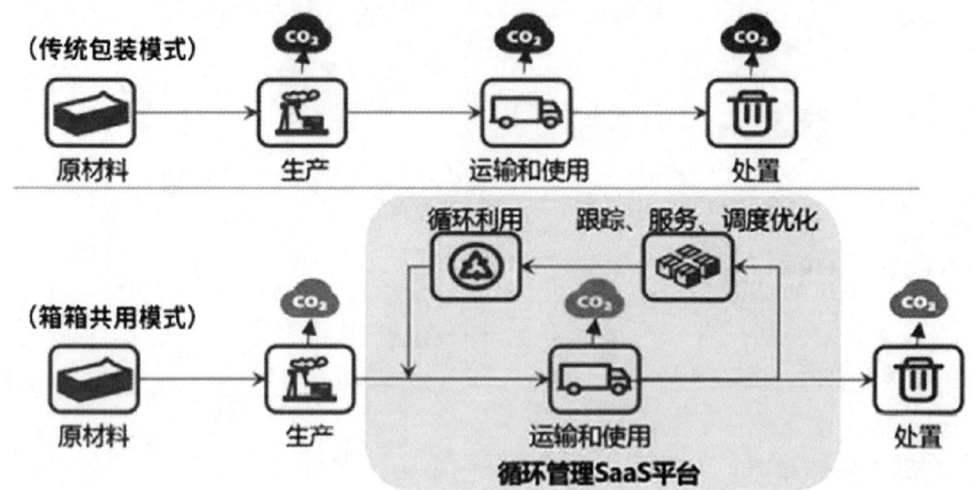

图 5－7　箱箱共用零碳循环业务流程

资料来源：2021 年物流包装技术发展大会《2021 年物流包装优秀案例申报书》。

箱箱共用零碳循环业务流程主要有以下三个部分。

一是基础层：面向全行业循环包装解决方案。经过多年的积累，箱箱共用创新了一次倒箱、零残留、免人工、零浪费、零损耗等 RTP（实时传输协议）设计理念，自主研发了无序折叠、零残留排放、低功耗续航、抗屏蔽等多项节能减排技术。截至 2022 年 10 月，箱箱共用在全球累计公开申请各类专利达 880 项，其中中国已授权发明专利 103 项，PCT 国际申请 133 项，美国已授权发明专利 43 项，日本已授权发明专利 26 项、澳大利亚已授权发明专利 23 项、欧洲已授权发明专项 32 项，90 项发明专利在英国、德国、法国、意大利、比利时、南非等十余个国家获得授权。

二是感知层与通信层：挖掘 RTP 智能化场景与物联网相融合的机会。根据不同 RTP 的使用场景，箱箱共用分别将有源 RFID、低功耗蓝牙 BLE、蜂窝通信 M2M 及 NB－IoT、Sigfox 等技术完美融入了包装物的结构及工艺技术中。

三是 SaaS 层：深度结合云计算、大数据形成数字化循环管理 SaaS 平台——箱箱共用循环管理 SaaS 平台。

（三）实践经验

一是用可循环包装替代一次性包装，减少物流成本。我国每年在工业生产过程中要用掉3000余万吨包装材料，其中近一半带着污染，被直接废弃。随着原材料全年普遍上涨，部分包装价格同比上涨七成，企业的包装成本占总物流成本比重从之前的10%上升到了15%。在包装物中，纸包装制品回收率为25%左右，塑料包装制品回收率只有15%，物流包装废弃物的回收率更是不足10%。基于环境、成本、效率等因素，用可循环包装替代一次性包装已是社会共识。而箱箱共用研发的散装液体包装、生鲜果蔬包装和汽配包装，可全面解决以上痛点。以散装液体包装超立方为例，与传统的220L塑料桶相比，除具有环保、可折叠等优势外，每托的空间能增加50%的产品装载量，可提高150%的利用率，能节约33%的货架储存空间。

二是以租赁模式解决企业用户一次性购买可循环物流包装的投资压力，让企业专注于自己的主业。企业在购买可循环物流包装时面临一次性重资产投资压力。箱箱共用模式将彻底解决这个问题，只需支付相对较低的租赁价格就能获取可循环物流包装的使用，从而省去了采购、运营和维护箱体等资产投入的成本。如按每年3600吨液体运输需求量的10年运营期来计算，通过租赁可循环物流包装方式比购买方式的单位成本将减少2/3，极大降低了在物流包装方面的投入。

三是通过数字化运营提升了箱体周转率，提高了企业物流效率，减少用箱成本。传统租赁模式中，由于上下游用户间的用箱信息不透明，缺乏上下游用户箱体实时数据及位置信息，导致无法及时采取收发箱行动。这种低效的租赁模式平均年度周转率都在5次以下。而箱箱共用将有源RFID、低功耗蓝牙BLE、蜂窝通信M2M及NB-IoT等技术融入了RTP结构及工艺技术中，通过云计算、大数据分析等技术，可对流转中的箱体资产进行实时监控和盘点，极大降低了箱体资产的丢失率，最大限度提升了箱体的利用率，周转率可达9次以上。

四是箱箱共用数字化技术解决了传统模式数据盲区，避免了箱体高丢失情况。在传统的物流包装流转过程中，用户无法实时掌握包装的位置信息，也无从知晓被使用或空闲的状态信息，这些数据盲区导致了每年高达20%的丢失率。箱箱共用通过数字化技术，实时掌握箱体流转情况，大大降低了箱体在流转过程中高丢失率情况，基本实现零丢失现象，极大降低了物流成本。

（四）实施效果

截至2020年，箱箱共用通过物流包装和循环服务累计减碳25万吨。其中，2020

年箱箱共用在投放市场的产品实现 CO_2 减排量约 25.2 万吨，减少废水排放 61.9 万吨，减少伐木 63.6 万吨。经国际权威认证机构 BSI 全面的审计，2020 年 6 月—2021 年 7 月，万华化学、博世、保龄宝三家绿色先行企业因采用箱箱共用的包装循环服务，累计减排近 7000 吨，相当于 2500 辆 1.6T 燃油轿车的全年碳排放量。

第六章　标准助力，集装单元化成效显著

物流业是融合运输、仓储、货代、信息等产业的复合型服务业，是支撑国民经济发展的基础性、战略性产业。标准化是保障物流运作安全便利、高效畅通的重要手段，对于提高物流服务水平、降低物流成本、促进我国物流业健康发展、增强国际竞争力具有重要作用。根据《物流标准化中长期发展规划（2015—2020 年）》《国务院办公厅关于印发"十四五"现代物流发展规划的通知》，"十三五"期间，我国物流标准、统计、教育、培训等支撑保障体系进一步完善；至 2025 年，现代物流发展制度环境更加完善，物流标准规范体系进一步健全，标准化、集装化、单元化物流装载器具和包装基础模数广泛应用。

第一节　包装标准化和集装箱单元化

包装标准化和集装箱单元化紧密相关，二者相互影响。一方面，包装标准化是集装箱单元化的基础，是保障集装箱单元化能够顺利进行的前提条件；另一方面，集装箱单元化也推动了包装标准化的发展，集装箱单元化的推广和应用促进了包装行业的规范化和标准化。因此，包装标准化和集装箱单元化相互促进，形成了一个良性循环。随着集装箱单元化的不断推广和应用，包装行业也不断创新和改进包装标准和技术，使其更加符合集装箱单元化的要求。同时，包装标准化的发展也促进了集装箱单元化的应用，使集装单元化运输更加安全、高效、环保和可持续。

一、包装标准化

1. 定义

包装标准化指的是在产品运输和产品销售的过程中，对包装的诸多方面进行要求，包括但不限于包装尺寸、包装材料、包装方式，并按照统一的操作方法指南对包装过程进行管理。包装标准化在包装的各个阶段都起着重要作用，在包装设计和包装质量检验时，只有经过包装标准化的包装才能取得企业的认可。包装标准化要实现包装的合理性、规范性和科学性，使包装规格合理、形状规范、外观科学。

包装标准化不是只针对产品包装而提出的，而是为了实现整个物流系统的高效性、合理性而提出来的。包装标准化包括许多方面，其中，比较受关注的是包装材料的标准化、包装尺寸的标准化和包装方式的标准化。

包装材料的标准化要求在选择产品的包装材料时，材料需要达到保护产品外观和功能的目的，又不至于因过度保护而造成材料的浪费。例如，某种产品使用单层瓦楞纸就可以起到较好的保护作用，而企业却选择使用双层瓦楞纸，虽然达到了保护产品的目的，但是却造成极大的浪费，导致企业包装成本居高不下。包装材料的标准化需要在保护产品和降低成本之间选出最合适的包装材料。

包装尺寸的标准化要求在设计包装的尺寸规格时，既需要与产品运输容器的尺寸相匹配，又需要与产品本身的尺寸相匹配，否则就会出现产品放不进包装或者产品在包装内不稳定的情况。进行包装尺寸的标准化最主要的就是对产品包装的尺寸规格进行标准化，标准化后的产品包装有利于产品的物流运输，从而帮助企业降低成本。

包装方式的标准化要求在进行包装时，严格规定包装内产品的数量，避免出现产品过少或过多的情况，从而造成包装资源的浪费。包装方式的标准化可以提高包装对产品的保护能力。

2. 作用

包装标准化工作是提高产品包装质量、减少消耗和降低成本的重要手段，主要作用表现在以下几个方面。

（1）包装标准化有利于包装工业的发展。

（2）包装标准化有利于提高生产效率，保证商品安全可靠。

（3）包装标准化有利于合理利用资源、减少材料损耗、降低商品包装成本。

（4）包装标准化有利于包装的回收复用，减少包装、运输、储存费用。

（5）包装标准化便于识别和计量。

（6）包装标准化对提高我国商品在国际市场上的竞争力有重要意义。

二、集装单元化

1. 定义

集装单元化是以集装单元为基础而组织的装卸、搬运、储存和运输等物流活动一体化运作的方式。集装单元化是物流现代化的基础建设内容，其实质就是要形成集装单元化系统，即由货物单元、集装器具、物料搬运设备和输送设备等有机组成的高效、快速进行物流功能运作的系统。集装单元化有效地将各项分散的物流活动联结成一个整体，是物流系统合理化的核心内容和主要方式。

2. 作用

集装单元化程度的高低是衡量一个国家现代物流发展状况的重要标志，在物流系统各环节的顺利衔接和有效运行中具有突出的作用。集装单元化的意义主要包括以下几个方面。

（1）规范化的集装单元具有一定的体积和重量，有利于实施机械化、自动化作业，可以有效地提高作业效率，并降低劳动强度，改善劳动条件。

（2）集装单元器具的标准化、规格化，可推动运输器具、搬运设备和仓储设备的标准化，使物流系统各环节设备规格协调，大大提高全系统作业效率。

（3）促进物流各功能环节便利衔接，减少重复堆码和重复搬运等无效活动，便于开展物品的数量检验和清点交接。

（4）容易增加货物堆积高度，便于货架储存，充分利用作业空间。

（5）使用集装单元器具，可以简化货物包装，节省包装费用。同时能够有效保护物品，防止物品破损和丢失。

（6）集装单元器具可以循环使用，节约消耗性的包装器材。

三、包装模数

1. 基础概念

中华人民共和国国家标准《物流术语》（GB/T 18354—2021）对包装模数（package module）的定义是：包装容器长和宽的尺寸基数。包装模数是包装尺寸标准化的重要内容。包装尺寸的确定过去大多是从保护内容物品、便于人工装卸搬运作业和节约包装材料的角度考虑，与物流其他作业环节、其他运载工具的关联性考虑得不多。包装、运输、装卸、保管等不同物流环节的机械器具的尺寸设计需要建立在共同的标准之上。

包装模数尺寸的基础数值，即包装模数是根据托盘的尺寸，是以托盘高效率承载包装物为前提确定的。标准的包装尺寸应该与包装模数尺寸相一致，只有这样，才能够保证物流各个环节的有效衔接，按照包装模数尺寸设计的包装箱就可以按照一定的堆码方式合理、高效地码放在托盘上。如表 6－1 所示，为 ISO 3394—2012 中对运输包装尺寸的规定。

表 6－1　ISO 3394—2012 中的运输包装尺寸标准　（单位：mm）

包装模数		
600×400	600×500	550×336

2. 制定方法

运输包装标准尺寸系列的制定方法如下。

（1）确定集装基础模数尺寸。

即最小集装尺寸可以从物流基础模数尺寸 600mm × 400mm 按倍数系列推导出来，也可以在满足 600mm × 400mm 的前提下，从卡车或大型集装箱的尺寸分割推导出来。集装基础模数尺寸的国际标准以 1200mm × 1000mm 为主，也有 1200mm × 800mm 和 1200mm × 1100mm，这些尺寸就是托盘标准尺寸。

（2）以分割及组合的方法确定运输包装系列尺寸。

运输包装系列尺寸以集装基础模数尺寸为基础，以分割及组合的方法确定包装系列尺寸（分割后得到的长和宽的尺寸要大于 200mm）。包装物的生产制造尺寸从系列尺寸中选取。

3. 应用现状

在我国，早年有这样一种观点，认为托盘是最基本的物流单元。实际上，包装模数和托盘共同构建了整个物流包装的最基本单元，包装模数单元适合手工操作，托盘单元适合机械搬运，它们之间应该有合理的相互匹配关系。我国物流业还有过一个观点是应该只用一款托盘，但实际上，托盘应该是一个相互关联和配合的系列，每一款都能够同时适应我国的模数单元和货车车厢。

600mm × 400mm 的模数在我国的应用也非常广泛，在汽车行业，只有本田和日产用的是日系的独特体系，没有使用600mm × 400mm 的模数。其他的品牌包括大众、宝马、奔驰、路虎、丰田、福特、奇瑞、吉利、长城、神龙等大多数汽车企业采用了 600mm × 400mm 作为基本的包装模数。在烟草、服装、食品、电子、果蔬、图书等行业中，烟草和图书行业有自己独特的工业标准，其他行业都大量采用 600mm × 400mm 的包装。加上相关政府部门对 600mm × 400mm 模数的大力推广，此款包装模数已经在我国形成了广泛的应用基础。不同行业普遍使用的包装模数情况如表 6－2 所示。

表 6－2　　不同行业普遍使用的包装模数情况　　（单位：mm）

序号	部分行业	普遍使用的包装模数
1	汽车行业	600 × 400
2	烟草行业	565 × 335
3	服装行业	600 × 400
4	食品行业	600 × 400
5	电子行业	600 × 400
6	果蔬行业	600 × 400
7	图书行业	520 × 380

四、优秀应用案例：多晶硅的单元化循环包装解决方案

随着石化能源的日益枯竭以及价格的上涨，新能源的开发与利用也越来越受人们的关注，尤其是光伏太阳能的开发与利用。多晶硅作为其重要的原料，在生产、运输等各个环节中备受关注。多晶硅形似石子，但价格远远高于石子，且怕潮，无法像石子那般放在露天大卡车上，经受风吹日晒。现有的包装方式（纸箱+木托）存在以下问题：现有包装一次性使用，造成大量的资源输出和成本浪费，同时造成环境污染，也遭到了相关人员的投诉。行业亟须一套低成本、可循环的包装方案和一款绿色的可循环、可回收的新型单元化包装容器。

良才科技经过不断探索，与实际相关人员不断交换意见和建议，最终设计提供了一套完整的单元化循环包装解决方案。该包装方案采用定制化注塑容器+包装内衬的包装形式，其中，箱外尺寸为945mm×745mm×900mm，折叠尺寸为945mm×745mm×230mm，箱体自重约36kg，单箱承重达到400kg，动载采用1+1形式，箱体材料由PP注塑底盖+PP蜂窝板（围板）+3根方管组成，使用温度范围为-20~55℃，具体方案结构如图6-1所示。

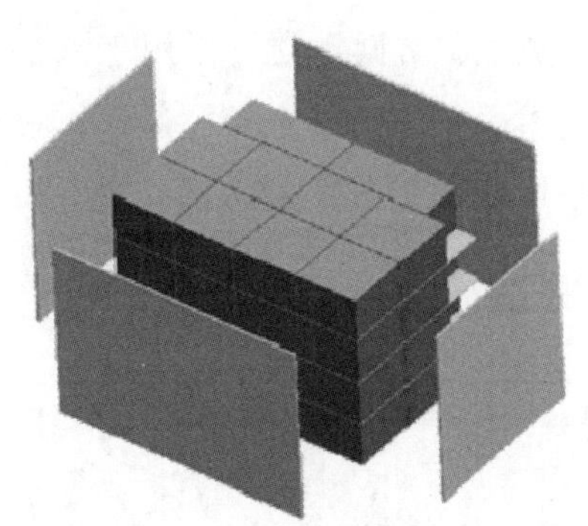

图6-1　多晶硅单元化包装容器示意

资料来源：2019年物流包装优秀案例。

从该方案结构构成来看，注塑盖和注塑底部分采用注塑工艺一体成型，注塑盖产品自重轻、不易变形，注塑底更加厚实、承重能力更强。内衬部分采用EPE（可发性聚乙烯）与EVA（乙烯-醋酸乙烯共聚物）制作，自重轻、易操作，具有缓冲作用，可短期循环使用。围板材料部分采用蜂窝状高强度聚丙烯材质，其中蜂窝板由上塑质表皮层、下塑质表皮层和中间层构成，中间层作为一种塑质板材，其各凸起的顶面与上塑质表皮层固定连接，各凹陷底面与下塑质表皮层固定连接，充分发挥了中间层的效率，提高板面受力时的承重性。因为凸起和凹陷为圆形，其各侧向上受力也更为均匀，使蜂窝板的四周承重力均达到较高的水平。

从实际应用场景中看，该方案使用地区包括我国华北、华东、华南、西南、西北地区，主要用于多晶硅的室内室外储存及运输。产品具备可折叠、尺寸设计标准化的优点，适配于集装箱及大部分货车装载。如图 6－2 所示，该容器回收时采用底盖分开回收、围板单独折叠回收的形式，内材回收时单套折叠内材高度 100mm，箱体内高 755mm，即每个空箱可以装 7 套折叠内材，整体回收比达到 2∶5。

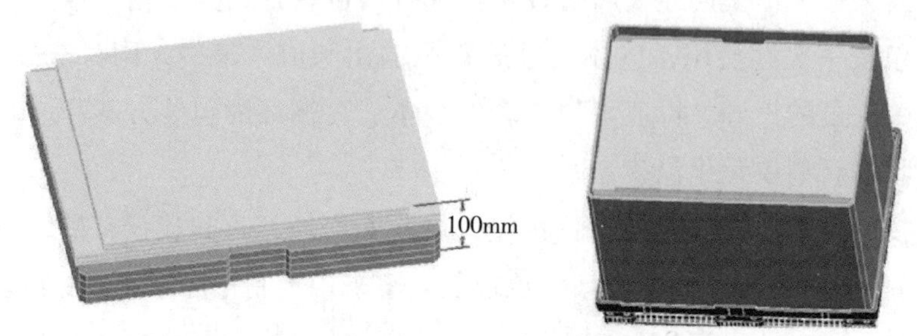

图 6－2 多晶硅单元化包装容器回收折叠示意

资料来源：2019 年物流包装优秀案例。

装载方面，如图 6－3 所示，12.5m 厢式货车可装载 2 层，每层 36 箱共 72 箱，返空时可装载 27 只装内材的满箱、153 只折叠空箱和围板，有效利用率较高。从实际操作来看，方案采用闭合结构容器，具备良好的防尘、防雨性能，适用于汽车零部件的运输包装。其中，围板箱操作灵活，能减少内材丢失，降低仓储、运输体积，实现循环使用，从而降低物流成本；围板盖、底均采用注塑工艺，采用抗冲击、耐低温的改性聚丙烯材料，绿色环保。

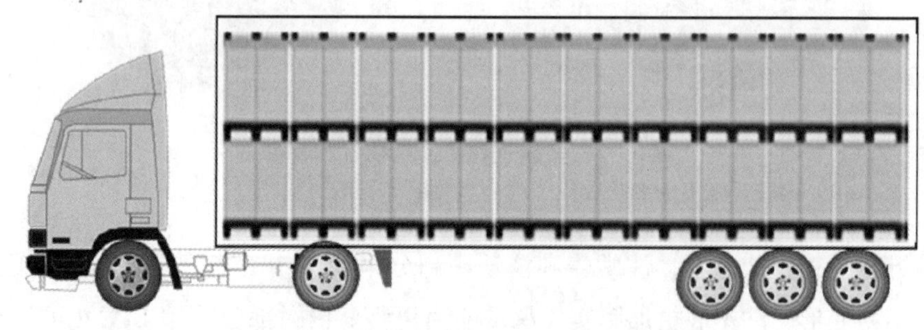

图 6－3 多晶硅单元化包装容器装载示意

资料来源：2019 年物流包装优秀案例。

综合来看，单元化循环包装解决方案具有以下优势。①可循环使用，使用周期寿命较长，大大节约了包装成本。②可折叠性能，便于回收，空箱返还时最高可节省空间 80%，有效解决了“包装废弃品”乱丢乱扔的问题，助力创造绿色环境。③单元化包装器具，方便组装和拆卸，节约了人工成本。④自重轻，便于堆垛，适合卡车、集装箱等装载运输，装载率较高。⑤防水防潮，可以更好保护内置的多晶硅产品。

第二节　集装单元化“排头兵”——托盘

托盘作为物流运作过程中重要的装卸、储存和运输设备，在由货物单元、集装器具、物料搬运设备和输送设备等组成的集装单元化系统中，扮演着重要角色，在物品包装的单元化、物品运输的集装化、物品存放的立体化、物品装卸的自动化、物流数据处理的信息化等方面发挥着重要作用。托盘标准应用推广及循环共用体系建设工程是物流标准化重点工程之一，托盘标准化是包装标准化的重要抓手，在推进集装单元化过程中起到“排头兵”的作用。

一、概述

（一）定义

中华人民共和国国家标准《物流术语》（GB/T 18354—2021）对托盘（pallet）的定义是：在运输、搬运和存储过程中，将物品规整为货物单元时，作为承载面并包括承载面上辅助结构件的装置。作为与集装箱类似的一种集装设备，托盘现已广泛应用于生产、运输、仓储和流通等领域，被认为是20世纪物流产业中两大关键性创新之一。

（二）基本结构

以木托盘为例，木托盘一般要有载货面、叉车孔和吊槽翼。木托盘的基本结构是用三根纵梁连接上下铺板而成。铺在托盘上、下两面的木板称为铺板，两边的铺板称为边板。铺板与纵梁连接面要互相垂直，铺板各木条要互相平行且均匀分布。纵梁是长的扁方材料，垂直于铺板。垫块是方形木板，它上面垂直于铺板的竖板称为梁板。叉车孔是通过纵梁或垫块形成的。为了使叉车易于插入叉孔，铺板上特意加工出斜面，称为倒棱。铺板两端突出于纵梁和垫块以外的部分，称为翼，用于起重机吊运。用绳索起吊货物时，边板两翼容易损坏，常在两翼下面安装与纵梁同长的加强板。

（三）分类

1. 按材质分类

目前市场上使用的托盘从材料上看主要有木托盘、塑料托盘、金属托盘、纸托盘、复合材料托盘。

（1）木托盘。

木托盘是目前使用数量最多的一种托盘，广泛应用于烟草、食品、化工、医药、港口、码头的仓储物流和配送物流。近年来一种新的加工工艺——拼接工艺应用在木托盘生产中，该工艺是用松木或冷杉等作为原材料，根据使用地的温湿度进行干燥定型处理，再一次对干燥后的木材进行认真分选，对达到要求的木材采用进口的专用设备进行精加工处理，采用外国射钉（具有止脱功能）连接成型。再进行整体砂光、倒角、防滑处理，加工好的木托盘再进行封蜡处理，以防止到异地由于温湿度的变化产生托盘开裂。这种工艺可保证木托盘结构牢固，负载、承重、变形、对角误差等技术条件满足自动化物流系统的运行要求，并且木托盘的使用寿命也相对较高。

（2）塑料托盘。

目前，国内企业主要采用注塑成型、中空吹塑成型两种方式生产塑料托盘。注塑成型法的生产工序少、生产效率较高，产品质量稳定。中空吹塑成型法一次成型、工艺简便、成本较低，但制品壁厚不均匀，尺寸稳定性差。这两种工艺的托盘各有优缺点：注塑工艺的塑料托盘刚度好一些，但使用寿命相对要短；中空吹塑工艺的塑料托盘刚性差一些，但相对使用寿命长。由于塑料托盘在使用时有可能出现不可恢复的弯曲形变，因此塑料托盘不太适合用于货架。但是最新的工艺在塑料托盘中加入金属嵌入件，基本解决了这个问题。

（3）金属托盘。

金属托盘的刚性很好，因此应用范围很广泛。基本可以适用于各个领域，尤其是应用在货架上。自重比较大是金属托盘的缺点，但可以通过改善结构设计来克服这一缺点。

（4）纸托盘。

纸托盘由于自重较轻，多用于航空运输中。缺点是防潮性能稍差，经过特别处理的纸托盘，比如浸蜡后性能有所改善。

（5）复合材料托盘。

目前用于托盘制造的比较成熟的材料是塑木材料。复合材料托盘具有良好的防潮、防腐性能，可以适用于绝大多数行业。缺点是自重较大，连接件强度有待完善。

2. 按结构分类

目前市场上使用的托盘从材料上看主要有平托盘、立柱式托盘、箱式托盘和笼式托盘。

（1）平托盘。

平托盘没有上层结构，用途广泛，品种较多。按叉车货叉的插入口可分为两向进叉托盘和四向进叉托盘。按使用面可分为单面托盘和双面托盘。

（2）立柱式托盘。

立柱式托盘是在平托盘的四个角安装四根立柱后形成的，立柱可以是固定的，也可以是拆卸的。这种托盘也归于平托盘。立柱式托盘多用于包装件、桶装货物、棒料和管材等的集装，还可以作为可移动的货架、货位。该托盘因立柱的顶部装有定位装置，所以堆码容易，堆码的质量也能得到保证；而且多层堆码时，因上层托盘的载荷通过立柱传递，下层托盘货物可不受上层托盘货物的挤压。

立柱式托盘的种类有固定立柱式托盘、可折式立柱式托盘和可拆装式立柱式托盘，如图 6 –4 所示。

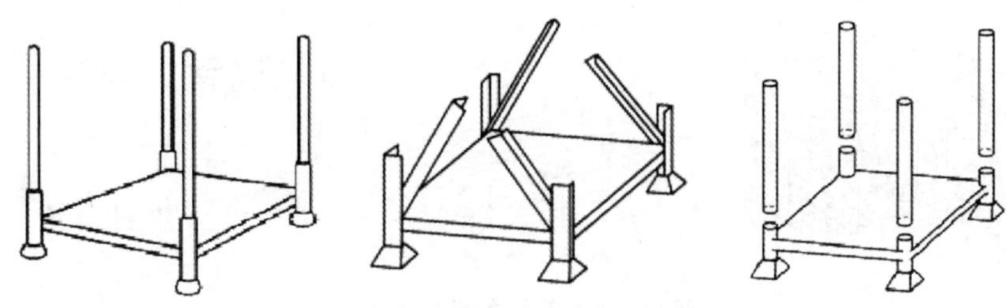

图 6 –4　不同类型立柱式托盘

资料来源：http：//www. chinawuliu. com. cn/lhhzq/202211/01/591329. shtml。

（3）箱式托盘。

如图 6 –5 所示，箱式托盘是在平托盘基础上发展起来的，多用于装载一些不易包装或形状不规则的散件或散状货物，也可以装载蔬菜、瓜果等农副产品，金属箱式托盘还用于热加工车间集装热料。这种托盘的下部可叉装，上部可吊装，即可使用托盘搬运车、叉车、起重机等作业；并可进行码垛，码垛时可相互堆叠四层；空箱可折叠。箱壁可以是平板或网状构造物，可以有盖或无盖。有盖的箱式托盘常用于装载贵重物品。

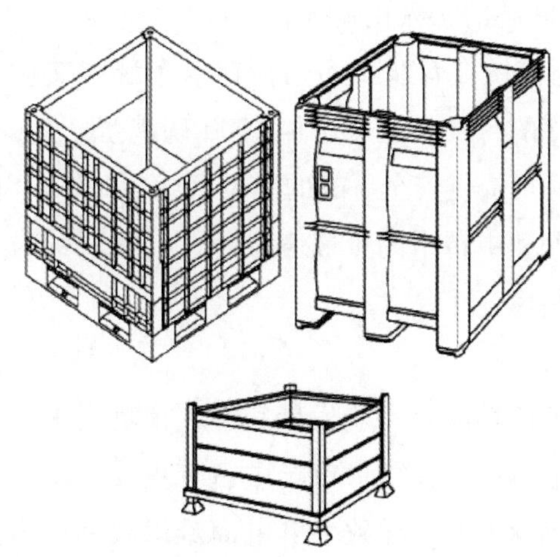

图 6 –5　不同类型箱式托盘

资料来源：http：//www. chinawuliu. com. cn/lhhzq/202211/01/591329. shtml。

（4）笼式托盘。

笼式托盘是指带有立杆或联杆加强的网式壁板的托盘，在一侧或多侧设有用于装卸货物的、铰接的或可拆装的门。笼式托盘可分为固定式笼式托盘、可折式笼式托盘和可拆装式笼式托盘，如图 6 - 6 所示。其中，固定式笼式托盘是侧壁永久固定在底座上的笼式托盘；可折式笼式托盘是壁板铰接在底座上的笼式托盘；可拆装式笼式托盘是壁板可拆装的笼式托盘。

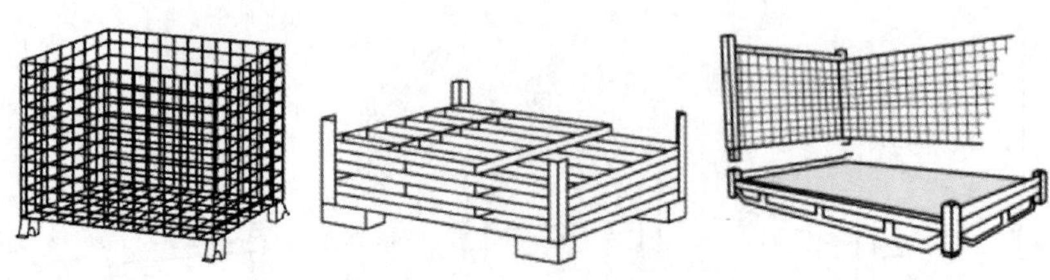

图 6 - 6 不同类型笼式托盘

资料来源：http：//www. chinawuliu. com. cn/lhhzq/202211/01/591329. shtml。

二、新型技术及商业模式

（一）新型托盘技术

1. Cleanpal 托盘

Kroger 公司通过采用 Polymer Logistics 的 Cleanpal 托盘将新鲜鸡蛋从先进的供应商分销到 Kroger 门店。Cleanpal 托盘采用创新设计，装载诸如鸡蛋盒包装这样的可重复使用塑料容器，构建了一个安全的运输平台，将 Kroger 的配送成本降低 66%，并减少了零售商鸡蛋供应链中 6500 吨的二氧化碳排放。

Cleanpal 托盘重量比传统托盘少 2. 5 倍，在卡车装载交付和退货时可以多运输 3 倍，并且从供应商到仓库的每次装运可增加 1000 磅鸡蛋产品，Cleanpal 托盘操作更加高效，运输成本更低，并可提供安全可靠的单位负载。此外，Cleanpal 托盘引入了革命性的联锁设计，用于储存和中转中的可嵌套堆叠，托盘联锁与可重复使用的塑料容器一起可以实现较强的堆叠稳定性。

2. 九脚吹塑托盘

伴随着生鲜电商销售市场的进一步发展完善，市场需求进一步扩大。作为生活起居必不可少的必需品，生鲜一直在零售市场中占有重要地位，但生鲜产品储存时间较短且非标准化，损耗率持续上升，导致生鲜电商难以获利。物流仓储管理是改进损耗难题的重要途径，可通过新的仓储物流方式将损耗控制在一定范围。托盘作为基础的载货模块，在物流仓储管理中具有至关重要的作用，挑选一种适合的仓储物流托盘，是减少损耗和成本费用，实现获利的关键环节之一。

现阶段普遍使用的木托盘、注塑托盘、吹塑托盘具有各自的优缺点。木托盘的购置或租用费用比注塑托盘低，与吹塑托盘相当，而且检修成本较低。若托盘的应用环境湿冷，木托盘非常容易长霉，此外，木托盘表面不平整，有毛边，不利于盛放生鲜商品。注塑托盘凭借表面无毛边、无毒、无气味、容易清洗等特性在生鲜领域有一定的运用，但其购置或租用成本较高。

九脚吹塑托盘设计合理，壁厚均匀，尤其适合密度大和体积大的货物。其表面平整，无毛边，能够有效防止包装的损坏。具有无毒、无气味、抗老化、抗腐蚀、耐湿冷和抗油渍等特性，便于清理和消毒杀菌，价格与木托盘相当。九脚结构无论对地牛还是电动叉车都较为适合，方便进叉。

因此，九脚吹塑托盘集合了木托盘和注塑托盘的绝大多数优势于一身，成了现阶段生鲜领域的新宠儿。

3. 纸质运输托盘 CargoPropal

Schumacher（舒马赫）包装公司开发了一种纸质运输托盘 CargoPropal，这种托盘可以在一次性和多次性回收系统中使用，其技术创新在于生产托盘的材料是中空纸材，这使它像传统的木制托盘一样可以承重，并且中空纸材不需要预处理，可以回收再利用，是一种节约资源、保护环境的托盘材料。同时，纸质托盘的光滑表面和减震性棱边减少了其在装载过程中受损的可能性。CargoPropal 托盘采用的标准尺寸（1200mm × 800mm）使它也适用于食品运输。Schumacher（舒马赫）包装公司希望未来也可以为其他应用领域和产品提供这种 CargoPropal 纸质托盘。

（二）新型托盘共享租赁模式

1. 京东云箱

京东云箱是一个面向广大商家提供物流载具的线上交易平台，也是京东物流基于开放、共生的理念搭建的物联网交易信息服务平台。京东云箱旨在搭建共享托盘池，向商家提供智能、经济、便捷的供应链解决方案。

京东云箱使用的标准化托盘搭载了集 GS1 系统（全球统一标识系统）、RFID、NFC 于一体的智能芯片，通过物联网“芯片扫描、系统记录”的技术模式，使托盘从功能单一的物流载具变成了可追溯、易管理的“智能共享托盘”，让每一片智能托盘的每一个流转环节在系统中都一目了然，可视化让托盘管理变得简单高效，降低托盘丢失风险。

2. 普拉托托盘循环包装模式

深圳市普拉托科技有限公司（以下简称“普拉托”）是一家集互联网软件及智能托盘

硬件开发于一体，专注于提供带托运输及托盘循环共用解决方案的互联网科技公司。公司成立于2017年3月，利用“互联网+物流”的理念，将“托盘银行”模式进行创新，依托自主研发的托盘循环共享信息平台，在国内120多个城市，为知名石化、电子、日化、快消及物流冷链企业提供“随租随还”“通租通还”的托盘循环共用服务，解决了工商贸易企业因托盘痛点而导致的物流成本居高不下的实际问题。普拉托科技构建了一套线上的标准托盘循环共用信息系统、遍布全国的线下托盘运营网点及“托盘银行”服务点，形成了智慧托盘新型供应链体系。已实现日均清算运营托盘规模60万个以上，储备单量240多万片次。

普拉托科技从企业弹性需求及跨企业利益主体共用托盘管理难点出发，为原材料制造、物流、核心制造、快消、商贸等企业提供上下游循环共享的托盘“随用随还”“通租通还”“通存通兑”“无障碍流转”等服务。通过线上与线下相结合，提高托盘的管理效率；通过推动托盘的标准化，以及承担托盘损坏维护责任来扫清带托运输障碍，解决企业间的信任问题；通过智能托盘结合RFID、GPS芯片、二维码以及GS1电子标签，实现上下游之间信息的及时传递和货物追踪。

普拉托科技还将打造线上线下结合的托盘循环共用交易平台。普拉托托盘共享模式如图6-7所示，企业业务高峰时，可以向平台拆借托盘，淡季时可以将仓库闲置标准托盘共享给其他错高峰企业，用共享收益对冲支付高峰期租金费用。企业可以将自有标准托盘委托给普拉托科技平台管理，享受平台专业第三方服务。同时，企业也可以通过平台采购标准托盘或者通过平台转让二手托盘。

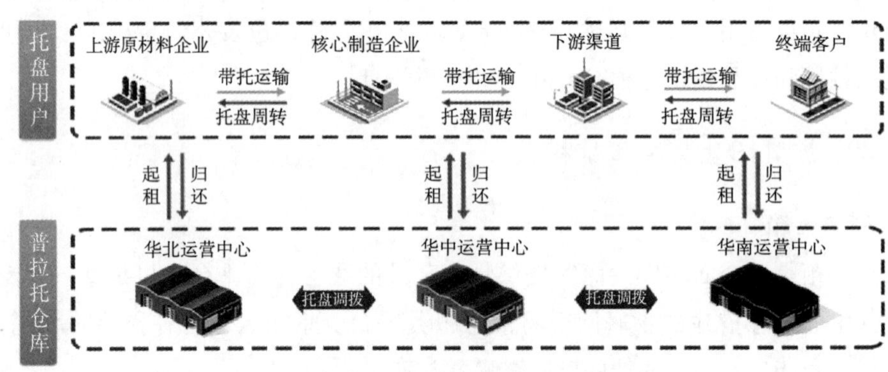

图6-7 普拉托托盘共享模式

资料来源：https：//www. palletsharing. com/#/industry-case。

三、优秀应用案例：路凯包装设备长距离零供带板运输，打造快速响应供应链

路凯（深圳）投资控股有限公司（以下简称“路凯”）成立于1942年，主要从事托盘及其他可循环包装设备的租赁及循环共用业务，是国内较大的托盘循环共用服务

商，并于2014年被商务部、国家标准委认定为以托盘标准化为启动项目的《商贸物流标准化专项行动计划》的首家重点推进企业。

华润五丰（中国）投资有限公司（以下简称“华润五丰”）是集食品研发、生产、加工、批发、零售、运输于一体的综合食品企业。在全国设有7个大型大米加工厂，其中，五常工厂和沈阳工厂为产能较大的两个工厂，年加工稻谷25万吨。在开展带板运输项目之前，华润五丰使用自购非标铁制托盘，成本高且无法与下游零售商实施带板运输作业，导致供应链成本居高不下，并且制约了订单响应效率。

2020年，为实现供应链降本增效、提高供应链竞争力，华润五丰与路凯合作，与下游客户开展了带板运输项目。经过实地调研和分析，路凯为华润五丰制定了基于托盘租赁模式的长距离带板运输解决方案。具体业务流转流程为：从距离华润五丰工厂最近的路凯营运中心起租标准ECR（Efficient Consumer Response，高效消费者响应）木托盘，在生产线末端将产品打包在托盘上形成一个物流作业单元，再从工厂将产品带板运输发往前置仓与全国各地的沃尔玛配送中心以及山姆会员店门店。对于发往沃尔玛配送中心的产品，将通过越库作业直接发往山姆会员店门店上架陈列。山姆会员店使用完毕后，直接退租到路凯当地营运中心。

同时，路凯协助零供两方优化作业流程，如确认货品码板标准（TIHI）、调整订单模式等，并逐步调整作业方式以适应带板要求。在码板方式上，成品米使用纸箱包装。目前产品码板后，标准托盘利用率达95%以上。在订单方面，华润五丰与山姆会员商店按照事先双方确认的TIHI标准，直接整板下单、出货，进一步简化订单操作，提高收验货货效率。

第三节　集装单元化“大哥大”——集装箱

集装箱在集装单元化系统高效运行中发挥了重要作用，在推进集装单元化过程中扮演“大哥大”的角色。为便于国际贸易发展，我国集装箱运输管理建立伊始就同国际标准接轨，等同采用《ISO 1496—1：1990》，制定了《系列1集装箱 技术要求和试验方法 第1部分：通用集装箱》（GB/T 5338—2002），对集装箱定义、型号、技术要求等基础内容进行了规范。发展至今，围绕集装箱业务在业务流程、术语、分类、标识、箱封、熏蒸、场站、环保等各环节形成了一套较为完备的体标准系。

一、概述

（一）定义

中华人民共和国国家标准《物流术语》（GB/T 18354—2021）对集装箱（container）

的定义是：具有足够的强度，可长期反复使用的适于多种运输工具而且容积在 1m³ 以上（含 1m³）的集装单元器具。使用集装箱转运货物，可直接在发货人的仓库装货，运到收货人的仓库卸货，中途更换车、船时，无须将货物从箱内取出换装。

（二）基本结构

集装箱由如下结构组成：①框架结构（前端部框架，后端部框架）；②箱体（箱顶、侧壁、端壁、箱底）；③零部件（门锁装置、箱门搭扣件等）。国际标准化组织对集装箱的结构有如下具体要求：①集装箱的各部分不得超过其外尺寸；②集装箱内不得有妨碍装货的突出物；③集装箱的内尺寸应大于规定的最小值；④箱门开口尺寸应大于规定的最小值；⑤密闭式集装箱要有水密性；⑥箱门要能开启 270°；⑦集装箱的 8 个角都应设有角件；⑧顶角件顶面要高于箱顶顶面 6mm；⑨底角件的底面要低于箱底底面 12.5mm；⑩箱底上承受 1.8R－T 的均布载荷时，箱底挠度不低于底角件底面 6mm；⑪端框架对角线偏移量之和不得超过 60mm；⑫国际标准中各种试验合格；⑬1BB，1B，1CC，1C，1D 型集装箱上应设有一对或两对叉槽，1AA，1A 型箱上应设有鹅颈槽；⑭下侧梁上最好设抓臂起吊槽。

集装箱基本结构如图 6－8 所示。

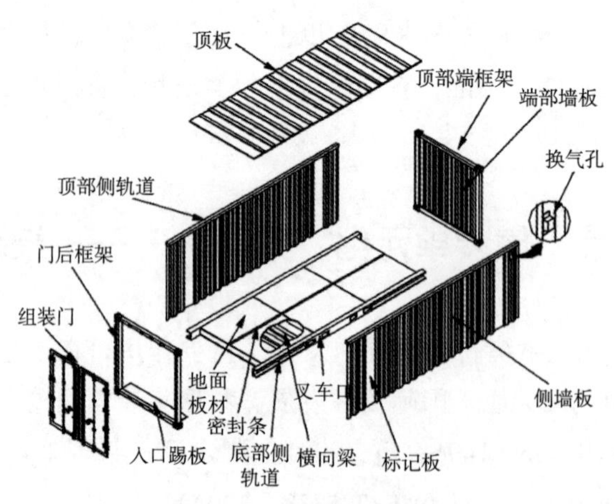

图 6－8　集装箱基本结构

资料来源：http：//www.fareastcontainers.com/news/13061504.html。

（三）分类

1. 按材质分类

将集装箱按照材质分类，可分为钢制集装箱、铝合金集装箱、玻璃钢集装箱等。

钢制集装箱由钢材造成，优点是强度大、结构牢、焊接性能高、水密性好、价格低廉；缺点是重量大、防腐性差。

铝合金集装箱由铝合金材料造成，优点是重量轻、外表美观、防腐蚀、弹性好、加工方便、加工费低、修理费低、使用年限长；缺点是造价高、焊接性能低。

玻璃钢集装箱由玻璃钢材料造成，优点是强度大、刚性好、内容积大、隔热性好、防腐性好、耐化学性好、易清扫、修理简便；缺点是重量大、易老化、拧螺栓处强度低。

2. 按结构分类

将集装箱按照结构分类，可分为折叠式集装箱、固定式集装箱等。固定式集装箱还可分为密闭集装箱、开顶集装箱、板架集装箱等。折叠式集装箱是指集装箱的主要部件（侧壁、端壁和箱顶）能简单地折叠或分解的集装箱，再次使用时可以方便地再组合起来。

二、新型技术

（一）半高箱

一种新型集装箱——可用双 20 英尺吊具的 40 英尺半高硬开顶重载集装箱（以下简称“半高箱”）已经投入运营。半高箱于 2016 年完成开发研制，并已申请国家专利。相较于传统集装箱，其有以下几个优点。

①半高箱不仅保留了原有的两端对开门，还创新设计了可灵活开启和关闭的上开门，这种灵活的开顶方式方便散杂货物自上部装卸，装卸简便。

②半高箱的八角柱设计和新的高度尺寸，不仅实现了承重大、强度高、箱体不变形，而且适用各种散杂货装箱运输。

③半高箱箱内长 12.02～12.06 米，最大载重 37 吨，特别适合型材、螺纹钢、高线等货物装箱。1.717 米高的设计还实现了双箱堆叠铁路运输，使海铁、海陆、江海等联运门到门全程运输，实现了真正意义上的多式联运。

④半高箱装螺纹钢的作业工序简单、用时短（最短只需 28 分钟装一个箱子）、成本低（装、拆单箱节省成本 400 元以上），成功解决了螺纹钢等长材类货种的进箱难题。

该产品依托招商港融大数据股份有限公司旗下的“港港网”，打破了以船订箱的局面，实现以箱定船，使“半高箱”的流动更加便捷。客户在确定运输船舶前就可以用箱装货，从而实现货物快捷、高效、低成本运输。半高箱还扩大了集装箱运输的货物种类，货种拓展到螺纹钢、方钢、高线、卷钢、镀锌管、圆钢、切板、液袋等，钢材产品几乎全覆盖。传统模式中，钢材采用散货运输，装卸慢、货损率高，采用半高箱运输后，货损率几乎降至为零。

（二）蓄冷式冷藏集装箱

2017 年年底，中车齐车集团石家庄公司与英国某大学合作，开始了蓄冷式智能冷链装备技术的共同研发和落地应用。2019 年 6 月 15 日，8 辆装载着蓄冷式智能冷链装备的汽车陆续发动，蓄冷式智能冷链装备正式进入示范运营阶段。

蓄冷式智能冷链装备应用世界领先的相变蓄冷技术，具有恒温控湿、无源释冷、节能环保、一箱到底、落地成库等显著特点。冷链装备系统运用北斗、GPS 双定位，涵盖多网协同，实现了蓄冷式冷藏集装箱在使用过程中冷链运输货物的全方位监测以及运输环境与充冷量的智能匹配计算功能。

（三）智能集装箱 2.0

智能集装箱 2.0 由 PEOPLE 公司研发，如图 6－9 所示，这一新集装箱的特点在于其可持续性，它由一种更轻的可回收材质取代传统的木材，比普通集装箱的自重轻，在同样条件下，它能运更重的货物或更节省燃料。按照目前全球集装箱的流动情况来看，每年将能多运输 4200 万吨的货物，而不会产生任何额外的成本和二氧化碳排放。

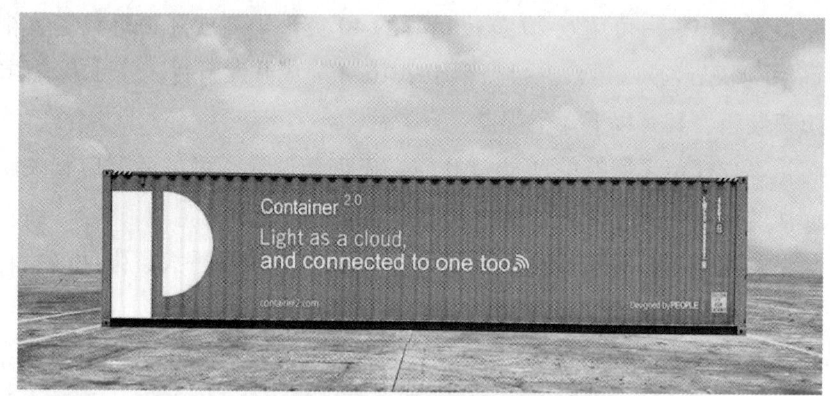

图 6－9　智能集装箱 2.0

资料来源：https：//www.163.com/dy/article/GQ7SSN84055248WX.html。

三、优秀应用案例：日通包装的应用 物流企业的生存之道

NipponExpress 中文名为日本通运株式会社（以下简称“日通”），是世界五百强之一，公司的主要运输形式包括汽运、空运。此外，仓储物流服务也是该公司的重要业务，汽运和仓储物流服务占公司业务领域的 70% 左右。日通是日本典型的、具有代表性的一家货运物流公司，其货物运输范围广，从民用物资到军用物资、从原材料（如石油、矿产）到产品、从现金到金银珠宝等贵重的物品，都是日通的运输目标。

目前，日通在日本国内的仓库面积达 300 万平方米，国外仓库面积达 305 万平方米，拥有运输车辆 19434 辆，年销售额可达 2 兆亿日元。

日通的各物流配送中心之所以能密切连接、协同作业，所倚仗的就是系统科学的

单元化包装系统。尤其针对曝光机等精密设备运输，为减少运输途中颠簸对货物造成的冲击，日通设计开发了专门的敏感货物运输解决方案，包括 ULD 装载防震托盘和缓冲防震集装箱。

ULD 装载防震托盘为业界首创，如图 6－10 所示，该托盘既可置于飞机集装板之上，也可放在货物下面，有明显防震、防破损效果，可替代租用减震车辆的高额费用。防震托盘采用特殊弹簧，在不同速度下的防震缓冲效果较普通托盘明显提升。

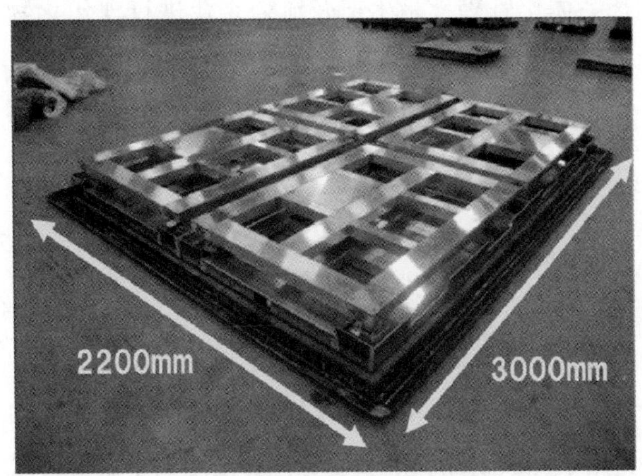

图 6－10　ULD 装载防震托盘

资料来源：2019 年中国物流包装技术发展大会。

日通开发的缓冲防震集装箱如图 6－11 所示，通过设置在集装箱中的缓冲系统的上下伸缩来吸收装卸货时的冲击。该缓冲防震集装箱取代了原来的木结构包装，大大缩短包装时间，降低包装成本，避免包装时的破损，并代替了昂贵的减震车等，为客户提供了便利。

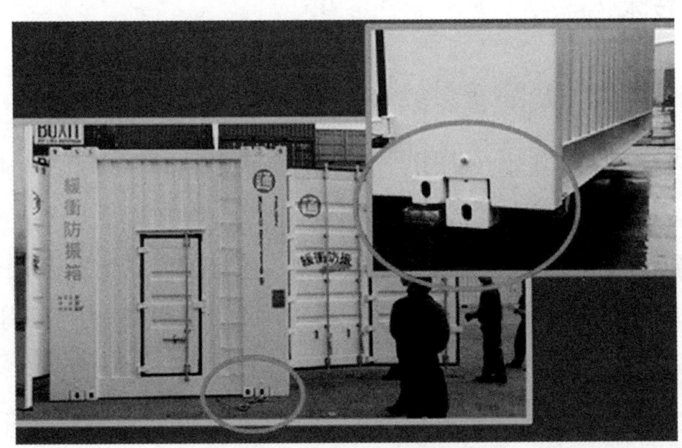

图 6－11　缓冲防震集装箱

资料来源：2019 年中国物流包装技术发展大会。

第四节 集装单元化“机动队”——周转箱

周转箱因其合理的设计、优良的品质，适用于工厂物流中的运输、配送、储存、流通加工等环节。周转箱可与多种集装单元化器具、工位器具相配合，用于各类仓库、生产现场等多种场合。在物流管理越来越被广大企业重视的今天，周转箱辅助完成了物流容器的通用化、一体化管理，是生产及流通企业进行现代化物流管理的必备品，在推进集装单元化过程中发挥“机动队”的作用。

一、概述

（一）定义

周转箱，也称物流箱，广泛用于机械、汽车、家电、轻工、电子等行业，周转箱能耐酸、耐碱、耐油污，无毒无味，可用于盛放食品等，清洁方便，零部件周转便捷、堆放整齐，便于管理。中华人民共和国国家标准《物流术语》（GB/T 18354—2021）对周转箱的定义是：用于存放物品，可重复、循环使用的小型集装器具。

（二）基本结构

周转箱一般由以下部分组成。①箱体，包括折叠箱、摇盖箱、骨架箱、隔板箱、周转车等。②辅件，包括边条、边角、扣手、底角等。③内衬，包括 EVA 防水盖布、盖板、防震泡沫等。④接合，包括装订、超声波焊接、铆接、胶合。

二、新型技术

（一）PP（聚丙烯）环保周转箱

2019 年，内蒙古蒙牛乳业（集团）股份有限公司（以下简称“蒙牛”）在低温酸奶领域率先试点了一套以 PP 环保周转箱为核心的绿色物流解决方案。这种采取 PP 材质的周转箱无毒、无味、防水、耐腐蚀、耐酸碱，而且还可以反复使用 15 次以上，即便破损后也可以粉碎再次制作，真正实现了循环利用。同时，PP 环保周转箱也将单次使用成本降低了 50%，为企业节约了大量运输成本。

（二）防静电周转箱

防静电周转箱也称为防静电胶箱、导电周转箱，广泛用于机械、汽车、家电、轻工、电子等行业，能耐酸、耐碱、耐油污，无毒无味，可用于盛放电子工业元件。

防静电周转箱可分为两大类。防静电注塑周转箱以 PP 为基材，加入碳粉，可传导电流且具有较强的机械性能。防静电中空板周转箱采用中空板材制作，分骨架箱、折叠箱、压盖箱等。防静电周转箱可以有效释放物体表面所积累的电荷，使其不会产生电荷积累和高电位差；具有坚韧耐磨、防潮防腐、隔热等作用，大量用于电子器件及产品生产过程的周转装载、包装、储存以及运输。

三、优秀应用案例：知路循环快递箱

知路科技有限公司（以下简称“知路科技”）是一家致力于可循环使用物流包装容器研发、生产、销售、租赁、回收再生的技术型企业，开发设计了国内首先实现不用胶带、不用一次性锁扣即可完成防开启、防盗功能的循环包装箱产品，并与京东达成战略合作，成为京东物流的供应商。目前，数十万个循环箱“青流箱”已在 32 个城市中投入使用。2021 年，知路科技与中国邮政、德邦、韵达、中通、苏宁、菜鸟、网易严选等物流快递企业开展销售、租赁的合作模式。

知路科技专注于绿色包装产品的研发、制造、生产、销售，为减少纸箱及胶带的使用，推出知路循环快递箱，代替传统的纸箱，实现了节约资源、降低能源消耗、减少污染排放、循环使用、再生再造的绿色包装理念。

如图 6－12 所示，知路循环快递箱采用全新聚丙烯材料，而且生产过程中不会排放任何有毒气体、不排放污水，完全符合绿色环保要求。并且，知路循环快递箱具有密度小、轻便、柔韧性好、不易开裂、便捷回收等优点，可有效循环使用 50 次以上，单次使用成本比传统纸箱低 30% 以上。

图 6－12　知路循环快递箱

资料来源：2019 年物流包装优秀案例。

知路循环快递箱折叠平整，箱型规格多样化，非常适合上门取件，可针对每个客户快件体积、重量的差异选取不同的箱型包装，匹配的箱型可以减少填充物，在回收环节，折叠平整不回弹，可最大化节约空间和运输成本。按中通年投放50万个知路循环快递箱计算，每使用一次就意味着节约一个纸箱，月循环5次，一年可节约3000万个纸箱。

知路科技采取闭环运作模式，派出专业运营团队，对循环快递箱进行维护，对脏污箱子进行清洁处理，破损的箱子符合报废标准后100%回收再造，绝无二次污染，大幅度减少固体废料。此外，循环快递箱的折叠设计，减少储存和运输空间以及相关成本，运输环节更为精简。这意味着每辆卡车可以运送更多的产品，从而减少总的卡车运行里程，进而减少额外的碳排放及运输成本，以实际行动践行绿色可循环的环保理念。

第七章　业务融合，包装系统调配一体化

第一节　物流包装助力业务融合

物流业与制造业融合发展是行业企业高质量发展的必然要求。在物流包装流转的过程中，因用户无法实时掌握包装物的实时位置信息、无从知晓被使用/空闲的状态信息等数据盲区，导致可循环物流包装循环效率低下，其技术的推广和发展也举步维艰。因此，如何通过物流包装有效为企业各项业务进行融合成为一大难题。本章以产业链、供应链中的实际应用为基础，充分展现当前先进企业在业务融合共享中的典型应用情况，对其他企业具有借鉴意义。

一、物流包装器具融合共享的必要性

单元化物流包装器具的融合共享是通过静态与动态租赁等形式，使单元化物流包装器具在企业、行业、区域、国界之间循环流转，目的是解决由于物流过程中反复倒换托盘造成的人力资源浪费、作业效率低下、货物容易受损等各项问题。相较于其他物流装备，单元化物流包装器具融合共享的应用受关注度颇高。2019 年，国家发展和改革委员会发布《关于推动物流高质量发展促进形成强大国内市场的意见》，其中提到“支持集装箱、托盘、笼车、周转箱等单元化装载器具循环共用以及托盘服务运营体系建设，推动二手集装箱交易流转。鼓励和支持公共‘挂车池’‘运力池’‘托盘池’等共享模式和甩挂运输等新型运输发展。”同年举行的 2019 第二届物流包装技术发展大会上，中国物流与采购联合会副会长蔡进对物流包装行业发展分享了自己的观点，其中特别提到共享化的重要性，物流包装只有做到共享，才能把资源利用到最优，才能降低成本，提高效率。单元化物流包装器具循环共用的推广应用能够提高企业的物流作业效率，降低物流成本，优化整条供应链，节约社会资源，因此其价值得到越来越多的国内企业认同，正呈现出加速发展趋势。实行单元化物流包装器具循环共用对节约资源、提高效率和保护生态环境具有深远意义。

（1）有助于降本增效。物流系统中的货物规格不一及零散程度的不同导致物流作业难以实现机械化和自动化，而单元化物流包装器具可以将货物转为单元状态，并与

叉车等物流设施配套使用，提高装卸搬运的效率。同时，在供应链中单元化物流包装器具扮演着重要的角色，要使货物从头到尾保持单元状态、避免无效的人工劳动、降低企业乃至社会物流成本。

（2）有助于促进商贸物流标准化。单元化物流包装器具作为最基本的集装单元化工具，其标准化也成了商贸物流标准化的基础。物流包装器具循环共享系统有条不紊地运行需要统一的规格，标准化是健全循环共享体系的关键。通过建设物流包装器具循环共享系统可以促进物流设施和设备的标准化，进而促进商贸物流标准化的实现。

（3）有助于节约资源、避免浪费。物流包装器具融合共享是符合“绿色物流”概念的，一棵树可以生产约 6 个标准化的物流包装器具。将物流包装器具进行融合共享可以节约社会上 1/3 左右的器具量，同时可以减少一次性器具的使用、避免木材的浪费、实现可持续发展。

二、物流包装器具融合共享发展方向

推动我国物流行业降本增效的一个重要举措便是建立物流包装器具循环共享系统。加快推进物流包装器具循环共享系统建设、开创融合共享新模式，有利于促进商贸物流标准化、节约资源以及保护环境。物流包装器具循环共享系统是指统一使用标准化的物流包装器具实行器具作业一贯化，使物流包装器具随货物一同流转，中途不更换物流包装器具，始终保持物流包装器具货物单元状态，并在终点进行回收，经检验和维修后再投入共享系统网络进行循环使用的体系。目前，物流包装器具在物流领域中的应用仅限于某一个或某一类企业实施租赁、回收等业务，显然这一模式并不符合时代潮流。我国需要建立的是适合不同类型企业，能够满足供应链上所有类型企业使用的物流包装器具循环共享系统。在物流包装器具循环共享系统中，无论是上游企业还是下游企业在接收货物后，不必将空器具归还供货企业，可以就近投入系统中进行下一轮循环；并且供货企业也不必回收空器具，只需就近在系统中租赁物流包装器具，最终实现企业和企业之间的融合共享。物流包装器具循环共享系统强调交换与共享，而不是局限在某一企业或某一类企业内部使用。

实际上，除了由企业自主推动的物流包装器具循环共享系统，开放式的循环共享系统的建立更需要协同和集结来自各方的力量。在 2019 年单元化物流现状与发展研讨会上，中国物流与采购联合会托盘专业委员会秘书长助理李辉专门介绍了中国单元化物流池建设的设想。谈到建设方案，李辉提出将通过创新的共享模式来实现。开放式的物流包装器具循环共享系统的成功运行，需要有充足的物流包装器具作为支撑，由于物流包装器具循环共享系统属于重资产运营，因此建议共享系统应采用多种形式，包括托管模式、自由模式、平台采购模式、股份制模式。

（1）托管模式。托管模式是指由其他专业租赁商、托盘制造商等拥有大量托盘的企业加盟，以托管的方式由共享系统帮助其运营，获取租金收入，闲置时可分享平台的利润，运转时最高可获60%～70%的租金分成。

（2）自由模式。自由模式是指拥有托盘的单位和个人可以在物流包装器具循环共享系统的平台上注册店铺，以自由租赁的方式在共享系统的平台出租托盘。

（3）平台采购模式。平台采购模式是指物流包装器具循环共享系统的运营商向托盘制造商集中采购新托盘，以自营租赁的方式向其他企业提供托盘出租服务。这种模式对平台运营商会产生很大的资金压力，除非有财政或其他大量的资金支持，否则一般难以采用这种方式。

（4）股份制模式。股份制模式是指金融资本直接入股物流包装器具循环共享系统，托盘制造商以托盘入股共享系统，股东享有法律规定的权利，并按出资比例分享红利。

三、制造供应链包装物流一体化

（一）包装物流一体化供应链服务模式

包装物流一体化供应链服务模式是指由一家服务商为客户提供一整套具有数智化特点，且可按需定制的供应链及物流包装解决方案，以满足客户多样化包装需求。

（二）包装物流一体化服务场景设计要素

过去的包装是依托于工厂静态产品做包装，而包装物流一体化服务场景设计提出把包装不要放在工厂，而是放在供应链服务端，从而创新场景化的物流包装设计。包装物流一体化服务场景设计要素主要包含四点。①设备特性；②重复利用和循环包装的可行性；③储存与终端安装的场景与要求；④运输计划方式与要求。

（三）物流＋场景化柔性包装技术

包装环节包含装箱、填充、封箱、贴标、校验等多个工序，流程烦琐、耗时耗力，其操作规范化和技术智能化，会在一定程度上决定整体运营的效率。针对纸箱、PE袋、气泡袋等不同材质，目前市场存在着各种包装设备，有全自动、半自动等不同加工方式。然而，在中小电商仓库内还是以半自动甚至纯手工操作为主，即便一些大型电商在包装环节的自动化水平也是参差不齐，在这种情况下，国内领先的电商企业和包装设备企业纷纷提出自己的“物流＋场景化柔性包装设计解决方案”。

1. 京东智能包装系统

2019年“6·18”期间，京东物流依托智能耗材推荐系统——“精卫”，实现了针对气泡膜、对折膜、纸箱等各种包装材料的统筹规划和合理使用，形成了软件硬件一体化的智能包装系统的解决方案。“精卫”是京东物流在包装耗材推荐方面的一项创新，可以根据不同订单类型自动计算与商品最匹配的耗材及型号，确保纸箱、手提袋的精确使用。京东物流应用的智能包装系统，可以通过视觉识别、机械手抓取、3D视觉等先进技术实现自动包装操作，极大简化人工操作流程，降低员工劳动强度的同时提升了运营效率，其效率是传统包装方式的5～10倍。

2. 胜沃的“消费型”纸箱技术

作为国际知名的自动化物流设备制造商和系统集成商，法国Savoye（胜沃）公司在中国成立了分公司——上海胜沃智能物流科技有限公司。该公司凭借其丰富的创新技术和研发实力，真正使纸箱做到了“消费型”。胜沃的“消费型”纸箱技术，在包装过程中可以根据实际内装物的体积调整封箱高度，无须额外填充物，从而尽可能减小发运尺寸，运输装载率最高可提升1倍。自动封箱加盖可使包裹拥有更加稳固的几何结构，减少7%的纸板耗材，且无须胶带粘贴，实现绿色环保的同时将运输中的破损率降至最低。值得一提的是，物品覆膜这一环节实现了热缩膜保护功能，只需在箱内放一层保护膜，通过加热即可将物品固定在箱内，便省去了各种缓冲物的填充。

3. 固尔琦智能快递打包机

针对快递和电商物流特点，固尔琦包装机械有限公司在2018年打造出无人化智能快递打包机，随后不断对产品进行升级，从而有效解决了产品打包的速度、效率与精准度难题。其最新的智能高速快递打包机GL70A专为电商物流用户打造。全机以高性能工业控制电脑为核心，提供自动扫码、自动称重、出错剔除、自动打包、自动贴面单等一体化解决方案。同时，能根据客户需求对接主流ERP系统和WMS系统，为客户提供货品的塑料膜包装发货整体解决方案。目前，该产品的打包速度最高可达1500包/小时。并且无须人员操作，可根据产品尺寸自动调节快递袋长度，自动封切、节省耗材。在物品扫码后，面单信息由系统自动生成并打印粘贴，避免错误发生。

4. 云机ROBOTLAB智能仓库打包机器人

云机数智科技（杭州）有限公司（以下简称“云机工业”）是一家专注于智能仓储机器人的研发、生产和销售的初创企业，其自主研发的ROBOTLAB智能仓库打包机器人，可以一站式完成配货、拣选、打包、贴单、搬运等动作。只需在电脑上输入指令，机械摇臂就会从传输带上众多的包裹中准确抓取货物，有条不紊地完成打包、贴面单等一系列动作，最后准确地投进货筐。相比于人工打包、贴面单等操作，机器人可无休高效作业，所占用面积不大，作业和维修成本低廉，贴面单出错概率低，系统组成灵活而且扩展性强。目前，可抓取的货物包括饰品、食品、服装、电子类产品以及日用百货，并且能够智能适应各种大小尺寸形状的SKU，平均每台机器每天可打包2万单，相当于7个熟练工人一天的工作效率。

四、业务融合共享典型案例——安吉智行物流包装一体化统筹

（一）案例背景

上海汽车集团股份有限公司乘用车分公司（以下简称“上汽乘用车”），是上海汽车集团股份有限公司的全资子公司，承担着上汽自主品牌汽车的研发、制造与销售。2017年8月，上汽乘用车第三工厂（郑州工厂）开始投产运营。上汽乘用车的临港工厂和南京工厂的零部件包装都是由供应商自行负责投入，所有包装虽然已采用了循环包装，但产权属于各零部件供应商，不能共享。随着车型更新迭代的加速，市场需求变化加剧，使包装总成本较高。并且包装丢失率维持较高位置，包装冗余与包装短缺长期并存。

1. 包装总成本较高

因为包装由各供应商自行投入，包装不能在不同供应商之间共享，并且随着新车型更新迭代加快，市场需求变化加剧，包装总成本逐渐增长。如果采用新的包装投入管理模式（比如包装共享模式），包装成本大有潜力可挖。

2. 包装丢失率偏高

当前，上汽乘用车现有的包装丢失率偏高。其实不仅是上汽乘用车存在此问题，整个行业，如果使用的都是供应商自行投入包装这种模式，那么都存在该类问题。据调查统计，供应商自行投入包装这种模式下，包装年丢失率在10%以上。产生高丢失率的原因是供应商在整个供应链中对包装的可控环节太少。供应链包装流转环节如图7－1所示。

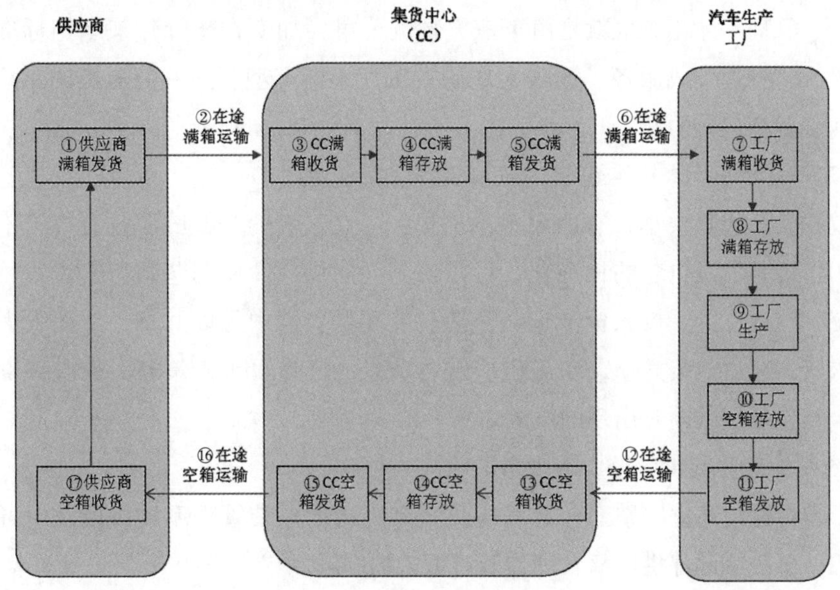

图7－1　供应链包装流转环节

资料来源：安吉智行物流有限公司。

针对以上 17 个环节，如果是供应商自行投入包装这种模式，供应商能够控制的也就第 1 和第 17 环节。其他环节基本都是黑箱。再加上供应商在整个供应链中的地位偏弱，异常原因查找时间偏长，因而包装丢失率一直居高不下。如果是由第三方统一投入、管理，可控环节就完全不一样了。以安吉智行物流有限公司（以下简称“安吉智行”）为上汽乘用车第三工厂（郑州工厂）的项目为例，安吉智行提供了入厂物流服务、包装管理中心管理服务、集货中心管理服务及大部分的运输服务。在这种情况下，以上 17 个环节都处于可控范围之内。并且安吉智行建立了完善的管理流程体系、功能齐备的包装管理系统，做到全供应链透明化。任何一次交接都是通过系统控制并及时跟踪，一旦上一节点发箱信息和下一节点的收箱信息出现不一致，安吉智行就能迅速反应，并核对包装流转交接单，找出问题根源，加以解决。而且，安吉智行还具备供应商所不具备的全供应链包装盘点能力，能在工厂、供应商各处进行盘点。及时发现差异、处理差异、建立相应的防止丢失的措施。

3. 供应链不均衡，包装冗余与短缺长期并存

当市场需求发生变化时，如果采用的是供应商自行投入包装模式，受包装设计、制作等提前期及成本等因素影响，就会造成部分供应商包装短缺，而另一部分供应商的包装冗余。

（二）解决方案

针对上汽乘用车入厂物流包装面临的三大问题，安吉智行的解决方案是：包装设计、投入、管理一体化。也就是由第三方物流公司（如安吉智行）来承担标准包装的设计、投入、管理集成服务，逐步实现同一工厂不同车型、同一公司不同工厂、不同公司之间各车型包装的共享。

1. 统一设计、投入标准包装，使包装得以共享使用

要成功实行包装共享，有两大基本前提：一是包装的产权归属，有权给不同的供应商使用包装；二是包装的标准化，可以给不同的供应商使用包装。安吉智行的方法是由其统一设计、统一投入标准包装，使包装在供应链中得以共享，从而大大降低包装总需求量。通过包装共享，实施供应链各节点的库存再平衡策略，最大限度地减少包装冗余与包装短缺同时出现的现象。

2. 统一管理包装供应链，减少包装丢失

安吉智行通过建立一整套包装管理流程和完善的包装管理系统，以及对各环节的有效掌控，解决零部件供应商管理包装难度大的问题。

汽车零部件供货体系的特点是点多、面广、线长、量大、频次高。以上汽乘用车第三工厂（郑州工厂）为例，涉及的供应商有 200 多家，供货模式多种多样，有的由

供应商直送，也有的经过集货中心送货等。因此，对于信息的准确性、及时性提出了非常高的要求。所以建立起一个功能完善的、稳定的 CMS 系统进行管理，是成功实施包装管理一体化项目的基石。安吉智行包装管理一体化信息管理系统如图 7 －2 所示。

图 7 －2　安吉智行包装管理一体化信息管理系统

资料来源：安吉智行物流有限公司。

第二节　物流包装成本管理

物流包装成本管理是物流包装管理的一个重要组成部分。最佳的包装应该是用最少的费用获得最大的经济效益。因此，加强物流包装成本管理、降低成本是非常重要的。

一、物流包装成本管理基本内涵

物流包装成本管理是对物流包装过程中所发生的费用和包装成本进行一系列管理活动，它是在整个包装过程中逐步实现的。包装作为物流的重要组成部分，不仅是物流活动的基础，而且贯穿于整个物流过程的始终，其成本也成为物流成本的重要组成部分。在物流成本构成的统计中，包装费用与运输费用所占比重最高。因此，包装成本的降低，在很大程度上意味着整体物流成本的下降，将对企业物流进一步降低成本产生深远影响。

物流包装成本管理是从包装产品设计、试制、生产到销售的全过程管理，其主要任务包括以下几点。①精确的成本预测：物流包装成本的预测是经营决策的主要内容之一，在企业进行经营决策时，必须考虑投入与产出之比，因此，对各种物流包装方案的成本要进行精确预测，比较各方案的成本水平，从而确定最佳方案。②正确的成本计划：物流包装成本计划是成本管理的事前控制，为成本分析和考核提供依据，是反映和监督经营活动中的耗费，是进行成本管理的准则。③降低物流包装成本：削减物流包装费用，提高经济效益，这是物流包装成本管理的中心任务。因为它是成本预测、计划、控制、核算、分析和考核等一系列工作的最终和最主要的目的。降低成本意味着在其他条件不变的情况下增加盈利，减少资金占用量，进而降低商品的价格，提升综合竞争力。

二、物流包装成本的构成

（一）与包装相关的成本

研究表明包装成本占食品销售价格的2% ~25%。这种状态使人们得出一个结论：消除包装将减少成本，随之降低产品价格。然而，总的或部分产品的损失的风险没有被承认。由于运输损坏（54%）、潮湿损坏（21%）和配送过程中的其他损坏（25%）均可能发生。这些损坏都与没有好的包装相关联。由此看来，取消包装并不是一个明智的方法，在产品和包装成本之间找到一个平衡是很重要的。

包装的成本包括3部分，配送成本、包装生产成本和返回物流成本。配送成本包括运输、仓储、搬运包装材料和包装产品等过程所发生的成本；包装生产成本包括购买包装材料、准备包装制作、包装设备和包装生产人员的费用，订购管理及包装材料和包装产品仓储等费用；返回物流成本包括收集和回收再生包装废弃物的循环过程及其他处理成本。

（二）与物流相关的成本

物流总成本包括运输成本、仓储成本、订购过程成本、服务水平成本、库存控制成本和损失成本等。

（三）包装成本与物流成本的关系

在物流中与包装相关的成本是隐含的，通常是在讨论仓储和材料搬运问题时考虑包装的成本。图7－3中明确表示了包装成本与物流总成本之间的相互关系。

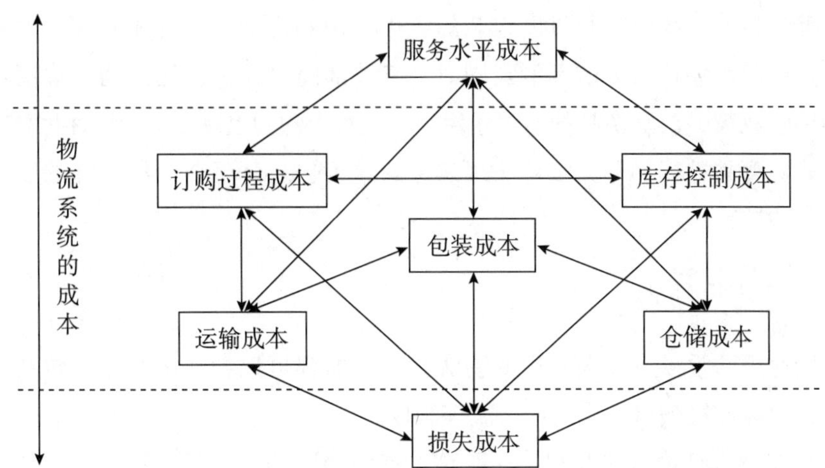

图7－3　包装成本与物流总成本之间的相互关系

三、物流包装成本管理发展措施

物流包装成本管理的有效措施有许多，以下主要对包装合理化、包装循环化以及包装系统化三部分展开介绍。

（一）包装合理化

包装与物流各环节都有密切的联系。包装合理化是物流合理化的组成部分，从物流的角度看，包装合理化不仅是包装本身的合理化，而且是寻求在整个物流大环境下的包装合理化。

（1）改善包装设计。包装设计看似简单，却与印刷工艺、印刷成本、产品包装成本以及运输成本息息相关。在设计包装时，应充分考虑后端物流的成本。对包装外箱进行优化设计，充分利用空间，降低物流仓储成本。在设计包装时，还可以通过优化装箱方式、增加装箱数量，优化包装结构、减少包装尺寸，从而减少货物的运输成本和仓储成本。

（2）防止过度包装。包装是物流的始点，其目的是保护产品质量、便于装卸搬运、扩大商品的销售量。其重要特点是在满足物流要求的基础上使包装费用越低越好。国际食品包装协会的随机调查显示，91%的人认为可以接受包装成本占总销售额10%以内的简单包装，只有9%的人认为可以接受包装成本为20%以内的比较精美的包装。成本超过20%的过度包装，就没有人愿意真正去付钱。这表明即使是送礼，大多数人也愿意把送礼送在实处，而不是把钱花在包装上面。目前，对商品进行过度包装的现象日趋严重，不少包装已经背离了其应有的功能。商品过度包装的问题不仅出现在礼品中，目前药品和化妆品中也存在过度包装的问题。解决过度包装的关键在于给产品包装制定标准。目前，我国限制过度包装的法律法规和行业标准还不够完善，可操作性还不够强，应尽快弥补相关的漏洞。同时，有关部门也应制定遏制商品过度包装的价格政策和税收政策，鼓励商品的简约包装；企业如果过度包装，应当承担相应的责任。例如，企业对商品进行了有关法律法规认定的过度包装，就要缴纳额外的废品回收费或者更高的包装税。

（二）包装循环化

凡是能通过回收投入二次使用的物流包装容器都可以被认为是循环包装。循环包装由耐用材料如波纹塑料、木材或金属等制成。

包装废弃物的回收与综合利用，既是对资源的节约，也是对环境的有效保护。只有政府、企业和消费者共同努力，全社会都行动起来，包装废弃物的回收工作才能更好地开展，也只有这样，我国循环经济的战略目标才能有望实现。包装废弃物的回收利用，有以下几个方面可待加强。

① 建立健全回收体制。许多商品包装如纸箱、铁桶、玻璃瓶等，用后经过适当处理清洗可再用，但回收它首先要建立健全回收体制。② 提高包装废弃物的收购价。③ 原制品的再生。重视建立和扶持相关企业，将回收的包装废弃物还原成原材料，再重新制造包装。④ 改制其他产品。比如废旧塑料回收加工可制成公园的长椅、餐桌、栏杆，或将混合的塑料垃圾转化为“塑料合金”，用于生产辅助材料；废玻璃可粉碎成一定粒度，用于建材；铝制品废弃物可制作铝合金工艺品、酒精炉等。⑤ 能量回收。部分包装废弃物可以进行能量回收，包装废弃物焚化产生的能量可以用作电厂燃料。

（三）包装系统化

包装作为物流的一部分，必须把包装置于物流系统中加以研究。

在物流系统中，对包装产生影响的第一因素是装卸，不同装卸方式决定着包装选择。特别是在汽车运输中，还大多采用手工装卸，因此，包装的外形和尺寸就要适合于人工操作。

对包装有影响的第二个因素是保管。在确定包装时，应根据不同的保管条件和方式而采用与之相适合的包装强度。

对包装有影响的第三个因素是运输。运输工具类型、输送距离长短、道路情况等对包装都有影响。我国现阶段存在很多种不同类型的运输方式：航空的直航与中转，铁路快运集装箱、包裹快件、行包专列等，汽车的篷布车、密封厢车，等等。以上不同的运输方式对包装都有着不同的要求和影响。

第三节　物流包装的废弃物物流

物流包装对环境的污染是世界性的问题，综合治理也早已到了刻不容缓的时候。当前世界各国特别是一些经济发达国家正在研究推广物流包装的废弃物物流。物流包装废弃物的回收处理及综合利用难度很大。

一、包装废弃物物流概述

（一）包装废弃物物流的基本概念

包装废弃物物流是将经济活动中失去原有使用价值的包装，根据实际需要进行收集、分类、加工、搬运、存储，并分送到专门场所处理所形成的物资流动。

在人类生产和生活过程中，所产生的大量包装废弃物有两种去向：一是将其中有利用价值的包装加以分拣、净化、加工，使其成为有用的材料重新进入生产和消费领域；二是对已经丧失再利用价值的包装，出于环境保护的目的，进行填埋、焚烧或堆肥等处理。对含有放射性物质或有毒物质的工业包装，还要采取特殊方法处理。一般称前者为包装回收物流，后者为包装废弃物物流，而最终回收物资也将纳入包装废弃物物流当中。

（二）包装废弃物物流管理的作用和意义

1. 节约大量的资源

包装材料对资源的消耗数量是非常大的，尤其是对制造包装的木材的消耗，更是触目惊心，企业如能回收利用旧包装，一方面可以为国家节省大量的资源，另一方面可以节约制造包装的能源，据统计，生产单个纸板容器消耗的电能是0.18kW·h；单个塑料容器消耗的电能为0.11kW·h。

2. 降低企业的生产成本

企业回收利用的旧包装可以为企业带来降低生产成本的作用。企业回收的旧包装，经过加工整理，重新供企业使用，可以减少企业对包装材料的采购，并且回收利用的旧包装比制造生产新的包装所用的生产时间短，带来的经济效益更高，还能及时解决企业生产急需包装的问题。

二、国内外包装废弃物的综合治理

（一）我国对包装废弃物的治理现状

1. 分类回收制度亟须推广

中共十九大以来，为保证经济可持续发展，政府制定了严控污染环境商品与包装的法律法规，一些大型企业也制定了相应制度。但由于回收物流的开展在短期内会增加成本，因此，企业积极性很难调动，相关制度落实不力。我国 2019 年开始在上海实施垃圾强制分类，而其他地区的生活垃圾基本没有分类处理，使可回收利用垃圾与其他垃圾混在一起，仍多采用传统焚烧、填埋等方式处理。大多本可再回收利用的包装物因其价值低、分布散而被粗犷处理，成为环境压力。

2. 物流系统不完善，回收渠道混乱

完整的物流体系既应包括以产生显性利益为主的正向物流，也应包括以产生隐性利益为主的逆向物流。目前，我国促进物流业发展的相关政策、措施多面向正向物流，逆向物流由于行业不规范、没有专门的负责和执行主体、物品来源分散以及操作难度大等原因，长期以来各类企业重视程度低。

3. 包装废弃物数量大且分散，回收功能定位不准确

我国居民产生的生活垃圾很大一部分是包装废弃物。就外卖行业而言，截至 2021 年，全国外卖用户已达 5.44 亿人，并很可能在未来继续增长。使用较广的聚丙烯及聚苯乙烯塑料餐盒在生产时需消耗大量资源，且均不能自然降解，目前主要处理方式仍是填埋或焚烧。由此造成土壤、大气及水资源的严重污染，与提倡绿色生活、建设生态社会的理念格格不入。即使有的企业会对废弃包装物开展回收工作，却往往将其划归售后部门，这就使回收工作与物流部门职能分离，回收业务无法按照物流模式进行。

（二）国外包装废弃物减量、回收利用的实践

德国作为世界上较早立法倡导“循环经济”的国家之一，在 1996 年 10 月颁布了《循环经济和废物管理法》，规定了制造、销售、使用物品时所产生的废物处理的责任应由与废物有关的制造商和消费者负担；指出消除包装废物这个污染源，首先要明确责任。《循环经济和废物管理法》确立了产生废物最小化、污染者承担治理义务与官民合作三原则，既大大减少了资源消耗，又减轻了环境污染。其立法的出发点就是“没有绝对的垃圾，只有放错地方的资源”。循环经济理念的导入不仅使德国的资源回收和循环利用以法律的形式固定下来，同时也创造了新的商机，专门处理“垃圾”的新行业——废品回收和循环利用企业应运而生。在德国，1997 年的包装废弃物回收率达 89%，循环利用率达 86%，取得了很好的经济效益。

1991 年，日本政府制定了《再生资源利用促进法》，修订了《废弃物管理法》，积极推动玻璃瓶、铝铁罐、废纸等资源回收，为资源回收的立法工作踏出了一步。接着日本于 1993 年实施《能源保护和促进回收法》，使 97% 的啤酒瓶和 81% 的米酒瓶回收利用。1997 年，厚生省与通产省首次联合拟定和颁布了《产品包装分类回收法》，强制规定包装容器制造商或销售产品带有包装容器的企业有回收包装容器并再利用的义

务。2005 年，日本参议院通过了《循环型社会基本法》，该法旨在减少废弃物、彻底实现循环利用，并规定了“生产者责任”，即从产品的制造到产品作为废弃物处理，生产者都要负有一定责任。

（三）包装废弃物的综合治理建议

1. 利用循环包装代替一次性包装

一方面，利用可折叠周转箱、不可折叠周转箱、围板箱、卡板箱等循环包装替代纸箱、木箱等一次性包装。另一方面，对包装规划进行优化，确保其实现以下目标。①包装器具与物流工具相匹配，以此降低成本、提高装载率。②满足人机和上线包装要求，提高工作效率和安全性。循环包装的基本操作流程为：包装来料—拆包装—原包装上线—包装回收。由此可见，相较于一次性包装，循环包装具有包装工序精简、包装成本低、无须翻包装、绿色环保、装载率高、标准化水平高等优势。

2. 完善回收渠道，形成物流生态链

宏观层面上，形成由政府主导、多方参与的逆向物流系统，推动资源生态链良性循环。微观层面上，完整的物流系统要社会各方协作、具体谋划。企业要积极贯彻和拓展政府各项制度，如针对包装物建立储存押金返还制度等。即对包装物收取较高押金，对可回收包装返还售价的 90%，甚至完全退还以提高消费者参与积极性，使包装废弃物得到科学处理。城乡等具体区域需响应政府号召并积极与企业沟通，结合本区域实际，有针对性地提出具体方案。例如，通过培训从业人员、推广专门的回收车辆、统一规划回收网点等以逐步解决回收行业散乱情况。并以具有规模效益的社区或乡镇为单位与企业合作，为包装物回收提供资金支持。

3. 科学定位企业角色，积极开展物流相关合作

构建循环物流体系，需要产业链上各类企业密切配合，形成包装物回收物流合作机制。企业应重新定位回收业务，将其划归物流部门。使物流部门从整体出发，制定科学的物流发展规划，合理设计物流网络，同时充分利用相关资源。

第八章　技术创新类

包装作为产品生产过程的终点、物流过程的起点，在保护产品、方便储运方面发挥着极为重要的作用。近年来，许多企业十分重视包装技术创新，在包装模数标准制定、新型包装研发等方面取得了显著的成果。

第一节　模数标准化

案例　风神物流整车零部件包装模数标准化

（一）企业基本情况

风神物流有限公司（以下简称“风神物流”）成立于2002年9月，总部位于广州市花都区，目前下设8家分子公司。公司具备国家5A级物流企业资质，通过国家高新技术企业资格认证，是全国制造业与物流业联动发展示范企业。风神物流业务范围涵盖采购物流、生产物流、流通加工、销售物流等汽车物流领域。现拥有广州、北京、上海、武汉、郑州、济南、重庆、襄阳8大中心，仓储面积100万平方米，物流运输设备1000余台套，员工4000余人。风神物流业务覆盖汽车供应链各个环节，目前为东风日产、神龙汽车、东风乘用车、郑州日产、东风雷诺等1000余家国内外客户提供一体化的专业物流服务。服务内容涉及调达物流、工厂物流、VMI、流通加工、物流包装、保税物流、备件物流、整车物流、物流规划咨询等汽车物流服务项目。风神物流始终将专业技术能力和一体化服务作为发展的根本，努力打造“精益的风神物流，技术的风神物流”。公司在汽车供应链各环节的技术创新与管理实践上积累了丰富的经验，通过不断探索、借鉴、总结和创新，发展了自己成熟的技术、标准和模式，保障了企业在市场竞争中的优势。

（二）案例背景

1. 设计标准化

风神物流专业从事物流KD件包装6年，主要客户有3家，包括4种车型。通过

CKD（全散件组装）/SKD（半散件组装）/DKD（成品组装）项目开发了包装的先反推、再顺推设计理念，基本思路是：①确定零部件分类；②确定发货 SNP（包装标准收容数）；③确定发货集装箱规格；④根据集装箱输出包装箱模数；⑤根据包装箱模数设计匹配零部件；⑥按零部件形态设计包装；⑦匹配装柜确定清单。形成一套比较完整的设计标准体系，输出成果有：包装设计图纸 400 多份、包装作业指导书 900 多份、KD 件包装设计材料基准 32 项、包装专利 12 项、KD 件包装设计手册、整车零部件出口包装模数标准化等。

整车零部件出口包装模数标准化（以下简称“包装模数标准化”）对汽车 KD 件包装设计非常重要。包装模数标准化应结合运输方式、零部件种类、零部件数量、零部件形态等要求。在包装设计时，通过运输包装的重量、尺寸、标识、形式可以快速选用合适的容器模数进行匹配设计。选用容器模数后，根据运输要求选用不同材料制作容器，保证足够的强度、刚度与稳定性，在整个运输过程中确保货物及作业人员的安全。包装模数标准化是根据国际通用 1AA 集装箱、1A 集装箱、1C 集装箱的尺寸反推包装容器模数，做到包装紧凑、防护合理、模块堆叠、安全可靠。

包装模数标准化所输出的容器模数能够符合人体力学、操作安全便利、减轻工人劳动强度、便于转运与装卸。容器模数在保证包装效果、可靠性的前提下，使用单位只需要筛选合适的包装形式及包装材料。在提高物流装载效率方面，使用单位在包装设计时，只需考虑集装箱及容器的匹配性即可。

2. 降低成本

汽车 KD 件包装成本实际是材料、设备、操作等各项费用成本的总和。而包装总成本还应该包括货损、索赔重新包装的费用。图 8－1 表示了以降低物流成本为目标的包装基本设计方法。

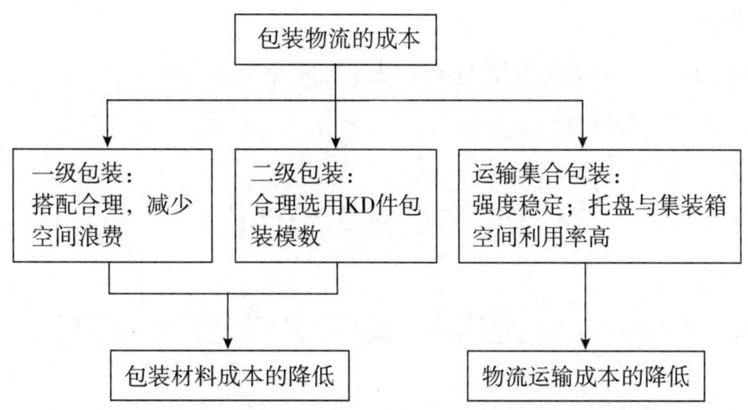

图 8－1　以降低物流成本为目标的包装基本设计方法

（三）案例解决方案要点概述

1. KD件产品分类

根据KD件的特性，将汽车零部件分成8大类，不同类型的包装选用不同的容器模数。

2. 包装标准化设计的流程和应用

由于汽车零部件相对于其他工业产品零部件外形不一，包装箱在结构、定位、衬垫材料选用和设计上要求都比较高，因此，包装模数标准化在设定时遵循较严格的设计流程，专用包装模数标准化的设计流程为：方案设计—包装设计—样品制作—样件评审—堆码测试—运输模式测试—集装箱实际装配实验—包装模数设计数据固化。

（四）实施效果

1. 提高装载率

包装模数标准化的目的是在保证包装的质量、运输空间最大化的同时控制物流成本、保证零部件交付质量。国内整车零部件出口时，包装模数标准化可以作为各单位包装设计时的参考，有助于提高设计效率，形成指导性的设计标准。包装模数标准化实施后，一级包装纸箱提高装载率29%，集装箱、二级包装提高装载率4%。

2. 提高包装作业效率

包装模数标准化为物流作业提供了便利的条件，把物品按照一定的数量、形状、规格、大小集合成一个货物单元，便于搬运、装卸、储存以及信息化管理。包装的标准化、系列化、通用化后，有利于采用集装箱、托盘等集装单元器具进行物流作业。在实际运行中包装整体作业效率提高51%。

3. 降低货损

初期运营KD件包装采用传统的包装设计方式货损达150万元/年，后续采用包装模数标准化，每年货损递减。

第二节 器具柔性化

案例一 上汽通用——柔性化料架的开发与应用

（一）企业基本情况

上汽通用汽车有限公司（SGM）成立于1997年6月12日，由上海汽车集团股份有限公司、通用汽车公司共同出资组建而成。目前拥有浦东金桥、烟台东岳、沈阳北盛和武汉分公司四大生产基地，共9个整车生产厂、5个动力总成厂，是中国汽车工业的重要领军企业之一。目前已拥有别克、雪佛兰、凯迪拉克三大品牌，覆盖了从高端豪华车到经济型轿车各梯度市场，以及MPV、SUV、混合动力和电动车等细分市场。多年来，上汽通用汽车有限公司不断创新超越，成为中国成长最快的乘用车企业。SGM以前瞻的战略、厚积薄发的体系实力和创新超越的企业精神，正朝着“国内领先并具国际竞争力”的目标奋进着。上汽通用汽车生产控制与物流部，是公司经营及运行的核心部门之一。作为物流工程科中的包装技术团队，承担着包装开发设计、包装前期规划、包装技术标准制定、包装器具验收等职能，负责公司四大生产基地的产品项目包装前期规划，完成先期物流规划中新项目零部件包装费用的预算以及包装设计方案的评估工作；聚焦包装发展前沿趋势及创新理念，不断探索与创新，研究分析包装技术方案的改进与降本增效；整合四地工厂包装，构建健全的包装流程及标准体系，统筹包装设计服务及制作供应商的开发与管理，是不可或缺的重要组成部分。

（二）案例背景

汽车行业中零部件的包装主要分为标准包装器具（标准箱）和特殊包装器具（特殊料架）。标准包装器具是按照运输工具的装载需求设计、能满足不同尺寸、结构等零部件所使用的包装器具。特殊料架就是为某一特定车型的特定零部件专门设计、满足其专门特定物流途径及上线需求的包装器具。特殊料架具有非常高的“专一性”，一般一个车型具有100多种不同的特殊料架，因此在新车型启动时，特殊料架的投入费用非常高。另外，在车型切换时，会有大量的特殊料架剩余，其中，往往有很大一部分直接报废，另一部分通过优化等方式重新投入使用，所以特殊料架的剩余利用价值较低。

（三）解决方案

特殊料架的“专一性”限制了其使用范围，造成这种“专一性”的主要原因有：同种车型不同零部件之间的结构、尺寸、包装需求等相差巨大；不同车型的同种零部件之间也存在差异；不同工厂、车型平台、物流环境对特殊料架的需求差异；特殊料架前期规划差异。各种差异导致特殊料架在后期无法实现共用。

包装技术团队完成四门外板及四门内饰板共8种柔性化料架的设计及应用，设计出的料架满足四地所有四门外板及门饰板零部件的应用，实现真正意义上的柔性化料架，节省每年由于新车型切换或改型的料架新制（或优化）费用352万元，减少8%的料架设计工作量。

案例二　支持多品种车门模块的通用台车方案

（一）企业基本情况

博泽集团是全球知名的汽车零部件开发商，在24个国家建立了65个工厂，客户群体覆盖绝大部分汽车品牌。广州博泽成立于2015年5月，是博泽集团旗下全资子公司，注册资本2.5亿元，工厂占地面积1.3万平方米，主营汽车玻璃升降器、集成门板、汽车座椅骨架等产品业务。主要客户有佛山一汽大众、广汽菲克、广汽本田等。

（二）案例背景

博泽集团长期在车门内板系统设计领域处于业界领先地位。其研发的热塑性复合材料车门模块采用连续玻璃纤维增强材料，具备轻量化、声学性能优异、能量吸收性能优异等优势。

热塑性复合材料车门模块的集成范围以及外形尺寸可按客户要求实现定制，目前已应用于多款车型中。以广州博泽为例，近两年陆续量产的复合板项目已涵盖3个新能源车型，达10余款产品。众多品种的复合板外形、尺寸、重量均不相同。如何在满足质量要求的前提下，设计一款通用器材转运这10多种材料成了关键课题。

新能源车型量产以前，广州博泽旧项目复合板的装载和运输均是通过GLT围板箱实现的。但是使用过程中发现围板箱尽管在通用性上能满足要求，但是在其他关键指标的表现上不尽如人意。

（1）产品保护性：复合板直接竖置于围板箱内，复合板外围密封圈直接与箱子内壁接触，运输过程中容易导致磨损。最终可能导致门板防水性能下降。

（2）人机工程的表现：围板箱高度较低，工人拿取零部件需要频繁弯腰，容易疲劳以及肌肉劳损。

（3）不利于厂内移动：围板箱需要叉车配合进行厂内配送。

以新能源车型项目量产为契机，广州博泽决定设计一款全新包装以满足日益增加的产品规格需求，并彻底消除旧包装的众多缺点。新包装设计项目立项的经济指标和技术要求均非常高。

（1）折算后单体积装载率不能低于围板箱。

（2）实现10款零部件的通用装载。

（3）规避密封圈破损的质量风险。

（4）人机工程优化。

（5）避免叉车操作，便捷移动。

在多次反复计算测试后，最终定型采用周转台车模式。周转台车整体尺寸为1200mm×1000mm×2280mm，新周转台车没有沿用产品与器具直接接触的放置方式，改为了悬挂式支撑。利用支撑杆穿过复合板的装配孔位进行悬挂，完美消除了困扰已久的密封圈磨损问题，并且实现了非常高的装载密度，装载率比围板箱方案提高15%以上。另外，通过支撑杆孔位的布局，操作者可以根据需要改变支撑杆位置，以完成不同型号复合板的装载，使周转台车实现了极高的通用性。

（三）案例解决方案要点概述

（1）使用悬挂式支撑模式，能最大限度利用3个维度的立体空间，确保最大装载密度。

（2）选择对零部件的低风险部位进行支撑，避免零部件高风险部位直接与包装器具接触。

（3）利用数字模型对背板孔位进行布局设计，使用前根据需要快速换模（支撑杆），实现灵活调配“一车多用”。

（4）支撑杆内置牵引机构，能将最内侧零部件随时拉到工人触手可及的位置。

（5）周转台车自带轮子和牵引机构，可实现小火车式牵引，大大提高厂内配送效率，规避了围板箱带来的配送难题。

（四）实施效果

（1）周转台车的应用使产品装载率提升15%，给运输和包装带来直接的经济效益。

（2）完全规避了困扰已久的质量风险。

（3）实现一款包装适配10款零部件，具有极高的通用性。

（4）人机工程得到改善，内部客户满意度大大提高。

（5）适用于牵引列车，厂内配送效率提高4倍。

案例三 卷装货物及干散货运输多用途集装箱研发应用

（一）企业基本情况

中国国际海运集装箱（集团）股份有限公司（以下简称“中集集团”），是世界领先的物流装备和能源装备供应商，致力于为全球市场提供高品质与可信赖的装备和服务。

大连中集特种物流装备有限公司（以下简称“大连中集”），由中集集团于2003年在大连保税区注册成立，目前控股股东为中集集团的子公司中集运载科技有限公司

（以下简称“中集载具”），具有独立法人资格。公司注册资本25410万元，占地面积30万平方米，建筑面积10万平方米。业务范围涉及集装箱及金属包装容器制造（含危险化学品包装物及容器生产）。

大连中集树立了产品全生命周期理念，为客户提供一站式物流包装系统解决方案，携手控股股东围绕单元化可循环物流载具研发制造、租赁运营、运包一体化等核心业务，推进先进制造业和现代服务业深度融合创新发展。

大连中集已发展成为全球较大的金属托盘箱研制企业和重要的特种集装箱等集装单元化物流装备供应商，引领细分行业发展和科技进步的国家级专精特新“小巨人”企业，主要产品市场占有率为30%～50%，创造了良好的经济效益和社会效益。

（二）案例背景

受国家“散改集，公转铁”的政策导向，以及海陆铁联运方面的优越性，如卷钢、铝卷等卷装货物的集装箱运输趋势越来越明显。目前市场上卷钢、铝卷等卷装货物在集装箱内装载运输主要有两种方法。

第一种方法是在标准集装箱内使用草垫、木方、铁架等捆绑加固、固定卷装货物。其缺点是：操作烦琐、装箱费用高、安全性不足；且草垫、木方、铁架在使用后大多被丢弃，不符合现代环保理念。

第二种方法是使用卷装货物运输专用集装箱。其缺点是：大部分需空箱返程，浪费了大量物流运力，提高了运输成本。

现在需要一种多功能集装箱，无须其他额外装置即可在箱内横向或者纵向装载卷钢，无须加固捆绑也能保证其运输过程中的安全性，此箱也应具备可装运干货和散货等普通货物的功能，如产品研发完成，可以达到国内领先水平。

（三）案例解决方案要点概述

（1）本集装箱产品研发遵循ISO标准集装箱的要求，满足常规海运箱的标准外形尺寸6058mm×2438mm×2896mm；载重在原有标准箱体的基础上进行了优化加强，由30480kg增加到35000kg，增加了15%的运载货物重量，可覆盖30T左右重量的大卷运输。

（2）本集装箱是为了满足“散改集”而研发设计的一种性能安全的多用途集装箱。它有效地将卷装货物集装箱运输和干货、散货集装箱运输整合在一起；有效地解决了卷装货物运输空箱返程的问题，可做到重去重回，极大地节省了运力。

（3）箱内设置自重式琴键挡料机构，装卷时不用再进行额外加固，此琴键挡料机构可自动实现板幅调整，自动挡料，大幅降低装箱费用，提高装卸箱效率。

（四）实施效果

大连中集的多用途集装箱在集装箱运输领域处于全国的领先地位。在原有通用型的基础上，该产品有着更多的针对性。由于针对性强，对于生产及运输卷装货物的客户有着更多的吸引力。

第三节　包装绿色化

案例一　太阳能光伏板回收集装架

（一）企业基本情况

顺丰科技有限公司（以下简称“顺丰科技”）隶属于顺丰速运集团，具备“深圳市重点软件企业”“国家高新技术企业”等资质。顺丰科技目前致力于支持顺丰内外多项业务的研发、运维和内容服务，包括智慧物流解决方案、大数据产品、云计算产品、智能穿戴、无人机、人工智能等多个方向。

（二）案例背景

为了积极响应国家环保号召，顺丰科技在开拓业务的过程中，时刻保持着绿色、环保、节能的设计理念。顺丰科技当前接触的客户为光伏行业的知名客户，其物流模式为：产品在工厂内生产、包装完成后，根据工期需要将产品送至工地进行安装，外包装直接废弃。

目前遇到的主要问题为：原包装为一次性纸质包装，不仅成本高、操作烦琐，且容易造成环境污染（造纸需要产生很大的能耗）。包装成本高、操作烦琐会直接导致企业产品竞争力下降，不利于企业的长期发展。

针对客户遇到的问题，顺丰科技提供相应的回收包装解决方案，一方面解决产品的包装防护问题，另一方面解决包装成本问题以及操作烦琐的问题。外包装的重复使用将会减少包材（即包装材料）对环境的污染程度。

（三）案例解决方案要点概述

（1）包装方案由原来的一次性方案（见图8－2）优化为多次重复使用的方案（见图8－3）。

图 8 -2　原包装

图 8 -3　新包装

（2）物流模式由原来一次性方案变成闭环方案（回收流程），由顺丰公司负责整个回收过程的运输服务，如图 8 -4 所示。

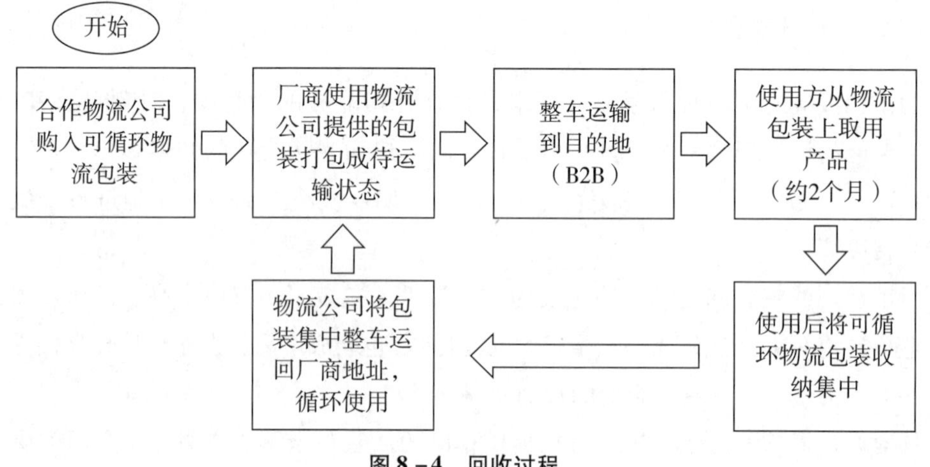

图 8 -4　回收过程

（四）实践效果

（1）经济效益：通过前期试运行，初步估算可以实现成本上的直接节约（比一次性包装节约 50% 的成本）。

（2）社会效益：新包装实现模块设计，可以匹配现有车辆，实现运输空间的最大优化，外包装整洁美观，提高了产品的形象，提升了企业的社会形象。

（3）环境效益：新包装采用最常见的 Q235 碳钢，整个集装架可以重复多次使用，易于保护环境；报废后的材料同样可以回炉重新使用。

案例二　新能源电池的绿色智能包装

（一）企业基本情况

苏州中集良才科技有限公司（以下简称“良才科技”）于1998年成立，集设计、研发、生产于一体，产品范围包括大型可折叠蜂窝板围板箱、各类标准化物流周转箱、专用物流箱、托盘、铁制料架、防护包装、特种包装。根据客户需求，公司提供定制化绿色智能物流包装解决方案，拥有“围板箱”“一种新型托盘”“一种大型折叠周转箱的加强锁定结构”等几十项专利。

（二）案例背景

动力电池作为新能源汽车的“心脏”，其需求量与生产量成为拉动新能源汽车发展的重要因素之一，从电芯到模组再到电池PACK，每一个半成品、成品的生产、组装、配送，都要保证“毫发无损”。

电芯在生产和配送的过程中，存在着包装方面的问题困扰。

1. 电芯在生产过程中，存在的包装问题困扰

单个电芯在生产完以后，需要一个合理的包装器具进行装载，对于一些成熟发展的生产商，会安排线边上的作业员以手拿的方式，一个一个放入传统的治具中。

人工操作一是效率较低，二是很有可能因为作业员的疏忽，造成手滑导致电芯滑落，影响电芯质量；传统治具多为传统铁质器具，一是边角、棱角容易划伤电芯，二是自身质量较重，容器满载后不方便输送至场外物流。

2. 电芯在配送过程中，存在的包装问题困扰

批量电芯生产完以后，需要安排配送至客户处。电芯本身尺寸较小，约255mm×164mm×7.9mm，需要叠放到包装容器里。因此，易装载、易拆卸、满足最大满载需求的包装容器就显得格外重要。传统的包装模式是采用木箱包装，使用过程中，一直存在如下问题。

（1）安全性能低。

木箱表层未经过漆面处理，不够光滑，容易产生木屑，工人在操作时，容易划伤手；另外，木屑掉落在电芯表面，容易造成电芯表层的划伤，轻则影响美观度，重则影响电芯质量；另外，木箱如遇阴雨天，很容易被淋湿、浸水，进而严重影响电芯的质量。

（2）不能重复利用，成本高。

木箱较为脆弱，多为一次性使用，虽然单只成本比较低，但如果大批量采购、运

转，用完以后随之丢弃，将造成大量的成本浪费。

（3）一次性使用，造成环境污染。

电芯装载好并配送到客户处以后，电芯成品送到组装车间，剩下的木箱容器，不能循环用作第二次包装用。

（三）案例解决方案要点概述

从客户的硬性要求出发，良才科技经过不断思考、设计方案并修改方案，最终提供了一套完整的循环包装解决方案，包括电芯生产和配送两个环节。

1. 电芯在生产过程中的配套包装解决方案

（1）方案设计原理。

①选择适合的包装方式，确定最大的收纳数。

②考虑物流运输环境、上下、左右前后的振动等问题，长途运输产品不损坏。

③产品取放方便，有利于作业，可提高作业效率。

④不能留有锐利尖角，应该选择环保材料。缓冲材料与料架应保证整体性，利于回收。

⑤合理的成本削减。

⑥缓冲材料设计与生产的可操作性考量。

⑦内材设计尽量减少包裹物的使用，以免增加管理难度。

⑧组合式内衬需考虑容错设计，考虑装配偏差。

（2）配套包装方案参数说明。

方案名称：定制化卡位注塑箱（见图8－5）＋配套内衬。

图8－5　定制化卡位注塑箱

工艺：注塑一体成型，采用螺丝连接。

收纳数：一个内材能装 36 个电芯，一个箱子能装两个内材，每箱能装 72 个。

（3）配套包装方案结构说明。

①注塑箱上面和底面分别有四个凸台和槽口用来堆落箱子。

②内材（见图 8 –6）使用多处螺丝连接，内衬可拆卸，操作方便。

图 8 –6　内材

③电芯被底部凸台架住，内材底部与电芯底部不接触。

④为了保护电芯，在内衬凸台上套有硅胶垫。

⑤电芯摆放后，两侧电芯极耳与四周都要保持相应的距离。

通过以上“定制化卡位注塑箱 + 配套内衬”的方案，成品电芯生产好之前，可以在前一段过程将半成品电芯直接放在卡槽中，由机械手直接抓取，避免了人工操作。只需调整好配套设备，半成品电芯就会在产线上运作，流转到下一个环节，在一个密闭的空间内由机器人操作。经过数十天运转，成品电芯生产完毕，并再次借助机械手的作用，自动堆码在事先设定好的位置。

2. 电芯在配送过程中的配套包装解决方案

（1）方案设计原理。

①选择适合的载具，确定最优的收纳数。

②考虑物流运输模式。

③产品取放方便，有利于作业，提高了作业效率。

④不能留有锐利尖角，选取全新 HDPE 材料。

⑤满足零部件保护，防磕碰。

⑥包装成本削减。

⑦内材设计尽量减少包裹物的使用，以免增加管理难度。

⑧缓冲材料要采取防差错设计。

（2）配套包装方案（见图 8 –7）参数说明。

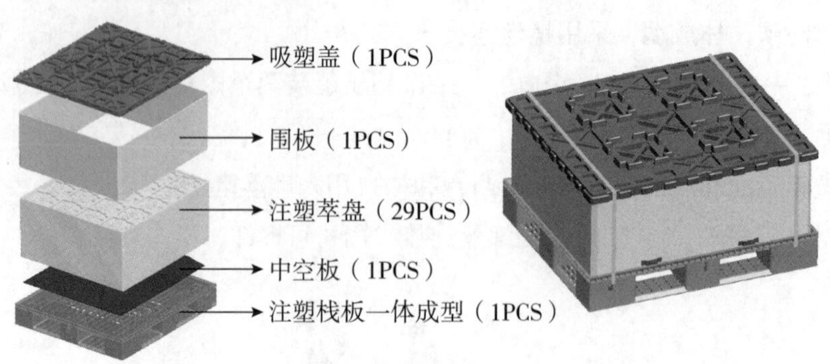

图 8 –7　配套包装方案

（3）配套包装方案结构（见图 8 –8）说明。

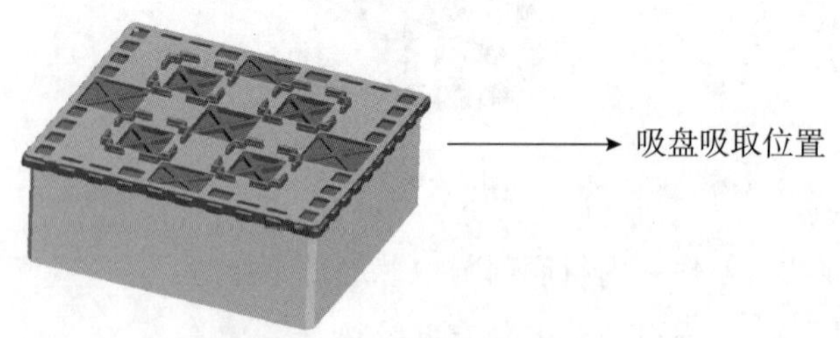

图 8 –8　配套包装方案结构

①吸塑盖与围板连接。

吸塑盖和围板采用一体连接，方便吸盘抓取，可一步打开吸塑盖和围板，节省打开时间，提高效率。

②注塑栈板与围板嵌套（见图 8 –9）。

图 8 –9　注塑栈板与围板嵌套

③电芯置入容器的模式。放置 27 层电芯，机械手盖上一体盖。

④再返回说明。

以上包装方案完全代替传统的木箱包装模式。电芯运送到客户处以后，首先采用叉车将整箱电芯送到滚筒线线边处，然后由机械手掀开一体盖，放置在滚筒线上，接着通过 AGV 送到生产车间对应的滚筒线线边，由机械手再次抓取电芯（每次抓取 5 片），放置在滚筒线上，电芯全部抓取完毕以后，AGV 又会将空箱送到原始位置，这样形成一个闭口生产线，全过程无须工人介入，完全自动化生产。包装全过程如图 8－10 所示。

图 8－10　包装全过程

根据客户需要，可同时配置 RFID，时刻跟踪容器位置。注塑萃盘与注塑栈板上有 RFID 固定槽，置入 RFID 时，可随时更新电芯的数量、位置，并区别于其他生产商。

案例三　可循环载货托盘项目运营

（一）企业基本情况

重庆诚通物流有限公司（以下简称“重庆诚通”）是国务院国资委监管的中国诚通控股集团有限公司下属中国物流股份有限公司的全资子公司。企业拥有专用铁路 6 道，仓库面积 9 万平方米，货场面积 12 万平方米，运输车辆 43 辆；具备国际货物一级代理权、进出口经营权与道路运输二级资质。重庆诚通在2004年实现主营业务作业流程信息化管理，分别通过了质量管理体系认证、环境管理体系认证、职业健康安全管理体系认证，并于2017年开始推行仓库现场6S管理标准。目前，该企业在重庆市铁路物流基地投资建设的物流园内，拥有重庆海关监管仓与上海期货交易所铝期货指定交割库，同时获批重庆市城市共同配送试点企业。

重庆诚通主营业务是提供综合物流服务。同时，该企业落实“园区+”战略，利用期货交割库打造有色金属集散中心，利用海关监管仓打造跨境商品集装箱班列拼箱中心，利用共同配送试点发展快速消费品城市配送业务。

（二）案例背景

早在20世纪90年代，重庆诚通下属中国新能源汽车有限公司重庆丰收坝分公司（位于重庆市大渡口区丰收坝，现已被政府征收）（以下简称“丰收坝分公司”）已成为西南地区重要的有色金属集散中心。丰收坝分公司与国内各大铜、铝、铅、锌生产厂家及贸易商建立了长期稳定的合作，主要提供仓储、装卸、运输等基础物流服务，获得了广大客户的一致认可。

随着有色金属行业生产规模扩张，市场出现供过于求现象，行业普遍利润率下降，造成生产厂家及贸易商对生产成本、管理成本、物流成本严格把控的局面。同时，物流业迎来多元化发展，民营物流企业异军突起，物流业竞争加剧。因此，物流价格竞争成为物流企业争夺客户的首选，价格战愈演愈烈，物流企业在价格竞争中两败俱伤的惨烈案例比比皆是。如何在行业竞争中保持核心竞争力成为重庆诚通重要的课题。只有拓展业务合作模式、加强服务手段与提升服务能力，才能促使业务合作持续发展。

近年来，低碳环保与循环经济成为社会新要求，绿色物流也逐渐成为行业内高度关注的话题。《国务院关于印发物流业发展中长期规划（2014—2020年）的通知》中对绿色物流提出了明确要求，央企应该在落实和推进绿色物流相关工作上率先垂范，因此，重庆诚通积极探索发展绿色物流业务模式，主动承担实现国家可持续发展的社会责任。

中铜（昆明）铜业有限公司（以下简称“中铜昆铜”）系重庆诚通合作的重点物流客户。中铜昆铜产品（铜杆）在装卸与运输的物流环节需要加固，因此在产品包装上需要使用载货托盘（每生产一件产品需要配备一个托盘）。通常情况下，木质托盘在生产制造行业与物流行业中广泛使用，中铜昆铜也需要大量采购木质托盘满足产品生产需要。伴随国家对发展环保经济的要求逐渐加强，相关行业的环保压力凸显，同时也导致木质托盘的价格逐年上涨。2016年年底，中铜昆铜的托盘供应商决定自2017年起木质托盘单价上涨20元，每年采购成本至少增加80万元。木质托盘在中铜昆铜的生产使用中是一次性的，只能作为产品加固载体销售至买家客户，客观上不能回收再利用，不利于环保节能。木质托盘自身承载能力有限，日常使用中容易出现断裂，造成产品倾斜、倾覆，存在安全隐患。更为棘手的是，木质托盘系木材制造，在气温升高的情形下容易吸潮，在封闭的集装箱运输中该现象尤为明显，该现象会加速产品表面氧化变黑，对销售产生直接影响，严重情形下会造成产品质量下降，导致返厂处理。综上，木质托盘在使用过程中存在的诸多问题一直困扰中铜昆铜，中铜昆铜也采取相应措施力求解决，但未见明显成效。

（三）案例解决方案要点概述

在前期调研的基础上，重庆诚通多次召集专题会议，研究新型载货托盘的设计方案，对中铜昆铜提供的托盘技术参数进行深入分析和研究，总结了中铜昆铜产品包装的操作流程及提高产品装卸效率的新要求，初步形成了新型载货托盘的设计方案。设计方案出台后，重庆诚通与托盘生产厂家对设计方案进行仔细推敲，针对载货托盘物理尺寸、结构、材质、承重、动载与静载参数等关键技术指标进行详细论证，经过多轮试制生产出样品。

带着新托盘样品，重庆诚通与托盘生产厂家共同赴中铜昆铜做现场试验，在查验实际使用效果的同时征求、听取中铜昆铜的意见及建议。根据现场试验收集到的使用数据，托盘生产厂家对样品进行了改进，据此生产出一批新样品，实际参与到中铜昆铜产品的流通中，以获取使用数据对新托盘图样进行定型，同时通过启动新托盘循环使用流程，发现装卸与回收中的问题。经过后续的实际使用，重庆诚通指派专人跟踪收集新托盘技术参数及经济数据，并第一时间与托盘生产厂家沟通、交流改进意见。在多次往返中铜昆铜生产现场及买家客户仓库后，重庆诚通对中铜昆铜可循环载货托盘运营项目可行性作出了结论：新托盘设计图样定型，试制样品达到预期效果，使用过程中增强了产品的加固性能，能够提升产品装卸作业效率，回收流程基本能够满足产品流通需要，在确保降低中铜昆铜采购成本的同时可以在合理期限内实现盈利，项目可行。

可循环载货托盘外观呈正方形，边长为1600mm，高170mm，进叉高度900mm；托盘主架采用钢材制造，不易变形、断裂，确保可回收循环使用；托盘两面铁槽内镶嵌木材用以防滑，不发生产品倾斜，确保装卸及存放安全，镶嵌的木材占比小，且经过特殊处理后可避免发生吸潮现象，确保使用过程中不会导致产品氧化发黑。

（四）实施效果

（1）实现了载货托盘的循环使用，符合绿色物流倡导的环保节能理念。

（2）降低了中铜昆铜的托盘采购成本，增强了合作伙伴的市场竞争力。

（3）有效解决了木质托盘吸潮导致产品氧化发黑现象，确保了产品在物流环节中的品质恒定。

（4）增强产品加固性能的同时提高了产品的装卸效率，减少了作业流程中潜在的安全隐患。

（5）记录托盘编码，作为加强产品区域销售的匹配管控手段，对产品销售起到了促进作用。

案例四　汽车供应链零部件包装共享应用的案例

（一）企业基本情况

保定市长城蚂蚁物流有限公司主要负责长城汽车整车制造板块物流业务（供应物流、KD 件物流及整车物流），主营业务涵盖供应物流规划及实施（网络运输、仓储配送、流通加工）、整车物流规划及实施、海外 KD 件包装设计及发运，现有员工 3000 余人，服务于长城汽车国内 8 个整车生产基地（在产 4 个），业务范围分布于华北、华东、西南，同时服务于长城汽车的海外工厂，年服务产能超过 200 万台。

保定市长城蚂蚁物流有限公司致力于成为国内一流并具备国际物流运作能力和品牌影响力的综合型物流服务提供方，并向第四方物流、技术物流、平台物流转型，将成功经验凝聚成的标准在汽车行业推广。

（二）案例背景

目前，零部件包装投入及管理由各供应商自行负责，并将包装费用包含在零部件配套采购总价中，同时，因包装通用化低、产品更新换代，造成包装闲置、运作过程存在浪费。

保定市长城蚂蚁物流有限公司推进循环包装标准化设计，规范 EU 箱、围板箱尺寸标准系列，各供应商结合零部件特性，选取合适尺寸的包装进行包装方案设计，并在包装使用、返空、配送过程中，通过推行通用循环包装在不同供应商之间的共享使用，整合包装整理、清洁作业，优化返程运作作业，降低运作成本。

（三）案例解决方案要点概述

1. 业务模式介绍

（1）循环包装运作模式。

针对通用循环包装，实施统一投入整体管理，推行不同供应商、不同车型之间的包装共用，减少后期因车型停产/换代导致的包装闲置。

（2）循环包装业务范围。

①零部件供应商出厂使用的循环通用外包装箱，包括 EU 箱、围板箱。

循环包装业务流程如图 8－11 所示。

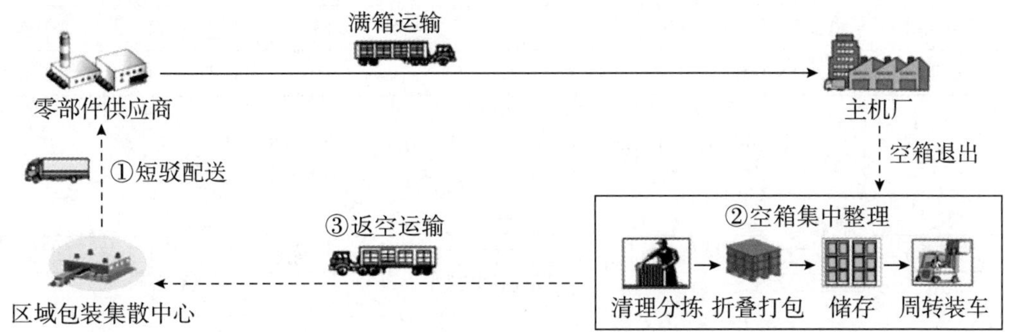

图 8－11　循环包装业务流程

②业务内容如表 8－1 所示。

表 8－1　业务内容

固定资产投入	运作实施	过程管理
包装箱投入	空包装箱整理	空箱计划管理
	包装箱返空运输	空箱资产管理
	包装箱维护维修	包装箱账务管理

③运作方案。依托长城汽车主机厂布局优势，在各工厂间包装共享，提高周转效率。

（3）优势分析。

①在主机厂内建立包装 CMC，减少短驳回收空箱成本。

②通过包装共享使用简化干线返空过程，降低返空成本。

③推行包装共享，减少因车型停产、切换导致原包装闲置及新包装投入。

2. 业务运作流程

（1）循环包装需求的提出。

①零部件供应商通过包装管理系统操作，可以实现包装订单的发布。

②零部件供应商在包装发往主机厂后的 2 天内，进行包装资产信息转移。

（2）循环包装交接流程。

①确定包装模数（见表 8－2）。

表8－2　　包装模数

EU箱规格	包装单元尺寸（mm）	层数（层）	每层数量（个）	EU箱数量（个）	返空包装物明细
EU4322Z	1200×1000×1040	4	10	40	1托盘+40EU箱+1盖
EU4622Z	1200×1000×1040	4	5	20	1托盘+20EU箱+1盖
EU4633Z	1200×1000×1150	3	5	15	1托盘+15EU箱+1盖
EU4628Z	1200×1000×1010	3	5	15	1托盘+15EU箱+1盖

②包装箱流转模数应用（见图8－12）。

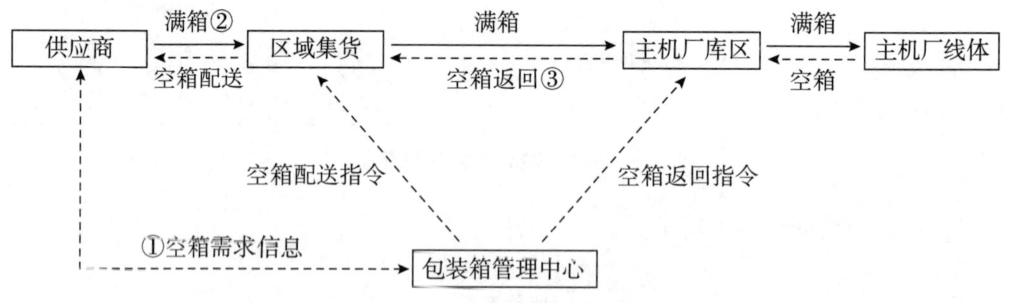

图8－12　包装箱流转模数应用

（3）应用包装模数的好处。

①各环节交接包装箱时，可直接进行包装单元模数的清点，提升交接效率。

②尺寸标准化，便于运输车厢内的包装排布，提升装载率。

③订单需求、配送数量均按包装模数或公倍数进行提报，减少配送数量误差。

（4）交接运作原则。

①主机厂按满箱收容数进行拉动，入库数÷收容数＝入库包装数量。

②发出方与接收方均需做好包装箱收发台账记录，定期进行各节点包装箱数量盘点。

③CMC设置在主机厂内，主机厂与CMC之间不再交接。

3. 应用过程

①规范通用循环包装类型及尺寸系列，作为供应商零部件包装选用的依据。

②结合供应商布点区域、路线，规划包装箱返空运作模式。

③在整车厂内规划CMC布局、包装流转过程、包装运作规范，以满足循环包装共享运作的要求，目前在长城汽车重庆基地已实现应用。

4. 解决主要问题

①规范包装标准：通过规范包装箱种类及尺寸系列，确定EU箱4种、围板箱4种，托盘1种。

②整合包装作业：空箱退出后，按包装类型进行分拣、整理及存放，不需再按照

供应商进行分类，减少分拣作业。

③简化运输作业：在主机厂内建立 CMC，减少短驳取货过程；在干线运输方面，通过共享运作模式，各区域包装服务中心之间进行调拨运作，减少干线返空运输费用。

④减少包装闲置：推行通用包装共享，当产品变更、切换时，过剩包装可以在其他零部件供应商进行利用，减少包装闲置及新包装的投入。

（四）实施效果

（1）环境效益：投入 KLT 箱 20000 余只、GLT 箱 3000 余只，每年可减少产出 46 吨纸箱垃圾及 80 吨托盘垃圾。

（2）社会效益：投入通用循环包装，可在不同车型、不同主机厂间进行共享，减少因产品变更、供应商变更造成的包装闲置。

（3）经济效益：循环包装共享使用，降低包装成本 10%，年度节省 120 万元。

案例五　汽车 CKD 零部件全球循环包装

（一）企业基本情况

好运（Goodpack）是全球领先的可循环式运输周转箱提供商。1990 年，好运公司成立，总部设在新加坡。2000 年，在新加坡上市。2005 年，好运箱进入中国市场，成立上海好运物流有限公司。2014 年，全球历史悠久的私募股权投资机构 KKR 收购好运集团。好运的业务模式为当地租赁、异地退租。好运通过独特的租赁模式，提供不同型号、可循环使用的运输周转箱，为全球用户提供优质包装方案。好运的配送和回收网络遍布全球 80 个国家，在全球有 4800 个运送及回收分布点，好运目前拥有 400 多万只周转箱，全球每年流转次数 600 万次。商家们可以在当地租用好运箱，并在全球任意范围内进行退租。好运箱在全球范围内广泛使用。好运箱在中国也应用广泛，在江苏、浙江、广东、四川、山东、辽宁、黑龙江、云南等地拥有 14 个堆场。好运箱的优势是可以为产品提供最大的保护，客户无固定资产投入，对环境可持续保护，为客户降低物流包装成本。

（二）案例背景

汽车 CKD 出口包装（即全散件出口包装）。目前多采用一次性木箱、纸箱包装。由于 CKD 零件数量多、尺寸杂，通常导致外包装尺寸种类繁多，无法标准化，从而导致集装箱装载率低，增加运输成本。好运通过标准化的周转箱以及多样化的缓冲内衬设计，可以兼容多个产品。最大限度标准化包装尺寸，达到集装箱装载率最大化。同时，由于好运周转箱的尺寸与集装箱尺寸高度匹配，单元包装的装载率也可以得到提升，从而降低单个产品的包装成本。基于一次性包装成本的上涨，好运箱从运输成本、包装成本、包装废弃物处理成本等多个方面，为客户降低出口零部件总体成本。

存在的主要问题有：①尺寸种类多样，无法标准化；②集装箱装载率低，堆叠装箱难度大；③一次性包装废弃物处理操作和费用；④仓储空间利用率低，不同包装仓储无法堆叠以及机械搬运效率低，不同包装需要调整叉车进行搬运。

（三）案例解决方案要点概述

针对汽车 CKD 零部件全球范围内的运输，好运周转箱从多个方面提供了优质的解决方案。

（1）安全升级。纸箱压溃，导致产品破损的例子比比皆是。好运周转箱独特的堆叠方式，四柱承载，产品不受力，能够为产品提供最大的保护。

（2）好运周转箱独有的送箱以及回收网络，覆盖全球4800个国家，能真正做到全球范围内当地租箱、异地还箱，全球流转的特性，使得全球采购中降低供应链成本得以实现。

（3）好运周转箱尺寸标准化，从仓储、搬运、装箱各个环节节省成本。

（4）好运周转箱可以循环使用15～20年，是真正的绿色环保包装。

（四）实施效果

（1）经济效益：包装成本减低以及物流成本的降低。好运周转箱通过提高集装箱装载率来实现降低物流成本。好运周转箱的集装箱装载率是90%。由于好运周转箱尺寸标准化，可以避免因一次性包装尺寸多样导致无法堆叠、集装箱装载率低的问题。好运周转箱通过提高单元包装装载率来实现降低包装成本。6个纸箱以及托盘的产品可以放置在一个铁箱里，节省了50%左右的包装成本。

（2）社会效益：目前国内也掀起了循环经济的热潮，由电商、外卖导致的包装废弃物问题引起了越来越多的关注。各式循环快递箱，循环运输包装箱层出不穷。国内循环包装已日益发展壮大，有循环塑料卡板箱、围板箱、铁箱、循环使用的木箱等。

（3）环境效益：目前各个国家都倡导绿色环保包装，循环包装。从全球环境形势来看，我们应该有全球意识。在运输中真正减少一次性包装的使用，尽量多的使用循环包装，真正减少资源消耗。

案例六　电商直发包装创新

（一）企业基本情况

宝洁（中国）有限公司（以下简称“宝洁”）始创于1837年，是世界上较大的日用消费品公司之一，在全球80多个国家设有工厂或分公司，所经营的产品畅销180多个国家和地区。

1988年，广州宝洁有限公司成立，从此开始了其中国业务发展的历程。宝洁大中华区总部位于广州，目前在广州、北京、上海、成都、天津、江苏等地设有多家分公司及工厂。中国市场成长为宝洁在全球发展速度较快的市场之一。宝洁通过在环保以及社会责任等方面的一系列努力，切实履行对中国社会的可持续发展所负有的责任。

（二）案例背景

生产企业在设计产品时，如何让包装满足现行电商环境要求是一个行业难点。目前，常见的包装方式是将单个或多个产品包装进单个纸盒（一次包装）中。然后再将多个纸盒（一次包装）装箱到运输用的瓦楞纸箱中，电商平台入库时会进行拆包，再根据顾客的采购清单再次对产品进行二次包装发货，这种全链路多次包装的方式浪费了大量的材料成本。考虑到电商发展的趋势以及对节约材料成本的需求，需要设计出能实现材料成本节约的电商直发包装。

（三）案例解决方案要点概述

宝洁公司通过多次设计迭代，研发出引领电商包装变革的直发包装（Ship in Own Container，SIOC），又称“小绿宝”。直发包装通过针对内装产品特点进行紧凑设计和简约设计，可有效产品保护，大幅度减少或取消了珍珠棉保护套、气泡膜、气枕袋、气柱袋、快递箱、运输包装箱等二次包装材料的使用。直发包装“小绿宝”到电商平台后，可直接贴面单出库发给消费者，不需要重新包装。直发包装不仅为产品提供了必要的保护，抵御运输途中的跌落、震动、碰撞等风险，提升了消费者体验，并且节省了电商平台二次包装和填充所需的包装材料。直接贴标出库的方式，也节省了京东、天猫等各大电商平台的人员打包时间，显著提升了发货作业效率。

（四）实施效果

仅宝洁公司的产品，可一年节省超过10000吨纸张，大幅减少了运输纸箱和快递箱等二次包装的使用，节约了电商供应链端到端30%的包装成本。

对消费者而言，包装破损投诉减少了70%，极大提升了消费者体验。

对电商平台而言，极大简化了仓内操作，提升了电商仓库发货效率，获得了京东、天猫、苏宁等各大电商平台的一致认可。

对材料供应商而言，通过模块化设计，实现了标准化材料供应和自动化生产，减少了材料浪费，缩短了材料交付时间。

案例七　北京睿泽恒镒科技股份公司光伏智能循环包装方案

（一）企业基本情况

北京睿泽恒镒科技股份公司（以下简称“睿泽科技”）成立于2006年，是一家提供智能物流循环载具（包装）服务的现代企业。公司建立并运行物联网智能云平台信息系统，通过运营数据的数字化，实现智能物流循环载具（包装）产品的全生命周期管理，并积极为各类客户提供可视化供应链管理、仓储数据管理、减碳数据记录等多样性数据增值服务。公司致力于成为业内领先的一站式智能物流循环载具（包装）综合运营服务商。

（二）案例背景

近些年在政策支持下，光伏行业发展迅猛，前景广阔。在光伏行业中的物流端，仍然存在大量使用一次性包装材料（原木、纸箱等）的情况，造成资源浪费的同时，在到达终端客户时还会形成垃圾处理成本。2021年，公司依托在智能物流循环载具（包装）领域的综合运营及技术优势，积极研发适用于新能源领域的光伏组件智能循环包装方案和光伏玻璃智能循环包装方案，结合公司专业化的物流团队和覆盖全国主要地区的业务网络，光伏组件、光伏玻璃循环包装均采取“自主生产 + 自主运营”的模式，为客户提供安全、高效、低碳、环保的智能循环包装解决方案。

（三）案例解决方案要点概述

为了替代一次性包装材料，并解决包装运输中光伏组件倾斜和包装损坏造成的产品隐裂难题，公司研发出以智能循环托盘、循环顶压角为基础的六种组合包装方案。智能循环包装解决方案主要有以下3个技术创新点。

第一，创新性采用循环顶压角以及与之配套的拉纤加固方案。

第二，创新性研发出智能循环包材收纳回送方案。

第三，创新性采用金属材质和改性聚酯材料有机结合的可循环使用复合材料。

智能循环包装解决方案具有以下优点。

（1）运输安全性更高。

托盘选用复合材料加工而成，材料强度和力学性能稳定性远高于木材及原有包装材料。

（2）操作更加简便。

光伏组件托盘重量轻便，现场单人即可搬运，采用循环顶压角兜头交叉斜拉的方式，在保证打包牢固性的同时避免了一次性木质内护角或外护楞的使用，简化了打包方式，操作更加简便。光伏玻璃托盘重量仅为钢制托盘的 1/3，托盘上有固定护栏护角的插槽，护栏护角和护板之间使用插接固定，保证了护栏护角在打包和运输过程中的稳定性，便于现场操作。

（3）占用空间小。

由于托盘之间可以相互嵌套叠放，光伏组件托盘叠放层高仅为木托盘的 1/5，光伏玻璃托盘叠放层高仅为木托盘或者钢托盘的 1/4，在托盘仓储和回送过程中可以将托盘进行套叠，大大降低了托盘的占用空间。

（4）更加智能化。

包装托盘内嵌智能模组，模组是实现产品运营全面系统化、信息化、可视化的关键元件，具有智能定位、堆码信号收集和数据无线传输功能。基于智能模组抓取的信息，通过平台解析可转化为应用语言。利用数据终端可将托盘空重数据提供给上下游企业，以便精确掌握库存情况，让供应链能够提前响应；同时，将重载托盘的位置在企业间共享，便于客户可视化物流跟踪，进一步为客户提供可视化供应链管理、仓储数据管理等多样性数据增值服务。

（5）更加低碳环保。

循环包装均可实现重复循环使用，降低了光伏组件或光伏玻璃厂商一次性木托盘、木框及纸包装的使用，更加低碳环保。同时，智能模组数据终端详细记录托盘的使用次数，为企业进行碳交易提供可靠数据支撑。

第四节 包装便利化

案例一 单元化载具循环共享助力供应链实现端到端绿色高效

（一）企业基本情况

集保物流设备（中国）有限公司（以下简称“集保”）拥有超过 4 亿个单元化载具，依托全球 750 多个服务中心和 51 万个配送点为超过 50 万家企业提供基于单元化载具共享的供应链解决方案，业务遍布全球 69 个国家和地区。集保在全球范围内承载了大部分货物的运输，集保的单元化载具构成了全球供应链的隐形支柱，使人们与日常所需之间的连接更高效。

集保拥有广泛的单元化载具共享平台，产品包括托盘产品系列、可折叠周转箱系列、塑料周转箱系列以及金属容器系列，广泛的产品组合为快速消费品、零售、生鲜农产品、工业制造、零部件生产、门店配送等客户提供单元化载具最佳方案。集保专业的维修维护，保障了产品质量稳定统一。集保2006年进入中国，为超过1000家客户提供定制化供应链解决方案，助力客户解锁更多供应链价值。集保单元化载具产品的高质量、标准化和智能化助力客户供应链实现降本增效。

（二）案例背景

集保通过提供定制化供应链解决方案，为客户解决了旺季托盘需求紧张、断档的状况，提高了供应链的柔性和效率；通过托盘租赁和资产管理方案，使客户在其各个工厂之间能更顺利地管理托盘；通过基于托盘租赁的带板运输解决方案，更多异地托盘化交货得以实现，同时供应链中其他与托盘相关联环节的瓶颈得以突破。

（三）案例解决方案要点概述

1. 托盘租赁方案

集保通过现场及非现场多元化的供应方式，全年保障了客户平均约50万片托盘的正常使用，并确保了高峰期的供应，有效地帮助客户解决了旺季供应及淡季冗余的问题，大大提高了设备资源的利用率。

通过托盘租赁，客户节省了每年超过2000千万元的固定资产投入，实现更精准高效的主营业务投资。同时，约50万片托盘的循环共用，保护了2.5万棵树木免遭砍伐。

2. 现场服务中心提供管家式服务

现场服务中心有效保障了客户高频次的托盘承退租需求，也体现了随借随还的便利性。现场服务中心全年共提供了超过30万片木托盘的维护，有效保障了客户的用板质量，为客户生产线顺畅运行提供了有力支持。现场服务中心的设立，省去了托盘来回运输的费用，降低综合物流成本，同时也减少了由额外运输而产生的碳排放。

3. 带板运输方案

根据实际案例测算，以12.5米货车装载20托货物为例，卸车效率由每人每小时7托货物提升至每人每小时46托货物，卸车成本由人工操作的1190元/车降至400元/车。

客户通过动态带板运输，全年实现超过100万片托盘流转。集保广泛的服务网络为客户提供异地退板服务，实现了装卸效率的提升和人力成本的降低。

（四）实施效果

从节约社会成本来看，与企业自购托盘使用相比，租赁托盘可以节省13%的托盘使用量。以客户平均租用量50万片托盘计算，可以节约65000片托盘，每片采购成本150元，直接节约社会成本975万元。以租赁50万片托盘并实现带板运输的情况计算，可以实现的环境效益包括：减少4.3万吨碳排放，使2.5万棵树免遭砍伐，减少2.3万吨垃圾填埋。

案例二　一撕得拉链纸箱

（一）企业基本情况

北京一撕得物流技术有限公司（以下简称一撕得）致力于打造中国第一互联网包装平台，帮助中小品牌企业建立创新、简单、高效且环保的整体包装方案，助力品牌升级。在电商包装领域，一撕得的市场占有率和增长率都处于行业领先地位。不仅提供纸箱、彩盒、精品盒、缓冲包装等上百种品类产品服务，还为服装、美妆、母婴、3C、生鲜、茶酒等数十个行业提供专业化的包装解决方案。

近年来，一撕得在产品创新和商业模式方面获得了政府协会、品牌企业、电商平台、权威媒体的认可，并获得了ISO9001、FSC、ISTA等权威认证。一撕得总部位于北京，在上海、广州、深圳、杭州、厦门、重庆等城市设立分公司，一撕得开创的一张订单全国交货的“无围墙工厂”理念颠覆了传统生产供应模式，目前供应链已整合1000家以上制造厂商，服务范围可覆盖全国。

（二）案例背景

随着电商行业快速发展，包装需求持续不断攀升。目前，快递包装箱回收率不足20%，远低于发达国家85%的平均水平。

如此巨大的资源浪费，背后是快递包装不环保、不易降解、回收利用率低等一系列问题。同时，为防止货物受损，过度包装是行业内常见现象，不仅造成巨大的资源浪费，也给环境造成了巨大的压力。

除此之外，传统包装还存在以下几个问题：为节省成本，工厂私自降低纸品质量，导致不合格纸箱充斥市场；烦琐的打包流程大大延长发货时间；传统胶带无法应对环境差异。

（三）案例解决方案要点概述

为解决传统快递包装开箱体验差、胶带造成的环境污染问题，一撕得重新定义纸箱，给传统纸箱装上一条拉链，开辟了纸箱界新物种——拉链纸箱。

一撕得为创造独特的用户体验，在生产设计、粘胶、机器设备等方面获得40余项国家级技术专利。作为拉链纸箱的创造者，一撕得让世界上首次出现不依赖于胶带、非常易于开启且几乎100%可回收的创新环保包装。除此之外，一撕得也为客户量身定制整体包装解决方案，时至今日，得到包括天猫、苏宁、小米等百余家客户认可。

一撕得拉链纸箱解决了以下几个问题。

（1）产品没有胶带，独特的拉链设计，可三秒撕开。

（2）一撕得拉链纸箱可耐受 -40 ~ 80℃的环境。

（3）一看就懂，一撕即开的拉链赋予消费者完美的用户体验。

（4）绿色环保无污染，箱体无胶带缠绕，100%可回收。

（5）提升打包效率。

（四）实施效果

应用一撕得拉链纸箱可提升3倍打包效率，大幅降低企业成本。

其在产品质量上达到以下性能。

（1）环保：产品达到100%全降解环保性能指标，满足快递包装环保化、绿色化的社会需求。

（2）高适用性。能在 -40 ~ 80℃的温域内保证不开胶，满足国内全年封箱使用要求。

案例三　阳光宝盒——二次使用易开启快递箱

（一）企业基本情况

阳光印网成立于2011年，为企业用户提供办公、市场营销、包装物流、商务馈赠等场景所需定制品的一站式采购服务，供应品类超过1500种，涵盖商务印刷、包装耗材、礼品新品、数码工装、服装、品牌电子品、品牌创新设计7大产品线。

目前，阳光印网的供应链已整合了1.5万家供应厂商，为来自互联网、物流、零售、教育、房地产等20多个行业的20万家的中小企业客户和超过1000家的集团客户提供企业采购服务。

阳光印网总部位于北京，在上海、广州、杭州、南京、深圳五个城市设有分部，现公司员工600余人。在印刷电商领域，阳光印网的市场占有率和增长率都处于行业领先地位。

（二）案例背景

快递行业飞速发展的同时，不可避免地会消耗大量的包装材料。一些商家为了避免商品在运输途中的损坏而造成顾客的满意度下降，影响企业的声誉，便对大多数商品进行过度包装。这样不仅给企业本身增加了大量的成本，同时给环境也造成了大量的污染。

目前，包装物整体的回收率不足20%。有些包装物虽然进行了回收，但是一部分也是当作废弃物进行集中处理，再利用率也不高。对于包装物中使用的塑料、胶带、泡沫等材料所进行的焚烧处理，会给环境带来严重的污染。

（三）案例解决方案要点概述

阳光印网研发的此款阳光宝盒和易剥离的双面胶结合使用，可大量节省打包时间，打包速度是传统打包速度的3倍，而且未采用无法降解的传统透明胶带，纸箱的原始印刷设计清晰可见。客户收到纸箱后，无须找工具，即可马上开箱。单个纸箱可实现三次循环使用。

（四）实施效果

传统纸箱打包运输时往往会缠很多圈胶带，在增加胶带使用量和时间的损失上都会形成新的成本。阳光印网的阳光宝盒可以实现三次循环使用，折算下来，每次的使用成本将小于传统纸箱。

案例四　冷拉伸套管膜和套膜机一体化托盘包装解决方案

（一）企业基本情况

广东众聚包装科技有限公司（以下简称“公司”）位于广东省汕头市龙湖万吉工业区，是一家集冷拉伸套管膜研发和生产、套膜机设计和制造于一体的综合性企业。公司致力于冷拉伸套管膜和套膜机同步配套，真正实现“机、膜一体化”一站式服务，为各类需要托盘运输包装方式的企业量身定制，提供具有成本竞争优势的自动化托盘包装解决方案。公司已通过职业健康安全管理体系认证以及质量管理体系认证，并拥有5项实用新型专利及1项外观发明专利，所生产的冷拉伸套管膜已通过相关食品安全国家标准检测。

（二）案例背景

托盘运输可省去货物流通过程中的多次倒板，节约货物装卸成本和运输时间，降低破损风险，加快车辆周转率，提高仓储利用率。随着我国物流条件的进一步完善及观念的改变，托盘运输已逐步广泛运用，托盘用膜现有的市场规模已达上百亿元，且市场规模还在逐年扩大。而拉伸套管膜包装技术还未在我国托盘用膜上得到普及的原因在于以下几点。

（1）拉伸套管设备依赖于进口，如丹麦 Lachenmeier 拉赫迈尔、德国 BEUMER 伯曼、意大利 MSK 麦斯凯等厂家，进口套管设备价格昂贵，且订货周期长，售后服务不能及时到位，只有大型石化及家电企业在追求包装自动化上才会不计成本投入使用。

（2）现有拉伸套管膜价格居高不下，国内为数不多的生产冷拉伸套管膜厂家均采用进口薄膜吹塑设备生产拉伸套管膜，前期投资成本大，薄膜加工原材料依赖进口，导致拉伸套管膜制造成本上升。

（3）对比现有热收缩膜和缠绕膜没有明显成本优势：目前国内主流的整垛包装方式主要还是“托盘 + PE 缠绕膜”和“托盘 + PE 热收缩膜”，拉伸套管膜相对于热收缩膜和缠绕膜来说，没有压倒性经济优势，大众市场难以接受。

（三）案例解决方案要点概述

针对拉伸套管膜包装技术难以推动的现象，公司团队成员自主研发，在该专业区域内实现了三个国产化目标。

一是拉伸套管设备国产化：包装设备价格为进口设备价格的 1/3，且经过长时间测试稳定运行，设备订货周期短，结构合理，便于维护使用。

二是拉伸套管膜吹塑设备国产化：其价格为进口吹塑设备价格的 1/3，且由进口的三层共挤提升到五层共挤，薄膜各项测试指标优越。

三是拉伸套管膜吹塑原材料配方国产化：采用国内先进新型材料，薄膜生产制造成本相比采用进口原材料降低 20%，同时薄膜性能得到提升。

1. “众聚”冷拉伸套管膜的优势

（1）物理性能及包装效果优越。

国内外市场上的冷拉伸套管膜的拉伸率基本在 25% ~40%，因此要包装相同规格的托盘用膜的周长较大，导致耗材成本的直接增加。而且拉伸率小会导致夹持力偏小，在包装石化等行业的原材料时，物品会比较松散、变形，在包装食品或饮料时，有较大的间隙，防虫性能差。“众聚”冷拉伸套管膜经过配方的改良，拉伸率可达 100%。在包装相同规格托盘情况下，除了夹持力更高，同时还能节省 35% 以上的材料。同时，托盘顶部更加平整，托盘底端更加紧密，从而大大提高防虫性能。

（2）抗刺性能强。

“众聚”五层共挤拉伸膜配方在内外层增强了抗刺性能，大大减少由于托盘边角的尖锐或物品的边角锋利处对套管膜的损伤。各层功能材料的合理分布，提高了产品的缺口抗拉系数，在受到不可避免的损伤导致套管膜破损时，也不至于整体崩裂。

（3）透明度高。

普通三层共挤的配方，需要用大量的塑料助剂去填补各种缺陷，不仅影响拉伸膜的物理性能，而且会直接导致透明度明显下降。“众聚”五层共挤拉伸膜配方基本使用原厂材料，或有特殊要求时，会添加少量的助剂，基本保证 PE 材料原有的透明性。在包装产品时，可更清晰地辨别被包装物品。特别是随着现代物流的发展，很多货物都使用二维码等，透明度会直接影响扫码的速度和准确性。

2. “众聚”冷拉伸套膜机的优势

（1）环境适应能力强。“众聚”冷拉伸套膜机采用伺服电动缸直接拉伸，除了噪声小，动作更加平顺、准确。还可以分段分速度拉伸，提高包装速度和包装效果，这是液压系统无法达到拉升方式。又解决了拉伸系统的耐气候性问题，使设备在各地不同气候的适应性更强。

（2）智能化程度高。“众聚”冷拉伸套膜机主要采用伺服电机驱动系统，大大提高设备的智能化水平。除了拉伸系统采用伺服电机驱动，卷膜系统也采用伺服电机驱动，这样在接膜过程中四角的储膜量更加均匀、准确；在配合升降平台的动作时可以任意速度变化，从而提高包装效果。

（3）模块化设计和生产。“众聚”冷拉伸套膜机采用模块化设计和生产方式，无须高空安装及日常使用维护。模块化零部件的替换性高，当某个零部件出现故障时，可以在第一时间将其替换掉。模块化生产还可以整机同步生产和组装，除了保证专人专工，还节约了生产场地。

（四）实施效果

在国内市场，进口拉伸套管设备的销售价格在 180 万 ~250 万元，拉伸套管膜的销售价格为 20000 ~23000 元/吨。综合考虑多方面的情况，公司将“众聚”冷拉伸套膜机销售价格定在 50 万/台，“众聚”冷拉伸套管膜的销售价格定在 17000 元/吨；“众聚”冷拉伸套管膜配合“众聚”冷拉伸套膜机使用，对比原有拉伸套管膜的包装可降低 30% 以上的成本。

案例五　快速拆装魔拼快递周装箱

（一）企业基本情况

吉林市瑞能建材科技有限公司（以下简称“公司”）成立于 2006 年，注册资本 1000 万元，占地面积 30 亩，拥有标准化厂房 1 万平方米。员工 83 人，各类专业技术人员 15 人，其中，高、中级技术职称人员和各类注册人员 8 人。

公司是专业从事高新建筑材料的设计、研发、技术推广与实践应用，节能环保材料研发及创新应用的科技型企业，已获得数十项国家专利。其中，装配式 3D 楼层板、无通缝轻质隔墙板、保温一体化剪力墙模板、快速拆装魔拼快递周装箱等专利技术处于国内领先地位。

（二）案例背景

随着互联网应用的普及和电子商务的快速发展，在电子商务环境中承担重要任务的物流企业越来越多，快递量也越来越多。据统计，2022 年，邮政行业寄递业务量累计完成 1391.0 亿件，同比增长 2.7%，快递包装运输所用的包装纸、箱板纸、瓦楞纸占到了所有纸张消费量的一半以上，远超印刷纸张和生活用纸。然而，由于我国的纸张回收率仅在 40% 左右，回收情况不乐观，造成资源的严重浪费。此外，比包装纸箱更可怕的是快递垃圾，2020 年至 2022 年期间，平均每年我国因快递而产生的垃圾就包括 82.68 亿个塑料袋，99.22 亿个包装纸箱和 169.85 亿米的胶带，胶带的长度可绕地球赤道 425 圈。这两类垃圾需要上百年才能在大自然中完全降解，对我国生态环境造成了严重的污染。

为了解决包装纸箱存在的上述问题，王勇在 2016 年提出“一种模数化积木拼装式收纳整理周转包装箱”，该包装箱采用拼装形式，具有可周转、可变形、可回收、可降解等优点。

魔拼快递周转箱可完全替代包装纸箱和取消胶带应用。同时，操作简单，省时省力。魔拼快递周转装箱箱体、上下盖在使用后均可重复利用，破损后还可回收再加工使用，而且整个过程无需用到胶带、塑料袋等降解困难的物质，不仅节省资源，同时对我国生态环境保护起到积极作用。

魔拼快递周转装箱箱体带有软连接角线，使用后可对箱体进行折叠，箱体与上下盖可叠加存放，使运输和存放更加方便。

魔拼快递周转装箱材料强度优于纸箱，同时配有“缓冲带”，在运输过程中对快递物品有更好的保护。

魔拼快递周转装箱可以将快递运单贴在扎带上充当封条使用，只有当周转箱到达客户手里后，快递运单才可以被撕下来或破坏，这样可以有效避免运输途中包装箱被打开。

（三）案例解决方案要点概述

快速拆装魔拼快递周转装箱解决方案的提出主要是为了配合物流企业包装需求，取代纸箱或解决现有拼装或组合箱体上、下盖连接难度大，组合时费时费力的技术问题；同时减少纸箱材料成本、节能降耗；魔拼快递周转箱箱体大小规格可按照物流企业“蜂巢柜、箱”配合定制，提高物流企业标准化程序和效率。市场推广的主要方式拟采用和大型物流企业合作，为物流企业做定制配套的推广方式。

快速拆装魔拼快递周转装箱体是条板任意裁切的板块，通过边角插接式连接组合构成，或模数化拼装构成，其中包括箱体、上盖、下盖；上盖与下盖之间通过扎带连接固定，通过扎带实现上盖、下盖锁紧。在箱体四角连接处设置软连接结构，这样方便使用后拆装、折叠箱体。下盖的侧壁上设置至少四个卡接槽，在上盖的侧壁上设置至少四个锁紧头，扎带一端穿过卡接槽固定在锁紧头上，另一端卡在卡接槽上；或在所述下盖的侧壁上设置至少四个第一锁紧头，在所述上盖的侧壁上设置至少四个与第一锁紧头对称的第二锁紧头，扎带的两端分别固定在第一锁紧头和第二锁紧头上。在相邻的两个扎带上贴有快递运单，快递运单贴在扎带上可以起封条的作用，防止运输途中包装箱被打开。

扎带一端为棘齿结构，另一端为丁字头结构；或者，扎带的两端为对称的棘齿结构；当采用一端为棘齿结构的扎带时，扎带有棘齿结构的一端穿过卡接槽固定在锁紧头，扎带有丁字头结构的一端卡在卡接槽上；所述锁紧头上有与棘齿结构配合的棘牙结构；当采用两端为对称棘齿结构的扎带时，扎带的两端分别穿过第一锁紧头、第二锁紧头进行固定；所述第一锁紧头和第二锁紧头上均有与棘齿结构配合的棘牙结构。

上盖与箱体之间、下盖与箱体之间均设置有防水垫，通过防水垫实现密封，防止箱体内部漏水现象的发生，同时还可以使上、下盖安装更加牢靠；同时，在所述上盖和/或下盖上与箱体内部接触的一面设置有减震垫，在所述箱体的内侧壁上安装有缓冲带，通过减震垫和缓冲带双重作用，保护箱体内部产品，防止产品在箱内遭到撞击被损坏等情况的发生。

案例六　食品（果汁、番茄酱等）行业 IBC 箱开发

（一）企业基本情况

中集运载科技有限公司为中集集团旗下循环载具业务单元的运营主体，旨在用循环包装替代一次性包装，并提供综合性运包一体的解决方案，为中国低碳经济和双碳目标的达成做出贡献。拥有 20 余年循环载具的设计、制造能力和专业经验，为汽车、化工、新能源、现代农业等行业，提供定制化、可循环使用的载具产品设计及载具租赁运营服务。近年来，中集载具结合数字化应用、物联网技术，构建基于循环载具为基础的“标准化 + 智能化 + 互联网运营”的智慧运营平台，与智能制造、现代流通体系深入融合，保障产业供应链安全，让客户的企业运营更环保高效。

（二）案例背景

在国内，食品（果汁、番茄酱等）行业应用的运输包装目前还是以木制吨箱（见

图 8－13）、“铁桶＋木托盘”（见图 8－14）为主。木制吨箱成本相对较低，但容易翘曲变形、发霉，回收后需要选别、组对，报废率高。“铁桶＋木托盘”的包装比较灵活，番茄酱生产企业和客户企业都能接受，对内部番茄酱的保护较好，但成本最高。因此，企业用户倾向于研发一种新型的便于周转使用的钢制托盘箱（IBC 箱）。

图 8－13　木制吨箱

图 8－14　铁桶＋木托盘

（三）案例解决方案要点概述

食品（果汁、番茄酱等）行业 IBC 箱是应中集集团要求的重点开发项目。为中集集团在果汁、番茄酱等行业推进租箱业务，提供用户满意的 IBC 箱产品。产品的主要要求是自重轻、容积大、强度高、寿命长、操作方便、易于管理，并适合铁路车皮、20 英尺集装箱、40 英尺高箱、20 英尺冷箱和平板卡车的运输，使综合物流成本最低。

（1）IBC 箱具有防倾翻功能。托盘箱在铁路车皮中两层堆码运输时，要防止上层箱在铁路编组冲击时倾翻。并要求不能通过捆绑等人工操作方式加固，叉车要能自如地堆码和拆码。本项目分别验证挂钩连接、铰链连接、铁丝连接、下层箱撑紧器、转接盘等各种方案，最终以新开发的防倾翻堆码结构（见图 8－15）满足了客户的这一特殊要求。

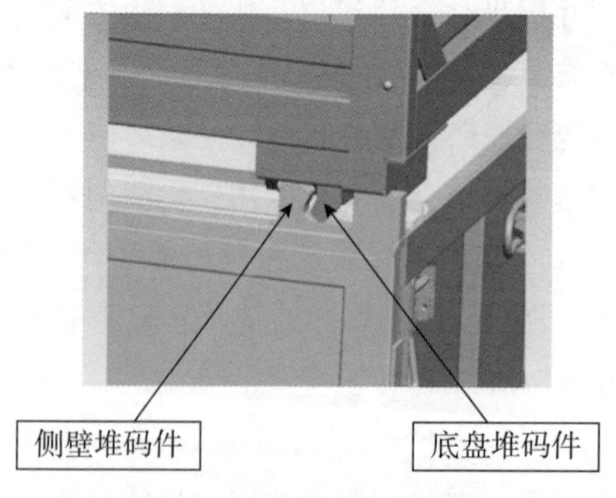

图 8－15　防倾翻堆码结构

（2）创新设计的全折叠箱型，端壁与底盘采用穿轴长铰链（见图 8－16）连接，将底盘与端壁牢固地连接在一起，增加了底盘的强度，减少了底盘的重量；侧壁与底盘采用螺栓轴连接，可任意先后折叠；顶盖为两片式，与侧壁铰接在一起，折叠、组装方便且顶盖不易丢失。

图 8－16　铰链轴与穿轴长铰链

（3）防止折叠端壁时刮伤侧壁的结构（见图 8－17）设计不仅避开了澳大利亚的专利，而且更简单实用，用料少、重量轻。

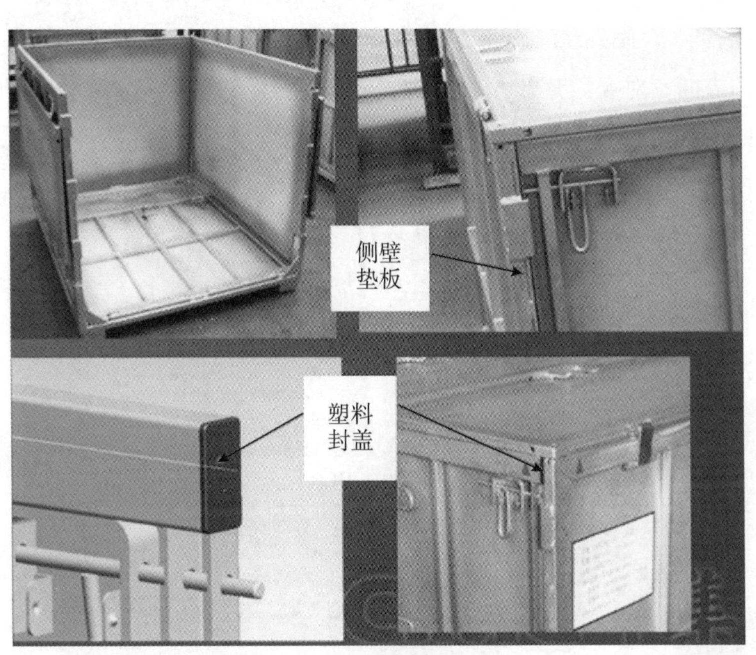

图 8－17　防刮伤结构

（4）侧壁与底盘铰接结构（见图 8－18）的改进，消除了铰接处的大缝隙，保证了装运液体货物的安全。

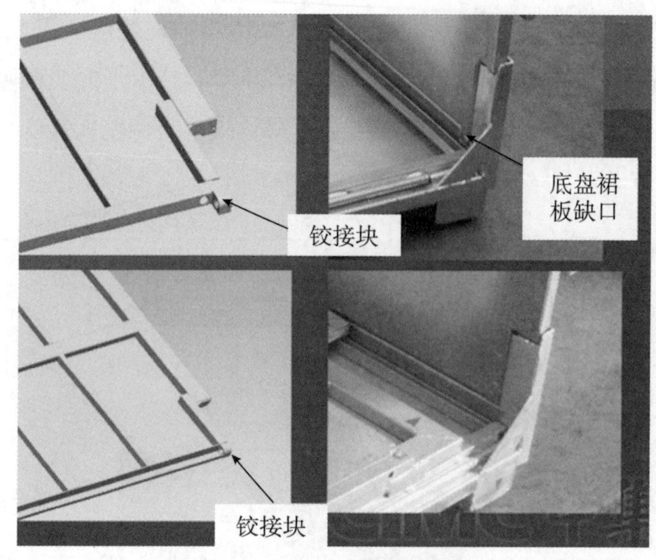

图 8－18　侧壁与底盘铰接结构

（5）装载量为 1.5 吨，正好符合果汁、番茄酱产品 1.5 吨新包装要求；箱尺寸综合考虑了铁路车皮、20 英尺集装箱、40 英尺高箱、20 英尺冷箱和平板卡车的尺寸，使综合物流成本最低，空箱运输时在铁路车皮和 40 英尺高箱中的装运量大。

食品（果汁、番茄酱等）行业 IBC 箱（见图 8－19）的成功开发，可以说是引领了物流发展的方向，对今后逐步扩大食品（果汁、番茄酱等）行业市场份额有重大意义。中集集团现已将此产品租赁给客户使用，为托盘箱租赁运营模式开了好头，同时为中集集团增加一种新的运营和盈利模式。

图 8－19　各种形态的 IBC 箱

第九章　综合实践类

为实现物流包装减量化、绿色化、循环化、智能化，新型包装不断被应用到企业实际运作过程中。本章汇集了智能包装、绿色包装、标准化包装、特色包装四个方面的典型包装应用案例。

第一节　智能包装

案例一　基于“简化包装”的全链路流程设计实践

（一）企业基本情况

菜鸟网络科技有限公司成立于2013年。菜鸟是一家互联网科技公司，专注于物流网络的平台服务。通过大数据、智能技术和高效协同，菜鸟与合作伙伴一起搭建全球性物流网络，提高物流效率，加快商家库存周转，降低社会物流成本，提升消费者的物流体验。

（二）案例背景

在国内电商物流领域，中小件货物的运输形态一直是纸箱作为货物的载体，这其中具有一定的现实原因，同时也存在一定的问题。一是整个B2C仓配业务生产链路流转环节多，为了保证交付质量，无论是纸箱外部还是纸箱内部空间，易产生过度包装的现象。二是各个环节需要针对最小颗粒度的交付物进行操作，动作冗余浪费，且容易带来交付物的破损。

为了解决上述问题，菜鸟启动了“基于‘简化包装’的B2C仓配业务全链路流程设计和改造项目”，针对目前国内电商物流包裹从生产到交付进行了全流程设计，针对包裹形态进行简化包装设计，针对简化包装进行全链路流程的生产运作的方案设计，并在上海等地区实施和落地。

简化包装的落地和实施，明显减少了交付物的过度包装，提升了过程环节的操作效率，减少了动作冗余浪费，提升了运输的整体满载率，实现节能减排。

（三）案例解决方案要点概述

基于简化包装形态的流程设计理念，菜鸟针对全流程的各个环节进行了定制化考量。

（1）针对交付包裹，菜鸟运用大数据算法进行简化包装设计，包装可兼顾到库内生产、运输及配送过程中的便捷性和货物安全。

（2）库内生产环节，菜鸟针对简化包装采用专属的拣选载具。

（3）在生产环节，菜鸟采用大数据算法决策，完成包裹的聚合。对聚合好的包裹，装入周转箱进行防护并出库。

（4）运输以周转箱为单元，提升满载率。

（四）实施效果

项目上线以来，仅上海地区，每年能节约数千万元的成本，减少 20% 的车辆使用率。同时，每年能够节约数千万个纸箱。

案例二　中久科技 CMC 项目智慧运营平台

伴随着科技的发展，数字化已经渗透各行各业，也成为很多企业的重要战略目标。中久装备智能科技有限公司（以下简称中久科技）围绕汽车产业零部件托盘与周转箱共享租赁服务，建设仓配一体化的运营服务数字化信息平台。

（一）数字时代，信息全方位互联互通

从市场现状来看，大多数服务商仅具备垂直领域的服务能力，无法从供应链层面提供整体式、全流程、一体化的解决方案。中久科技打造的由 CMS 系统、智慧运输平台、器具识别车等软、硬件系统构造成的 CMC 项目智慧运营平台，具有 3 大明显优势。

1. 多要素联网

器具流转模式是通过系统化运作，将器具电子标签联网、运输车辆联网，实现器具精准定位，运输车辆接入中久科技的智慧运输平台，进行轨迹追踪。

2. 多场景触达

应用移动互联网技术、物联网技术，将生产中的收、发、盘业务信息全覆盖，全面深度触达器具周转过程中的各个场景，提供更加全面、高效的解决方案。

3. 多节点监控

制作报表并对实时数据进行应用分析，将器具周转作业进行监控预警。通过信息集成形成优化控制、优化调度，实现企业生产过程的均衡、优质、高产、低耗的目标。同时，企业内部流程控制与管理、生产过程成本控制与管理等生产管理活动都在实时

数据平台层完成，使生产过程的实时数据和企业管理数据融合。

（二）数字时代，科技、数据、资产全面赋能

作为数字化驱动的践行者，中久科技 CMC 项目智慧运营平台凭借独特的运营能力及模式，实现数字技术与运营生产的深度融合：通过科技赋能，以大数据、物联网、云计算、互联网等技术为基底，依托全方位系统能力、运营服务及平台资源，为客户提供集产能预测评估、数字化包装设计、数字化仓库管理于一体的智慧仓解决方案，助力物流园区向数字化转型升级，实现资产网络化管理和增值。

CMC 项目智慧运营平台集多种服务功能于一体，体现了现代运营生产特点的需求，强调信息流与物质流快速、高效、通畅地运转。实现降低企业运营成本，提高生产效率，整合资源的目的。CMC 项目智慧运营平台解决了企业生产、运营、管理三位一体的自动化、网络化、可视化、实时化、跟踪与智能控制信息化建设的核心问题，实现企业价值全面提升。主要体现在三个维度。

1. 数据指导发展战略

平台依托运营生产全面联网，将生产经营中产生的数据进行收集、整理、分析，通过数据“内消”的方式，用于服务自身经营决策，优化业务流程。

2. 科技支撑智能运营

平台应用 RFID 技术，自动采集各业务节点器具信息，打通上下游业务，以科技全方位赋能业务运转，助力企业智慧化转型升级（见图 9－1）。

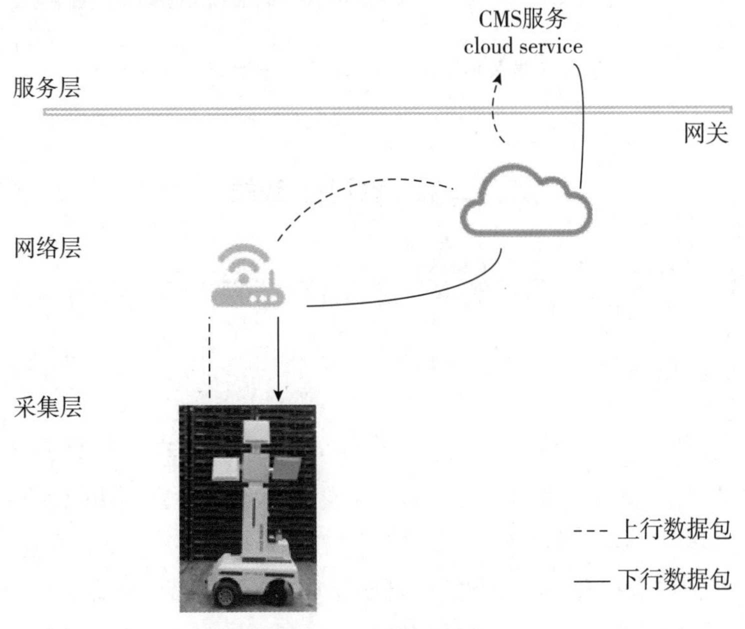

图 9－1　数据采集结构

3. 资产实现精细管控

平台通过对器具资产的日常业务流转监控，实现对器具采购、入库、流转、保养、维修、盘点、报废等环节全过程管理，实时反映器具资产的运行状况。

当下中久科技的 CMC 项目智慧运营平台已初具数字化雏形，未来中久科技将继续结合自身产业特点，紧跟数字化时代，以运营可视化、生产信息化、装备物联化为目标继续深耕。中久科技的 CMC 项目智慧运营平台结构如图 9－2 所示。

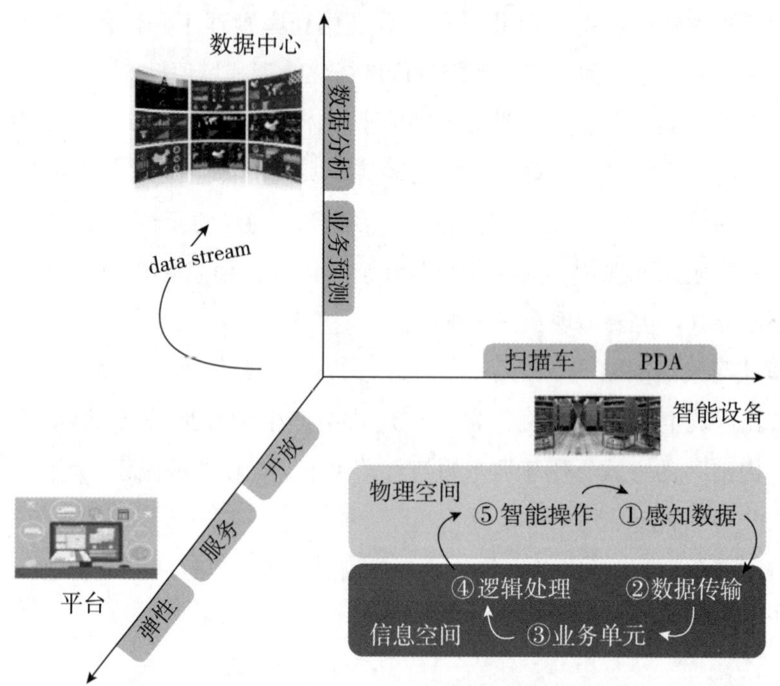

图 9－2　中久科技的 CMC 项目智慧运营平台结构

第二节　绿色包装

案例一　宝洁“重塑新生”使用 2C 循环箱回收塑料瓶项目

（一）案例背景

2020 年，宝洁发布了 2030 愿景，宝洁美尚事业部也在全球发布了 Responsible Beauty“尽责尽美”项目，携旗下海飞丝、潘婷、飘柔、沙宣、Herbal Essence（植感哲学）、发之食谱、Aussie 等品牌，打造与京东在绿色物流、包装回收等方面的试点项目“重塑新生”，创造平台、品牌与消费者良性互动的生态圈，共建全球商业的可持续发展共生生态。活动通过开创性使用 2C 循环箱，并且通过循环回收消费者家中的塑料瓶，再将塑料瓶重复使用的方式，与消费者良性互动，提高消费者的环保意识，并将使用回收塑料打造的运动球场回馈于社会。

（二）案例解决方案要点概述

2020年，宝洁和京东“青流计划”深入合作，双方在广州、上海两地率先开启试点，涉及2万个家庭，通过快递物流体系，将消费者家中的废弃塑料瓶进行回收，再通过宝洁公司的资源回收网络，进行二次利用，开发出多元化环保跨界产品，让废旧包装得以通过巧妙创意和技术创新继续服务大众，引领绿色可持续发展。具体流程如下。

（1）消费者在电商平台购买产品时，页面中提示消费者是否参与“重塑新生”活动，使用循环寄送产品。

（2）消费者点击选择后，电商平台会用定制的循环箱将产品发送给消费者。

（3）消费者收到循环箱后，将家中收集的废旧塑料瓶放入循环箱，可扫描循环箱上的二维码，通知快递员上门取件回收。

（4）快递员将循环箱及收集的塑料瓶送到指定的回收站点，对塑料瓶分类打包。

（5）打包后的塑料瓶送至造粒工厂进行进一步分拣、清洗和造粒。

（6）草坪供应商使用回收的塑料粒子制作草坪，并通过相关各项检验合格。

（7）将草坪铺设到学校，打造学生们的快乐球场。

案例二　百世环保PE袋

（一）企业基本情况

百世集团自2007年成立以来，始终将“科技基因”贯穿其中。

以信息指导物流，以创新提升效率，一直是百世的兴趣所在。百世秉承“成就商业，精彩生活”的使命，以“商业和生活”为服务核心，发展出八大事业部：百世云、百世供应链、百世快递、百世快运、百世金融、百世国际、百世店加、百世优货。

从自动化、信息化到智能化，百世进一步夯实业务发展基础，助力绿色物流发展，实现全面电子化寄件，打造行业领先的“百小萌”智能客服系统，改善快递客服体验。在物流行业迈向新发展格局的进程中，百世聚力高质量服务、聚焦精细化运营、打造高质量人才，重视存量市场的需求升级，为客户提供高效的服务和体验。

（二）案例背景

随着物流业在智能化的道路上突飞猛进，以智能算法为核心的新技术正在驱动物流业向绿色发展，科技已然成为绿色物流的“智慧大脑”。百世坚持以信息指导物流、以创新提升效率，近年来在绿色仓储、绿色包装、绿色配送等方面，积极倡导低污染、低排放和高效率的物流和供应链解决方案，在此引领下，通过模式创新、技术助力等多种方式，百世全方位、多维度推动绿色物流加速落地。

（三）案例解决方案

2019 年 4 月百世发布全新环保 PE 袋，并已逐步在网内推行，提升环保 PE 袋的全网覆盖率，同时成立环保 PE 袋研发实验室，结合市场需求，继续推动环保减塑材料的应用。

该款环保 PE 袋获得中国十环认证和欧盟环保认证，以植物来源的淀粉替代石油来源的塑料，在不增加快递袋成本的情况下，每使用一个环保 PE 袋将减少 30% 的塑料使用。自 2019 年 5 月 29 日起，百世开始逐步切换广东、海南、广西、福建、江西、湖北、湖南、西藏、山东、河南、上海、北京地区的 PE 袋，提升环保 PE 袋的全网覆盖率。截至 2019 年年底，全网已使用 620 万条环保 PE 袋，总计减少 18.7 吨的二氧化碳排放。

案例三　小米手机配送盒——J18

（一）企业基本情况

小米通讯技术有限公司（以下简称“小米”）成立于 2010 年，是一家专注于智能硬件和电子产品研发的全球化移动互联网企业，同时也是一家专注于高端智能手机、互联网电视及智能家居生态链建设的创新型科技企业。“为发烧而生”是小米的产品概念；“让每个人都能享受科技的乐趣”是小米公司的愿景。小米公司应用了互联网开发模式开发产品，用极客精神做产品，用互联网模式减去中间环节，致力让全球每个人，都能享用来自中国的优质科技产品。小米已经建成了全球最大消费类 IoT 物联网平台，连接超过 1 亿台智能设备，MIUI 月活跃用户达到 2.42 亿。小米投资的公司接近 400 家，覆盖智能硬件、生活消费用品、教育、游戏、社交网络、文化娱乐、医疗健康、汽车交通、金融等领域。2019 年上市公司市值 500 强，排名第 53。2021 年全球智能手机市场第二季度数据，小米全球市场份额均超越苹果，晋升全球第二，同时小米也是全球以及中国区增速最快的智能手机品牌。

（二）案例背景

理念：绿色环保，减少碳排放，提升用户体验。

背景：市场上大多数 3C 产品物流包装趋于雷同，大部分为胶带封箱的平口箱，需要增加额外的塑料内衬，不够环保，小米作为一家积极响应环保号召的科技企业，力求将环保贯彻到底，将绿色做到极致。

应用过程：此 J18 包装方案匹配 3C 产品电商发货场景。

解决的问题：将缓冲内衬与物流包装融为一体，大幅度降低成本的同时，无塑料使用，整套包装可回收，百分百绿色环保，同时匹配拉链式开启方式打开后手机缓缓升起，保留较好的用户体验；工艺制作简单，容易实现工业化量产，便于大范围推广，努力为碳中和贡献一份力量。

（三）案例解决方案要点概述

J18 包装方案将缓冲内衬以及物流包装合而为一，全部使用三层瓦楞纸结构，由物流外箱以及瓦楞纸内衬组成，物流外箱采用无须胶带缠绕的拉链纸箱，可以将企业形象完美展示，同时保留用户一撕即开的三秒快感，有非常好的用户体验；内衬由两块一纸成型的三层瓦楞组成，包括一块大的支撑内衬以及一块起到缓冲作用的小内衬，易于量产，生产过程可以用模切板一次搞定；外箱内摇盖设计开口，与支撑内衬相连接，当往外翻摇盖的时候，手机缓缓升起，给予用户良好的开箱仪式感。整套包装彻底摒弃了行业内部“灰板礼盒 + 纸塑内衬”的包装形式，大幅降低成本，整套结构可回收，将绿色环保进行到底。

（四）实施效果

（1）三层保护安全性更强，减少了发货过程造成的破损，良好的用户体验大幅度减少了退货补货的情况。

（2）客户好评增加，提升口碑，起到了为公司引流的作用。

（3）整套包装环保无胶带，整体可回收可降解，有助于减少碳排放。

案例四　高精度内衬配自动化流水线围板箱

（一）企业基本情况

中集运载科技旗下的苏州中集良才物流科技股份有限公司（以下简称“中集良才”），成立于 1998 年，20 多年专注于新能源动力电池的封测及封装容器的研发、生产及销售。中集良才主要产品包括新能源电池的化成容量电芯容器、防护封装容器、特种封装容器、储能装备等。根据客户需求，为客户提供专业的设计和生产。中集良才目前主要客户包括宁德时代、亿纬锂能、比亚迪等国际知名电池厂家，打破了该新能源封测领域一直被日本、韩国等外国企业垄断的局面。中集良才荣获省级高新技术企业、拥有省级工程研发中心、江苏省著名商标、物流行业 10 大知名品牌、AAA 级资信企业证书、2012最受企业欢迎托盘奖、江苏省企业信用管理贯标证书、苏省著名商标、通过IATF16949、ISO9000、ISO14000体系认证，拥有各项专利几十项，各项技术达到国际先进水平。2022年度获评江苏省"专精特新"小巨人企业。

（二）案例背景

国外物流包装自动化程度越来越高，越来越成熟，但主要体现在小箱的物流周转，覆盖了汽车、服装、烟草等行业；国外的大型包装主要承担物流运输，到了终端还需增加人工翻包环节才能匹配自动化生产线，因此存在以下几个问题。

（1）翻包作业浪费人力物力增加包装成本。

（2）翻包作业需要接触零部件，存在丢失碰坏零部件的风险。

（3）影响自动化进程，生产管理复杂。

由于近年来国内新能源发展迅速，因此较低成本的产业链需要建立起来，才能应对国际市场的竞争，真正实现弯道超车；因此中集良才开发了一种应对电芯运转的高精度内衬围板箱，实现了物流运输、周转、上下线采用同种包装，降低了包装成本，提高了工作效率，解决了新能源行业、汽车行业转运中与自动化线的匹配难题；此大型高精度内衬围板箱的推广是自动化线发展的必然趋势。

（三）案例解决方案及技术要点概述

本项目技术主要目的是减少物流包装环节，提高运输效率，降低运输成本，主要意义体现在以下几点：①大型包装替代小箱包装，提高包装容积率；②包装、运输、上下线没有间隔，全部自动化作业，在一定程度上促进了物流包装的自动化发展；③减少中间环节、最大限度提高自动化水平，降低物流包装成本。

高精度内衬配自动化流水线围板容器利用以下几点在传统物流老包装方式上进行技术了创新。

（1）采用固定成型技术确保与机械自动化线匹配。

①内衬TRAY采用多点堆叠结构设计，上下进行嵌入堆叠，堆叠的结构是筋条与面结构均匀设计，面与筋条均匀分布；调高承载力，同时达到单位面积最小的摩擦力，从结构上保证多层堆叠的安全性能。

②采用多点进胶模式，达到精确控制产品成型时间和进胶量，确保产品成型均匀性，减少成型时的应力集中，减少变形量；同时最大限度上提升产品使用的疲劳强度，确保长期使用的一致性。

③成型模具的模芯的制作均采用高速铣完成，主要结构筋位均采用电火花加工，材料选择专用进口模具钢制作，确保模具精度和寿命。

（2）采用外形影像技术与定位器匹配。

①内衬 TRAY 采用结构影像识别定位技术，表面安排定位通孔，凹槽结构，采用防呆排列设计，最大提高可识别度。

②表面定位结构均采用坡度设计，避免反光，最大限度上提供影像识别的可行性。

③本项目在规定时间顺利完成任务，达到了预期目标。

（3）采用复合材料技术，此复合材料的热变形及精度都比常规材料高，自润滑、耐磨性超出一般材料。

具体技术流程如图 9－3、图 9－4、图 9－5、图 9－6 所示。

图 9－3　机械手拆箱

图 9－4　装车

图 9－5　机器人抓取电芯

图 9－6 装载电芯

（四）实施效果

利用该项目核心技术，中集良才已经完成精度内衬配自动化流水线围板箱的研发与生产，现已投入市场；市场反馈效果好，用户满意度高。新能源电池全线自动化制造已是趋势，而中集良才的“高精度内衬配自动化流水线围板箱项目”，在上下线、打包拆包、物流运输等各个环节，将电池载具与自动化线完美融合，大幅提高了生产作业效率，节约了企业的人力成本，对于整个行业的包装标准化、规范化建设具有重要意义。而外箱采用的单元化折叠载具，可取代部分纸箱、木箱一次性包装，进行循环使用，助力低碳减排。从 2019 年至 2022 年，客户使用 3 万多个循环周转器具替代原有的“木箱＋纸箱”的一次性包装，每年可周转 12 万箱次，3 年累计循环 36 万箱次，不仅为客户节约了包装箱的投入成本，而且为低碳减排做出了一份贡献。

案例五 端到端原厂直发包装模式

2022 年 6 月 5 日是世界环境日，也是京东物流“青流计划”启动五周年。京东物流发布了行业内首个原厂直发包装（以下简称原发包装）认证标准，并携手多个合作伙伴发布绿色包装新目标：至 2030 年，实现 80% 以上电商渠道售卖的产品支持原发包装。

过去五年，京东物流携手上下游合作伙伴推行原发包装的环保包装模式，上万个商品 SKU 实现了出厂原包装的直发，已带动行业减少一次性包装 100 亿个，相当于减少砍伐约 2000 万棵树木。同时，在“6·18”期间，消费者在京东上购买使用原发包装的商品还将获得绿色积分，享受绿色权益。

自 2017 年启动“青流计划”以来，京东物流携手上下游伙伴，持续推动供应链端到端的绿色化、环保化，目前已有超过 30 万个企业、亿万个消费者参与其中。2022 年全国节能宣传周和全国低碳日活动开展之际，京东物流积极响应号召，不断探索包装、仓储、运输、循环利用及生态合作等方面的绿色可持续发展方式，打造绿色供应链生态。

原厂直发包装（Delivered with Original Package，DWOP）是指电商商品包装与快递包装采用一体化结构，减少电商商品在寄递环节二次包装的包装形式。为推动绿色包装转型，早在2017年，京东首次在行业中提出原发包装概念，并通过优惠政策激励品牌商企业广泛推行。目前，包括宝洁、联合利华、云南白药、碧然德等众多品牌商的上万个商品SKU已实现出厂原包装的直发。

如今，原发包装正成为物流行业减少包装废弃物的重要解决方案。在“青流计划”五周年之际，京东物流正式发布原发包装标准和认证流程。在包装标准上，原发包装应同时满足安全性、空隙率和环保性三个方面要求：首先，原发包装需通过京东物流运输标准测试要求，保障订单可安全交付；其次，包装空隙率不超过20%，实现减少材料浪费，避免出现过度包装；最后，应选用环保可回收的包装材料，不得使用聚苯乙烯、重金属和有害物质残留超标的包装材料。此外，建议优先选用原色纸箱，减少印刷油墨的使用。在认证流程上，品牌商家需将包装件样品送至资质齐全的第三方包装检测机构，由检测机构根据京东物流所发布的原发包装认证标准进行检测，并出具检测认证合格报告。目前，京东物流已联合行业碳咨询专家启动原厂直发包装减碳团体标准制定工作。

同时，京东物流还发布了原发包装logo，如图9－7所示。logo以绿色、循环为设计理念，外圈三个绿色循环标分别代表消费者、品牌商和京东，他们首尾相连寓意端到端的绿色供应链；标志中间则是一个绿色纸箱，左侧面呈现叶子形状，寓意原发包装的绿色包装方式。

图9－7　原发包装logo

京东物流与合作伙伴共同发出DWOP环保宣言：推广循环包装，减少包装浪费；使用原色纸箱，减少油墨使用；减少包装层数，避免过度包装；简约紧凑设计，减少材料使用；使用环保材料，减塑回收再生，进一步推动在包装环节的绿色减碳。

第三节　特色包装

案例一　樱桃包装整体解决方案

（一）企业基本情况

1993 年，顺丰诞生于广东顺德。2016 年 12 月 12 日，顺丰速运有限公司取得证监会批文获准登陆 A 股市场，2017 年 2 月 24 日，正式更名为顺丰控股股份有限公司（以下简称“顺丰”）。顺丰科技有限公司（以下简称“顺丰科技”）是隶属于顺丰速运集团，具备“深圳市重点软件企业”“国家高新技术企业”等资质。顺丰科技目前致力于支持顺丰内外多项业务的研发、运维和内容服务，包括智慧物流解决方案、大数据产品、云计算产品、智能穿戴、无人机、人工智能等多个方向。无论从系统应用规模、监管手段、调度能力、研发能力、科技含量、处理能力等方面，顺丰在国内速运行业都处于领先地位。地址识别技术、路由规划技术等技术领域已经达到国际标准水平。顺丰科技拥有 3000 多人的技术队伍，汇集全球优秀人才，核心团队 70% 以上为硕士和博士。自主研发 230 多个大中型系统，拥有 3 个数据中心，申报和获得的专利达到 1004380 项软件著作权。

案例背景

①随着人们生活水平的快速提高及新零售业行业的迅速发展，电商平台已经成为生活中不可缺少的购物渠道，行业内针对某单一生鲜品类包装方式或包装要点无据可循；②樱桃在顺丰生鲜业务中占相当大的体量，由于樱桃的产区及品种较多，其在快递运输过程中的 2C 端包装方式，在顺丰体系内也未完全建立统一标准，使得樱桃品质得不到控制；③大连、烟台等主产区樱桃上市旺季产量大，传统包装方式导致顺丰收派员在打包时操作效率低，打包步骤烦琐；④为响应国家绿色物流、绿色包装的号召，优化传统“纸箱 + 泡沫箱”的包装方式。

（二）案例解决方案要点概述

1. 针对提高托寄物品质

（1）对现有包装方式，进行业务量、损坏量等数据采集及分析。

（2）对托寄物品类进行分析，明确在运输过程中影响其品质的因素有哪些。

（3）分析在众多影响因素中，哪些与现有包装方式相关，哪些与托寄物本身有关。

（4）如就单纯考虑托寄物品质（不考虑包材成本），现有包装方式的可优化点。

2. 针对包材分析现有包装方式存在问题

①传统包装方式 EPS 箱有异味，导致到货开箱后污染樱桃；②纸箱价格大幅上升，导致樱桃包装成本升高；③现有包装部分箱型装不下，导致在重量方面与寄递标准相悖；④包装方式及规格不统一，导致包材质量不能系统把控。

3. 针对托寄物分析存在问题

①应从采后处理开始把关；②控制托寄物采摘成熟度；③分析其最适预冷方式及预冷温度；④储存温度。

4. 除包材及托寄物自身，包装辅材也同样有重要的作用

打包后的单个包装内部都会是一个微环境，就樱桃而言需要考虑在这个微环境中影响其品质的因素可能还有水分、温度。

（三）实施效果

1. 应用效果

EPP 包装方式：①解决 EPS 泡沫箱的异味问题；②无须使用外包纸箱，减少发运高峰时期，通过折纸箱、装纸箱等操作，提高打包效率；③系列箱型长宽成比例，可方便堆码，提高车辆装载量；④2. 5kg、5kg 装箱型中部增加隔板，可防止樱桃挤压，提高抗压强度；⑤统一樱桃包装规格，统一包装形象，便于片区联采及区内调货；⑥统一樱桃包装规格，便于包材质量控制，便于包装方案统一执行；⑦EPP 材料韧性高，可有效解决 EPS 箱因脆性导致的破损及被掏洞的问题；⑧EPP 材料不含发泡剂等有害物质，可 100% 回收；⑨减少纸箱，减少了快递垃圾，符合国家倡导的绿色快递。

2. 业务价值

4 个月内已使用 23 万个，覆盖 6 大主产区（烟台、大连、济南、北京、四川、陕西）。

包材异味投诉率 0；彻底解决樱桃包装异味污染问题，消除客户 10 多年痛点。

包装效率提升 50%；由 2 分钟/票提升至 1 分钟/票，客户及收派员对新包装认可度很高。

车辆装载率提高 11%；系列箱型成比例，堆码性能更优。

包材销售创收超过 160 万元。

3. 社会价值

减少碳排放 50 吨；减少 23 万个纸箱，相当于约 80 吨材料。

案例二　非冷链运输荔枝保鲜包装开发及应用

（一）企业基本情况

惠州城市职业学院是经广东省人民政府和教育部批准设立的公办高等职业院校，

学校创办于1964年，目前有在校生1300多人，开设物流管理等高职31个专业。

惠州城市职业学院物流管理专业是学校2个品牌专业之一，是学校新商科专业群的领军专业，目前有副教授55人，高级物流师5人，双师型教师19人，近年承担省级以上课题5项，获得专利5项，软件著作权8项，获得省级职业教学成果奖2项，获得物流职业技能竞赛省一等奖3项，国家二、三等奖各1项，广东省“挑战杯”创新创业大赛金奖1项。

物流管理专业建有2000多平方米物流实验实训室和虚拟实训室，建有京东物流、苏宁物流、顺丰速运等5个大型校外实验实训基地，另有现代物流协同创新研发中心1个，惠州市现代物流工程技术研发中心1个。

（二）案例背景

1. 荔枝是广东的特色农业产业，荔枝产业巨大

荔枝发源于中国，中国荔枝产量占世界荔枝产量的70%。而广东又是中国最大的荔枝产地，广东荔枝种质资源保存量600多份，居全国第一，占全球的60%以上。2018年，广东全省荔枝种植面积411万亩、产量131万吨，占全国荔枝产量的50%以上，约占世界荔枝产量的35%。荔枝是广东单一水果种植面积最大、品种特色最鲜明、区域优势最明显、种植历史悠久的热带水果。惠州是荔枝主产地之一，种植面积40万亩，年产10万吨。

2. 荔枝运输保鲜困难，冷链运输成本过高

荔枝采摘周期短，保鲜难度大，全程冷链运输成本高，农户负担过重，农民增产不增收现场严重。电商环境下，荔枝分销全国各地。目前国际上有效的方式是快速全程冷链运输，一般是“陆+空+陆”的联运模式，但其成本是陆运的2~3倍。国内荔枝速递主要依靠汽车非冷链运输，主要包装方式为“泡沫箱+冰袋”，外加纸箱包装，材料耗费巨大，成本太高且泡沫箱产生巨大污染。当前国内快递公司通行的荔枝运输方式是：1000千米以上的长途运输，采用冷链运输，1000千米以下的中短途运输，采用非冷链运输，但两种运输包装均为“纸箱+泡沫箱+冰袋”包装。非冷链运输中，仅靠冰袋维持低温，持续时间不超过3小时。

冷链运输成本过高，以5千克荔枝1500千米的国内快递为例，快递费用为120元左右，而在普通年份，5千克荔枝的售价也不过100元。现有非冷链运输中，荔枝剪枝运输，荔枝不预冷，保鲜效果差，物流公司的“纸箱+泡沫箱+冰袋”材料与重量双重计费，物流成本高。

（三）案例解决方案要点概述

1. 解决非冷链运输下荔枝等水果的保鲜难题

针对荔枝“果不离枝、荔枝变质”的特性，发明一种非冷链的水果包装箱及装箱

工艺——“小箱”，保持水果不离枝，在箱内新鲜呼吸，可实现48小时内小于5%的坏果率。

2. 克服冷链运输的高成本难题

现行荔枝等水果均采用冷链运输，冷链快递费用是售价的120%～180%，难以被消费者接受，果农受损严重。“小箱”是非冷链运输下的包装，成本仅为现行冷链运输成本的40%～50%。助力农民降低成本，增收致富。

3. 解决水果快递的环保难题

“小箱”使用可降解循环材料，可回收反复利用；不再使用泡沫箱，减少白色污染的效果明显，使用一个“小箱”就可减少一个泡沫箱的污染；目前已经促进该行业减少使用泡沫箱10万个。同时，“小箱”采用卡扣设计结构，不用胶带封箱，减少使用胶带20万米/年。

4. 解决水果运输被挤压受损难题

水果快递中，80%的果品受损来自包装箱受挤压。“小箱”采用五层瓦楞纸作为框架，利用力学结构原理，可通过200kg正面压力。一年的实测数据显示，坚固度高于现有物流纸箱。

5. 解决荔枝等产品装箱流程复杂难题

现行荔枝等水果快递中，冷链运输需要进行事先预冷，周期为2～3小时，装箱时需加入冰袋，作业环节多，时间周期长，人工成本高，“小箱”装箱不需要预冷，从树上摘下果子即可装箱，时间节约50%，人工成本节约30%～40%。

（四）实施效果

非冷链运输条件下的荔枝保鲜包装，解决了困扰该领域的成本高、保鲜难等关键问题，该项目共申报专利11项，4项已经获得授权，7项待授权审批。该项目实施取得了明显的经济效益、社会效益和环境效益。

（1）经济效益。该产品以惠州镇隆地区为试点地区，逐步推广至惠东、茂名、增城等荔枝主产地，从产品研发成功到应用推广的两年间，产品年销售80万～100万元，广东海纳农业、惠州四季绿等国家农业龙头企业开始应用本产品，大量荔枝种植户从应用本产品中获得了收益，大幅降低了荔枝产品的销售成本。产品获得了用户的广泛好评，打破了荔枝产品必须依赖高成本冷链运输，以及运输包装由物流公司指定的情况。

（2）社会效益。该项目每年为惠州及周边地区荔枝农户降低快递成本超过100万元，项目实施近2年时间，在广东茂名、惠州镇隆等荔枝主产地得到较好应用，助推农户脱贫致富，为振兴乡村贡献智慧。该项目得到广东省农业农村厅、惠州市政府、地方农业部门的广泛关注和充分肯定。

（3）环境效益。目前，每年可减少使用泡沫箱 10 万个，冰袋 20 万个，胶纸 20 万米，项目得到更大范围应用推广后，将在更大程度上减少聚乙烯泡沫箱、冰袋、胶纸的使用。

案例三　鲜切花折叠周转筐在鲜花物流中的应用

（一）企业基本情况

北京宜花科技有限公司（以下简称宜花科技）成立于 2014 年，是一家通过“互联网 +”整合鲜花行业，被 22 万个花店与种植者信赖的鲜花公司。作为一家互联网初创企业，宜花科技利用互联网科技，掀起了科技农业风潮，实现了花卉行业变革，一跃成为行业领先者。目前宜花科技销售网络已覆盖全国 100 多个城市，九大合作种植基地以及近万名种植者和供应商遍布全国。宜花科技利用移动互联网技术改变了传统鲜花行业的供应链结构，将原有从花农到花店的鲜花产业流通环节从五层降为一层；花材的流转时间从 96 小时缩短到 24 ~ 28 小时，效率提升了 70%；花材周转成本下降 50%。宜花科技旨在为种植者资源（产）、采购商渠道（供）、鲜花店终端（销）提供 B2B 及 B2C 的移动商务及营销平台，创建多维链式消费场景，并提供全恒温云库物流体系、鲜花代加工精细化服务及并购基金业务，打造中国花卉行业独角兽。

（二）案例背景

传统的鲜花包装方式采用纸箱压缩打包，纸箱价格单价高、花材损耗大、纸箱利用率低、装卸效率低。受以上痛点影响，2018 年 12 月，宜花科技启动塑料折叠周转筐取代纸箱包装运输，取得良好效果。

（三）案例解决方案要点概述

宜花科技原先采用纸箱来包装和运输鲜切花，为了减少纸箱、塑料膜等包装材料的浪费，降低包装成本，宜花科技考虑更换为可重复利用的周转框，但市场上这类合适的周转筐很难找到。浙江正基塑业股份有限公司拥有深厚的设计、研发和制造实力，一直致力于折叠箱等循环包装箱的研发、生产，以推广和使用可循环包装箱、杜绝包装材料废弃物为己任。双方决定共同开发一款可长期循环使用，可减少其他包装材料的应用，可以折叠的鲜切花周转框。

经过双方不断的实地调研和沟通，完成了这款鲜切花折叠周转筐的设计与制作，产品采用中石化王牌塑料——EPC30R 为基料，辅以耐寒、耐晒、耐老化、高抗冲的工程母粒（保密配方），产品正常使用年限长达 3 ~ 5 年。

这款鲜切花折叠周转筐（见图9－8）规格为1000mm×400mm×340mm，折叠后的高度仅为75mm，折叠后可以节省75%左右的使用空间，其内径尺寸为960mm×360mm×320mm，重量约5.07kg，建议堆码6～7层，可承重150kg。鲜切花折叠周转筐采用提拉式折叠设计，无须用力拍打边板，一拉就可以轻松打开、关闭；可配置卡夹、贴标签等，对翻盖可以有效保护内部的鲜切花；采用鲁班工艺燕尾榫结构，可以防止周转筐受力拉伸而变形，使用优势多。

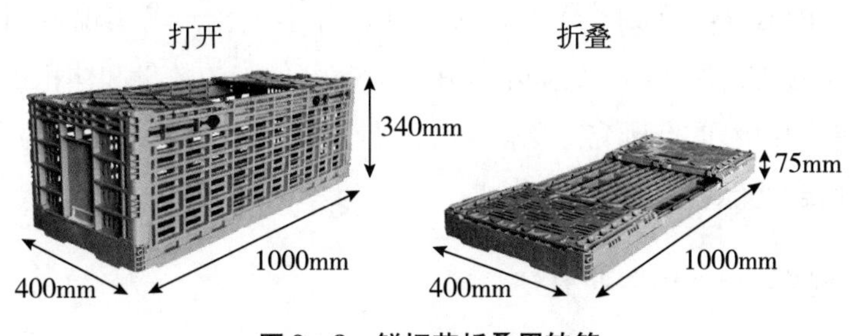

图9－8　鲜切花折叠周转筐

（四）实施效果

自2018年起，分三批生产制作了一万多个鲜切花折叠周转筐，陆续投入全国使用。综合比较下来，使用该鲜切花折叠周转筐，可节省原纸箱采购费用近500万元/年，经物流途径的鲜切花损耗也接近于零，每年可节省纸包装箱、各种装箱打包耗材、人工费用近2000万元。另外，采用鲜切花折叠周转筐还可以实现短途接驳和长途干线带托盘运输，进一步提高装卸效率。同时，可以将其发给种植基地和花农，使鲜切花在产地直接装筐，减少倒筐的人工支出。

案例四　翼子板异型贴体包装

（一）企业基本情况

上汽通用汽车销售有限公司（以下简称“上汽通用”）成立于2011年，业务经营范围有：①经上汽通用授权从事别克、雪佛兰、凯迪拉克品牌进口汽车的总经销，经上汽通用授权从事由上汽通用汽车有限公司及其国内投资生产的别克、雪佛兰、凯迪拉克品牌国产汽车的总经销，从事前述进口及国产汽车的政府采购、集团客户的零售业务，从事前述进口及国产汽车的售后服务；②从事汽车整车出口；③从事汽车发动机、变速箱、零部件及相关维修配件的进出口、批发零售和佣金代理业务；④从事境内二手车经销业务；⑤在线数据处理与交易处理业务；⑥提供与上述业务相关的技术咨询和培训服务。

上汽通用坚持“以客户为中心、以市场为导向”的经营理念，不断打造优质的产品和服务。

（二）案例背景

随着售后零部件服务市场规模不断扩大，零部件销售业务增长，在整个零部件供应链中，零部件的体量和业务复杂性增加，上汽通用汽车对物流包装的成本控制也成为关注的焦点，期望通过单个零部件的优化和整体资源的整合来降低物流包装成本。在仓储、包装、配送等环节协同作业，共同推进降本工作，以实现精细化、标准化、自动化、智能化的物流管理体系。钣金件在售后零部件中的数量和体积占比尤为突出，故作为售后包装物流的重点研究对象。其中，前翼子板属于经常更换的事故件，且尺寸相对偏小，适合进行结构创新研究。

（三）案例解决方案要点概述

本方案要点是依据零部件结构特点，根据翼子板外形进行贴体包装设计，对重点易损部位进行固定卡位，对局部进行镂空设计，在便于识别零部件状态的同时，最大化利用零部件结构特性，从而节省包装体积。同种零部件堆叠可进行嵌套摆放。

（四）实施效果

（1）优化后单件包装成本节省32%，年化节省包装材料费用约87万元。

（2）单件体积方面，原单件体积为0.213立方米，现单件体积为0.134立方米，单件体积节省37% 。

（3）运输体积方面，在同等数量情况下，144个零部件摆放，原包装在托盘上的体积为37.48立方米，现包装在四面围的体积为23.76立方米。优化后大大节省仓储和运输体积，年化节省约1.3万立方米，节省运费近210万元。同时因其贴合紧凑，也方便经销商暂时存放。在运作前端使用四面围既方便在车厢内的堆码摆放，提高车辆装载率，又可提升交接操作效率，大大减少了运作前端（供应商到仓库，仓库到分拨库之间）的货损风险。

第四节 包装运营精益化

案例一 智慧物流储运一体化循环包装案例

（一）企业基本情况

南京中车物流服务有限公司（以下简称南京中车物流公司）成立于2017年，由中车物流和浦镇公司共同出资建立，注册资本2000万元，是中车旗下唯一一家以智慧物流、智能制造为核心的专业从事第四方物流服务的企业。组织架构按职能性质构建，现有员工40人，总经理负责公司战略性决策，统筹管理、财务、技术中心和四大市场区域，管理和技术中心下设总监分管。公司依托技术先进、信息安全的工业智慧物流平台，用新型储运一体化循环包装取代传统木包装，为轨道交通行业客户提供包装、运输、装卸、仓储、配送等一体化供应链物流服务。2021年公司智慧物流业务继续呈现快速发展的态势。

南京中车物流公司始终围绕循环包装、平台运输业务和VMI仓储构建工业智慧物流“三位一体”业务模式，大力推进绿色智慧物流，已减少近50万只木箱的浪费，包装出口覆盖到全球101个国家和地区，合作企业共计146家；开通循环物流运营线路97条，运营总路线近300条，业务遍布全国。公司现已成功研发智慧物流、VMI等信息化系统，近三年共获34项知识产权科技成果，并获省级高新技术企业称号，2020年荣获江苏省AAA级诚信物流企业称号，公司创新的智慧物流模式获评“全国智慧物流企业建设创新代表单位”等称号。

（二）案例背景

1. 传统物流管理模式现状

现今国家大力推进工业互联网建设，传统的劳动密集型工业物流企业呈现出资源分散、恶性竞争的现状，并且供应链上下游企业的信息不够透明，造成库存资金占用高、信息不对称等问题，不能发挥集约化优势，这些制约着制造业的转型升级。同时，供应商外来物料普遍使用大量木包装，易造成产品破损、影响运输装载率、木包装不能循环使用等问题。我国作为制造业大国，是全球高端装备制造的领先者。在减污降碳、协同增效上，更应该有绿色、稳定、精益的供应链管理体系。

2. 智慧物流管理模式探索

物流是为生产而服务的。以中车浦镇公司内部物流管理为例，2015年浦镇公司结合自身生产特点，按照工位作业内容进行切分，固定工位安排各类技能人员形成工位制节拍式精益生产，相较于传统作坊式生产管理，能够达到异常问题快速暴露，快速处理。而传统木质包装按数量配送的物流方式影响着精益生产管理水平提升，因此浦镇公司对内部的物流模式试行精益改革，主要管控物料从库房齐套后到工位配送，极大提升了生产效率和产品品质。这种内部物流工位制、节拍化、套餐式的配送模式，迅速在轨道交通主机企业得到推广。

《国务院办公厅关于积极推进供应链创新与应用的指导意见》指出，以提高发展质量和效益为中心，以供应链与互联网、物联网深度融合为路径，打造大数据支撑、网络化共享、智能化协作的智慧供应链体系。即将物料管理延伸到供应商环节、将供应商作为管理链条的一部分，供应链上下游通过信息共享达到同步，实现直接从产品下线到上组装工位的智慧物流管理来提高物流效率势在必行。

3. 智慧物流管理模式目标

南京中车物流公司参考浦镇公司内部物流管理模式的成功经验，以信息技术为支撑，以精益思想为指导，在物流各业务环节以实现信息协同、资源共享、业务整合和物流数据的网络化、可视化、智能化，以实现制造和服务高效融合的物流新产业为目标，推进绿色现代化智慧供应链变革。随着业务量的不断壮大，专业化的服务能力逐渐提升，通过为制造企业提供先进的物流管理模式及高标准的物流服务，帮助制造企业降低物流成本，并形成良性促进作用，建立精益工业智慧物流新模式。

（三）案例解决方案要点概述

1. 智慧物流主要内涵

精益工业智慧物流是为满足轨道交通业内部工位制节拍化精益生产组织新模式运行需要，运用现代物流管理信息技术，大力构建基于信息化平台的轨道车辆 JIT 拉动式物流配送模式。优化物流管理主流程，物料管理延伸至供应商，推行储运一体化，实施供应链一体化管理。借鉴引入工位制节拍化精益生产理念，以配合性、准时性、动态性以及经济性为目标，以现场需求为中心，物料配送实施节拍化拉动式管理。

（1）供应商管理。在供应链管理中，供应商处于上游工序，根据主机厂的生产需求，向主机厂提供物料。通过管理供应商，进一步将供应商的供应能力与主机厂的生产情况进行关联，形成从供应商的产品下线到主机厂生产的过程管控。

（2）信息同步共享。上游的供应商的库存信息和主机厂的需求信息同步共享，在供应商环节就可以知晓主机厂的需求情况，及时调整供应商的生产计划。反之，根据供应商的生产信息，主机厂可根据供应商的供给能力来统筹项目的生产节奏，减少不必要的等待浪费。

（3）物料实现从供应商到主机厂生产工位的直接配送。使用标准的储运一体化工装，在供应商产成品下线后直接由供应商将主机厂所需物料按工位装箱。根据主机厂的需求，在规定的时间节点直接配送至主机厂的生产工位。

（4）经济效益最优。通过循环取料模式，结合主机厂的物料实际需求情况。或由主机厂派车到各个供应商处进行取料，并将所有供应商的物料整合在一起，使得整体运输效率最高，总体成本最低，实现多方共赢。

2. 智慧物流运营理念

（1）包装运营模式。

结合轨道交通主机企业生产方式特点，南京中车物流公司以产品循环共享包装为切入点，设计可实现直接上流水线工位的包装，消除从产品下线到上组装工位之间不必要的物流环节（见图9－9），以智慧物流服务平台为载体，将制造企业中的物流管理、运输管理从制造业中分离，通过储运一体化实现可循环使用。对同一种产品的循环包装，实现在不同主机厂、不同供应商之间共享使用，减少闲置，提高物流效率（见图9－10）。

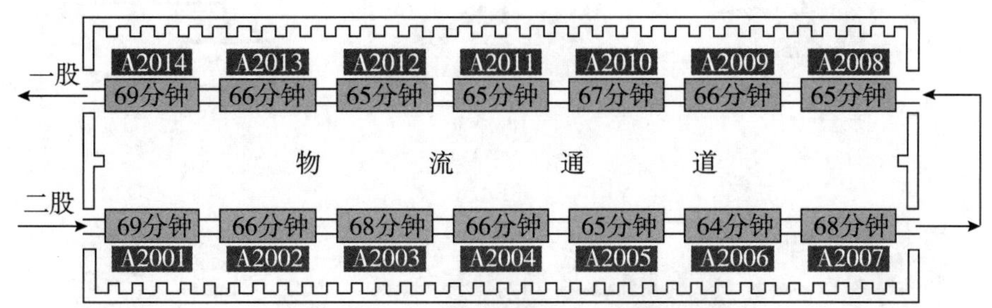

图9－9 储运一体化包装直接上流水线流程

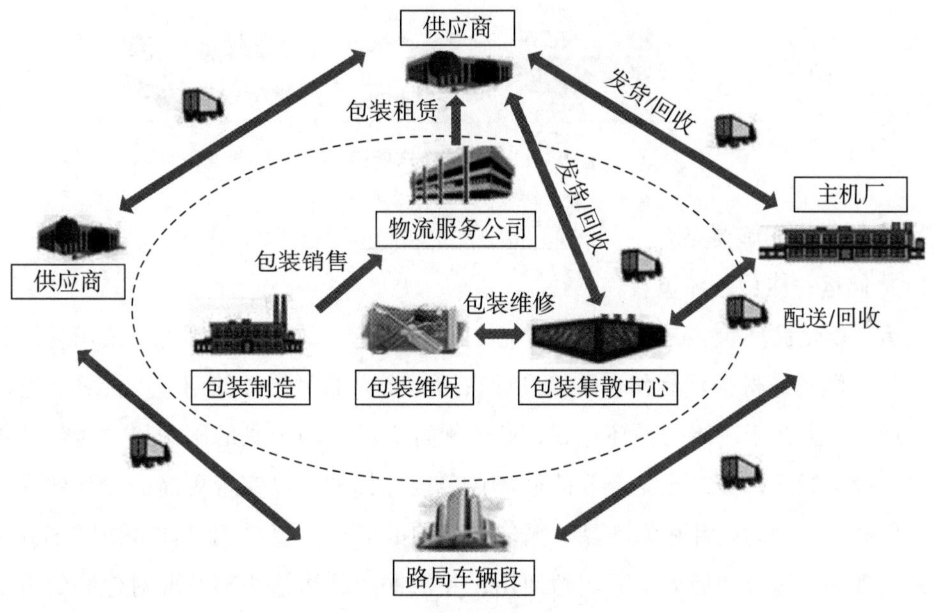

图9－10 包装运营模式

（2）VMI解决路径。

VMI是一种以用户和供应商双方都获得最低成本为目的，在一个共同的协议下由南京中车物流公司代供应商管理库存的模式。先将供应商生产的零部件运至VMI虚拟库中，并根据主机厂的生产计划定期进行短驳配送，将主机厂需要的零部件送达指定地点，并不断监督协议执行情况和修正协议内容，使库存包装资产管理（见图9－11）得到持续的改进，这种库存管理策略打破了传统的各自为政库存管理模式。在VMI库中以循环包装箱为入库、出库单位，使 VMI 系统可以与 TMS 系统完美对接，实现信息同步，补齐在仓储和短驳这块无法监管的短板，打通包装 + 运输 + 仓储之间的信息壁垒，实现货物从客户处装车出发、运输、仓储、短途配送的全流程的掌控，为客户和主机厂提供更加优质的智慧物流服务。

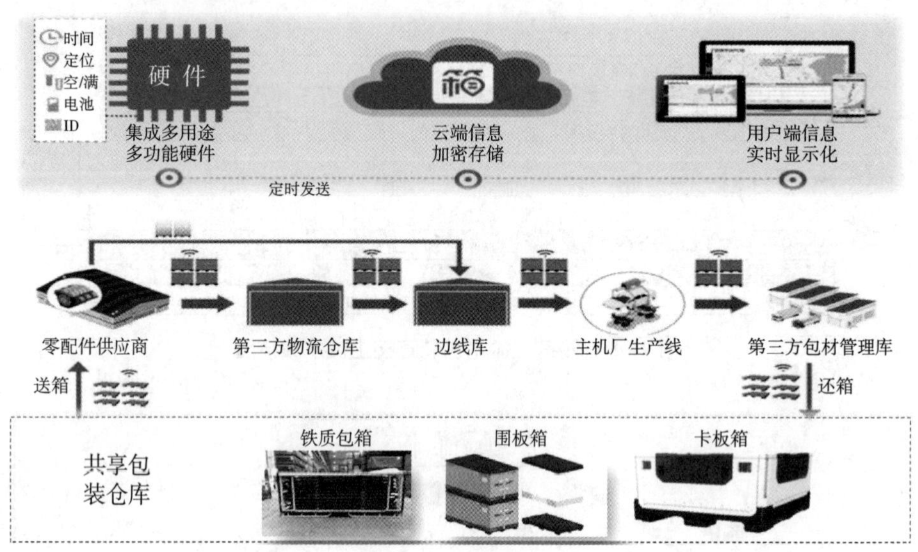

图 9 - 11　包装资产管理

3. 智慧物流实施要点

（1）储运一体化循环包装。

储运一体化循环包装是以产品为中心，践行绿色、共享发展理念，使用易回收材料（金属、塑料等材料）制作包装，设计适用于产品的可循环使用、可折叠空返的集储存、运输和上线于一体的循环包装，参照现行交通运输工具的限载尺寸对包装箱的规格尺寸设定标准，最终建立企业的循环包装设计标准，以实现更高的设计效率和更高的应用效应。针对同种相似产品，循环包装箱的设计主要采用可调节或零部件替换等方式实现循环包装的最大化通用性使用，并依据产品运输距离情况对包装的可折叠性进行规划。

（2）应用二维码技术管理。

在共享包装箱管理方面使用二维码技术和 RFID 技术。循环包装上有 RFID 标签和二维码铭牌，在系统 App 中集成二维码和 RFID 扫码功能，可以在智慧物流系统层面上对包装的循环使用情况进行监控，收集包装箱循环数据，建立包装箱循环档案，旨在增加包装箱生命周期内循环使用次数，从而降低单次使用成本，最终建立高效的包装箱循环管理系统，提高包装箱利用率。

利用条码技术对循环共享包装全过程进行跟踪，实时掌握动态信息，每个工位物料的物流状态可以实时把握。

（3）共享运输商包装信息。

在运输任务中以循环共享包装为运输单位，在司机发货前通过 RFID 扫码识别包装箱，与运输任务绑定，从而不仅能知晓运输车辆中装载的货物，也能了解使用的循环共享包装箱，进一步增强对公司“包装＋运输”业务的掌控能力。另外，了解包装箱的位置和状态变更、客户的生产能力、包装箱的分布情况，便于运营人员从全局角度进行包装箱调拨，合理利用现有包装箱资源，以有限的资源带来无限的利润，为建立循环共享包装箱的循环档案提供数据支持。

（4）建立 VMI 仓储和配送。

在 VMI 仓储和配送最初环节能够获得物料层面的信息，然后按照循环共享包装箱的实际装箱内容在系统中进行虚拟装箱，把系统中循环包装跟仓库中实际循环包装箱进行强关联，达到对 VMI 仓中各种物料和包装箱的实际掌控，在 VMI 库进行短途配送时系统也会以循环共享包装为单位进行配送。在整个 VMI 库运作中，以循环共享包装箱为基本单位，进行各流程的运转，通过 VMI 业务将循环共享包装箱完美串联。

4. 搭建智慧物流管理平台

基于智慧物流平台，可以优化当前运输任务。首先基于任务的起始点和终点，应用大数据和物联网等技术与核心算法系统推荐最优运输路径，降低运输时间，减少运输费用。其次，系统设计了订单自动调度算法，会将满足合并要求的订单进行合并，从而使一次任务能服务于多个顾客，减少车辆使用数量，提高效率，减少空载率，并逐步向所有客户推广该项业务。通过智慧物流管理平台，对第三方物流进行全方位管控，随时了解物料配送的实时状态，为所有循环取货车辆进行 GPS 跟踪，实时掌握车辆信息，从而提供高效的工业智慧物流服务。

5. 共享供应链信息

基于智慧物流平台的顶层设计能力和信息技术能力，平台主要包括包装管理、运输管理、仓储管理等功能模块，可实现与轨道交通制造供应链的上游供应商企业、下游的最终用户企业所使用的供应商内部 SAP、生产 MES 等管理系统互联互通，从而连通主机厂供应链上下游企业的采购信息、供应信息、库存信息、生产信息和销售信息，实现主机厂供应链从采购物流、生产物流到销售物流全流程的信息实时共享，信息透明，提高效率。智慧物流平台作为开放的信息载体，能够为供应链各方提供实时的相关物流信息，为最终客户提供决策支撑。

6. 开放云服务

智慧物流平台将采用开放构架逻辑，充分利用区块链技术的先进性并结合轨道交通产业链的独特性，形成能为所有工业企业提供“采、供、销”高效协同的信息服务和云平台服务的智慧物流平台，构建基于运输网络、VMI 仓储和共享包装三位一体的业务模式。

（四）实施效果

1. 经济效益

（1）实施循环包装平均降低 20% 的包装成本，抵掉包装回收增加的运输费用以后，总体能为企业降低 10% 左右的物流费用。根据粗略统计，通过推进智慧物流项目，统筹目前已实施的企业合并计算，每年降低包装费用共计约 2000 万元，表 9 – 1、表 9 – 2、表 9 – 3 为部分配套供应商企业实施循环包装前后的降本成本数据对比，以南京地铁 3 号线车辆内装项目为例。

表 9 – 1　企业实施降本情况

产品	一次性包装成本（元/列）	循环包装成本（元/列）	单次降本（元）	全年降本（万元）	降本比例（%）
标动短编外门	38000	28000	10000	250	26.32
城轨门系统	20836	16000	4836	241.8	23.21
城轨空调产品	13100	10000	3100	31	23.66
城轨内装产品	120000	100000	20000	200	16.67
车轴产品	6000	4464	1536	32	25.60
标动长编 VIP 座椅	11000	8800	2200	26	20.00
动车电机	9700	8000	1700	42.5	17.53
贯通道	6368	5000	1368	13.68	21.48

通过优化，该项目运用储运一体化模式后，成本可以节约 36.8%。

表 9 – 2　项目改善前成本

费用类别	说明	费用（万元/列）	费用合计（万元）
运输费用	委外公路运输一列车运输 3 次，每次 3000 元	0.9	41.4
包装箱费	木质包装箱 116 个/列，共 5568 个	2.6	119.6
	包装材料共 3 层。无纺布、保鲜膜、泡泡纸	0.9	41.4
人工成本	含流通加工及管理成本，7 ~ 13 人，项目执行两年		100
合计	302.4 万元（不包括应急物流费用等）		

表 9-3　　项目改善后成本

费用类别	说明	费用（万元/列）	费用合计（万元）
运输费用	每列车需运输 8 趟，3000 元/趟，共 46 列	2.4	110
专用工装折旧费用	专用工装 150 个，5000 元/个，预计使用 3 年，残值 10%，本项目执行期 2 年		75
直接人工成本等	项目执行两年，3 人，6 万元/年	—	36
合计	221 万元		

（2）员工数量精简。原来每个项目开箱、拆包装等工序需要 3 人，根据目前每年执行 10 个项目以上计算，一年需要操作人员 30 人左右；物流管理提升后，实现外部储运一体化，取消了物料操作人员 30 人左右，节约人工成本 150 万元左右。交接次数也从过去四次，改为现在的一次。直接效果：取消了车间 20 人的二级交接配送队伍，节约人员工资成本每年 80 万元。

（3）原来的物料磕碰划伤较多，导致生产计划延迟，增加了生产车间现场人员等待时间，实施外部储运一体化之后，据统计，磕碰划伤异常降低 80% 左右，使生产按计划能够按时完成，避免因物料异常导致的人员闲置等待。

（4）智慧物流服务平台运行实施改善了物流管理模式，通过 VMI 仓库的实际运作为精益生产提供有效支撑，打通了供应商到主机厂之间的信息链条，加快运作效率，实现数据的无缝对接。VMI 仓库的建设，直接降低了物料在库资金及仓库的租赁面积，并提升库存周转率。不仅实现了主机厂的效率增加、成本降低，还帮助配套企业供应商达到了包装和运输费用的节省，通过管理模式的实践快速形成了市场订单和销售收入。

2. 社会效益

储运一体化循环共享包装箱的实施终结了各供应商在物流环节各自为政的时代，在引进 Milk - Run 的理念后，能够全盘考虑整体物流成本，再根据各供应商具体情况制定合适的物流方案，确保了总体费用最低。储运一体化模式的运行，可循环使用的配送工装取代一次性的包装，大量材料成本及人工成本得以节约，主机厂、供应商、第三方物流三方共享节约中的收益，从浪费中要成本（见图 9-12）。

（1）对于配套供应商，循环包装取代了原有的木箱、纸箱，裸件运输模式，将不再需要对每个零部件进行包装。不仅节省木箱、纸箱、一次性包装材料的费用，还节省了大量人工成本。按工位打包设计的循环包装，大量减少了拆箱、搬运、二次分拣及配送工装投入。

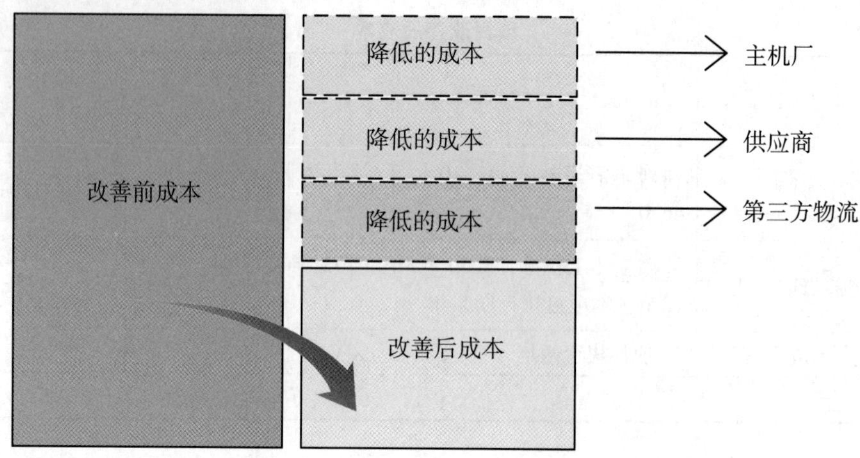

图9－12　成本节约三方受益示意

（2）对于主机企业，产品在库房仓储周期明显降低，人工成本和仓储费用以及库存资金占用都得到大幅降低。信息化手段在智慧物流中的使用，使各个环节有了管控，相关职能部门可以通过多种方式，随时了解物料配送的实时状态，主机厂对生产的管控也有了更具体的数据。

（3）协同提供物流组织效率。通过工业智慧物流平台的构建，供应链上的成员单位在商流、物流、信息流和资金流上实现无缝对接，实现全程数字化、可视化、智能化的智慧型的供应链。打通了信息联通渠道，推进了信息开放共享，供应链协同的组织效率提高30%以上。

（4）优化了第三方物流组织模式，低碳环保。一是积极推进水路运输和铁路运输形式在工业物流领域实施，大力发展低碳、绿色运输。二是创新VMI、循环取料等绿色工业智慧物流新模式，大大降低了库存资金占用。

3. 环境效益

循环包装实施以来，循环共享包装开发的种类越来越多、覆盖的产品平台越来越广，已累计投入3.5万个绿色循环包装，相当于少砍伐森林15万亩。随着循环包装投入使用的数量不断增加，此举将进一步减少木质包装箱的使用，为社会节省森林资源。

案例二　上海携赁物流设备有限公司运营创新案例

（一）企业基本情况

上海携赁物流设备有限公司（以下简称携赁物流）成立于2011年，作为一家物流包装循环共用的供应商，一直深耕中国物流市场，服务于汽车行业各大品牌商（比亚迪、长城、吉利等）和零部件制造商，与博世、采埃孚、延锋等客户形成多年的战略合作伙伴关系。目前，携赁物流在全国拥有 7 个自建运营中心，18 个合作运营中心，310 余处服务网点，覆盖全国 70 多个城市、服务 300 余家客户，年运行 KLT（小件箱）600 万箱次、GLT（大件箱）200 万箱次。

携赁物流的产品与服务具有三个关键特征：绿色减碳、经济适用、信息化基础。

绿色减碳：使用可循环共用的物流包装，以可循环共用的包装载具代替原来一次性的纸包装，从自我与客户出发践行节能减排。

经济适用：关注客户在使用场景中每个环节的需求与痛点，以精益的理论作为每一个方案的核心出发点，给出在实现客户产品保护基础上，总成本最经济的方案。这得益于携赁物流对精益供应链的深刻理解和构建的覆盖全国的循环共用网络。包装的配送和回收均可在循环共用网络中实现就近原则，避免了包装回到原始出发地的空返浪费。

信息化基础：携赁物流提供的标准包装都配备有 RFID 标签，为物流发展的自动化与打破车企及供应链企业间的信息孤岛做好了基础建设的垫脚石。

（二）案例背景

某客户 A 有 3 个工厂，分布在东北、西南和华东地区，工厂之间最近的距离为 2000km，最远超过了 2500km，全国各地分布的供应商分别向 3 大工厂送货。

该客户计划在整体入厂物流标准化规划的大框架下，对其中的包装管理模块进行优化改善。优化改善的第一步就是对所有入厂的原材料包装进行统筹运营的变革，客户 A 的变革方向有以下几个。

（1）包装外箱的标准化。

（2）包装的采购形式从直接采购改为动态租赁。

（3）基于第（2）条的租赁模式，应用 Milk－Run 循环取货方式进行包装的运营管理优化。

在配合客户 A 的改善计划的同时，携赁物流抓住时机，串联多点客户促成了更大规模的共享。

（三）案例解决方案概述

2022 年，人力成本的不断攀升和物流地产价格的连涨对国内制造业的供应链造成了巨大的冲击。在此过程中，为了保障关键客户的供应链不中断，携赁物流内部对组织、成本、质量、效率等方面进行了深入探讨和分析，提出了一系列的运营创新和服务创新的想法，并已经在逐步实施的过程中。

1. 离散型供货网络保障交付

考虑到规模效应，多年来携赁物流都是采用集中型供货网络，以无锡运营中心作为华东地区的中心来进行集中返货和配送，覆盖150km以内的客户和网点。为了更好地服务客户，并考虑成本的影响，携赁物流在华东地区进行了网络设计和重新布局，增加昆山运营中心和南京外协运营中心，结合上海服务中心的运力，重新分配客户，将客户的服务半径缩小到50km以内，实现了华东地区客户的快速响应和交付保障。

2. 精益理念与运营模式的深度结合

循环包装在使用过程中往往由于运输和储存环境恶劣、产品油污、人工操作不规范等原因造成污染和内外包装不匹配，携赁物流在回收后送往下一个用箱点前需要进行以下操作。

（1）分拣：将外箱和内衬重新匹配，挑选有破损、有积水的包装。

（2）晾晒：针对有积水的包装和内衬进行晾晒风干。

（3）清洗：对外箱和内衬进行擦拭清洁，去除污垢杂物和失效标签。

（4）组装：部分客户要求内衬要组装好，方便下线直接放置成品。

（5）检验：查看是否还有油污杂物，物料是否正确，组装是否正确等。

（6）打包：打包成客户需要的整托形式，方便运输和转移。

此类工作较为繁重，临时工占据着较大比例，能够坚持下去的长期工大都由40岁以上、文化程度较低的劳动力组成。劳动力的高流动率、年龄结构造成了每天需要花费大量的培训时间，效率较低，出错率较高。

在建立昆山运营中心时，携赁物流将精益理念引入清洁组装工序。

（1）将工位设置从工作岛改为流水线。

（2）将工位布局从散点式改为U形线。

（3）将员工技能矩阵从“全能”改为专人专岗。

（4）根据每个型号包装、清洁、组装操作，设定规划工时。

（5）设定A/B清洁组装产线。

将每一组KLT包装的节拍时间由2分30秒降低到了35秒。在提升作业效率的同时，也提高了交付的柔性，从而应对客户的紧急需求（见图9－13、图9－14）。

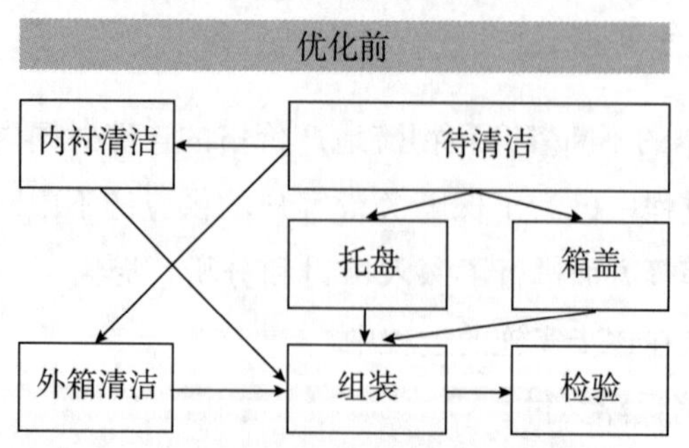

图9－13　携赁物流优化前的清洁组装工序

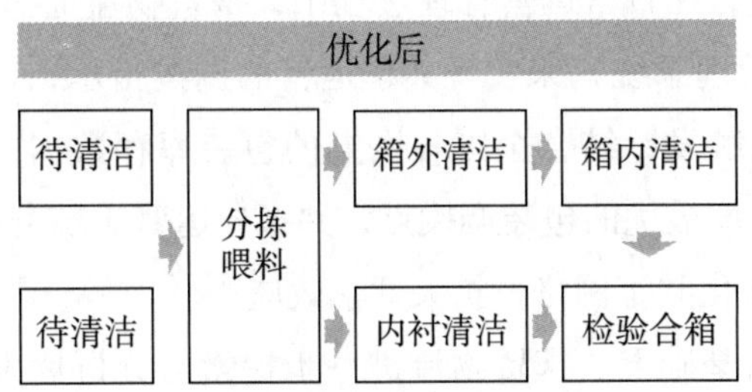

图 9－14　携赁物流优化后的清洁组装工序

3. 运营智能化升级

携赁物流拟于 2023 年在运营中心导入自动清洗设备、搬运机器人等物流自动化设备，代替人工搬运和清洁，不断优化运营中心操作效率和交付质量。

（四）实施效果

针对客户 A 的具体方案如下所示。

1. 客户 A 的改革

客户 A 的改革方向是通过统筹包装尺寸（外形）完成企业包装从多元多样走向标准化，再通过标准化的包装逐步推进租赁运营模式，更进一步优化运营管理，从而在降低包装成本的同时降低企业自身的管理成本。

在明确客户 A 的改革方向后，携赁物流开始分析具体的场景与实际情况，通过多次调研给出了一个整体解决方案，包括包装设计与体系重构、动态租赁服务规划、包装日常运营管理、信息化增值四个板块。整体解决方案直接为客户节约了 19% 的运输成本，每年降低约 117 万元的资产投入与管理成本。

（1）包装设计与体系重构。

客户 A 过去采用的是供应商自投一次性包装的方式，导致包装的外形、材质、尺寸多样，客户的储存形式也多样，部分包装要进行二次包装上线。携赁物流做的第一步就是分析客户的所有产品和使用场景，协助客户统一包装的尺寸链，形成标准包装体系，不同产品间的包装可以共享，管理的复杂性也大幅度降低。

（2）动态租赁服务规划。

根据客户 A 的 3 个工厂的位置与各供应商的用箱需求预测，以空箱退出就近满足用箱点需求的大原则为前提，标定了动态租赁规划中的共享节点。同时，圈定负责此共享圈的区域运营中心及服务网点。这种共享圈的模式为：所有空箱在 3 个工厂退出后，不需要原路返回携赁物流的运营中心进行清洗和配送，而是结合携赁物流现有的共享包装池，就近满足附近供应商的用箱需求，这样既节约了运输成本又加快了交付周期。

当一切规划完成后，在日常运营管理过程中，携赁物流通过 PMS（Packaging Management System，包装管理系统）来实现共享运营的调拨指示，以供应商的当前空箱需求以及预测需求为信息触发，结合全国各网点的包装库存数据，以及客户各工厂的退空箱数据，系统自动计算最优的包装调拨点，并指导运营实现资产的调拨。

2. 后续优化——深化共享网络，扩大共享效应

在客户 A 的业务量基础上，携赁物流进一步探索与分析后发现，此客户的供应商集中在华东地区，这些供应商会将产品打包后运往西南、华北地区的工厂，使用后的空箱多数从西南、华北地区退出。而恰好携赁物流有另一个客户 B，在西南地区有相同尺寸链的用箱需求，这也就意味着从客户 A 处退出的空箱，在计划能够满足的情况下可直接供应给客户 B，共享被再一次扩大，跨越客户间的网络开始显现出来。

第十章　物流发展宏观政策导向

国务院办公厅转发国家发展改革委交通运输部关于进一步降低物流成本实施意见的通知

国办发〔2020〕10号

各省、自治区、直辖市人民政府，国务院各部委、各直属机构：

国家发展改革委、交通运输部《关于进一步降低物流成本的实施意见》已经国务院同意，现转发给你们，请认真贯彻执行。

国务院办公厅

2020年5月20日

（此件公开发布）

关于进一步降低物流成本的实施意见

国家发展改革委 交通运输部

物流是畅通国民经济循环的重要环节。近年来，物流降本增效积极推进，社会物流成本水平保持稳步下降，但部分领域物流成本高、效率低等问题仍然突出，特别是受新冠肺炎疫情影响，社会物流成本出现阶段性上升，难以适应建设现代化经济体系、推动高质量发展的要求。为贯彻落实党中央、国务院关于统筹疫情防控和经济社会发展的决策部署，进一步降低物流成本、提升物流效率，加快恢复生产生活秩序，现提出以下意见。

一、深化关键环节改革，降低物流制度成本

（一）完善证照和许可办理程序

加快运输领域资质证照电子化，推动线上办理签注。优化大件运输跨省并联许可

服务，进一步提高审批效率。（交通运输部负责）

（二）科学推进治理车辆超限超载

深入推进治超联合执法常态化、制度化，细化执法流程，严格执行全国统一的治超执法标准。分车型、分阶段有序开展治理货运车辆非法改装工作，逐步淘汰各种不合规车型。组织开展常压液体危险货物罐车专项治理行动。（交通运输部、公安部、工业和信息化部、市场监管总局按职责分工负责）

（三）维护道路货运市场正常秩序

建立严厉打击高速公路、国省道车匪路霸的常态化工作机制，畅通投诉举报渠道，重点规范车辆通行、停车服务、道路救援等领域市场秩序。（公安部、交通运输部、国家发展改革委、市场监管总局、省级人民政府按职责分工负责）

（四）优化城市配送车辆通行停靠管理

持续推进城市绿色货运配送示范工程。完善以综合物流中心、公共配送中心、末端配送网点为支撑的三级配送网络，合理设置城市配送车辆停靠装卸相关设施。鼓励发展共同配送、统一配送、集中配送、分时配送等集约化配送。改进城市配送车辆通行管理工作，明确城市配送车辆的概念范围，放宽标准化轻微型配送车辆通行限制，对新能源城市配送车辆给予更多通行便利。（交通运输部、商务部、公安部按职责分工负责）研究将城市配送车辆停靠接卸场地建设纳入城市建设和建筑设计规范。（住房城乡建设部负责）

（五）推进通关便利化

推动港口、口岸等场所作业单证无纸化，压缩单证流转时间，提升货物进出港效率。依托国际贸易“单一窗口”，开展监管、查验指令信息与港口信息双向交互试点，提高进出口货物提离速度。持续推进进出口“提前申报”，优化“两步申报”通关模式。梳理海运、通关环节审批管理事项和监管证件，对不合理或不能适应监管需要的，按规定予以取消或退出口岸验核。（交通运输部、商务部、海关总署按职责分工负责）

（六）深化铁路市场化改革

选取铁路路网密集、货运需求量大、运输供求矛盾较突出的地区和部分重要铁路货运线路（含疏运体系）开展铁路市场化改革综合试点，通过引入市场竞争机制，开展投融资、规划建设、运营管理、绩效管理、运输组织等改革。持续完善铁路货物运输价格灵活调整机制，及时灵敏反映市场供求关系。进一步放宽市场准入，吸引社会资本参与铁路货运场站、仓储等物流设施建设和运营。（国家发展改革委、交通运输部、财政部、国家铁路局、中国国家铁路集团有限公司负责）

二、加强土地和资金保障，降低物流要素成本

（七）保障物流用地需求

对国家及有关部门、省（自治区、直辖市）确定的国家物流枢纽、铁路专用线、冷链物流设施等重大物流基础设施项目，在建设用地指标方面给予重点保障。支持利用铁路划拨用地等存量土地建设物流设施。指导地方按照有关规定利用集体经营性建设用地建设物流基础设施。（自然资源部、中国国家铁路集团有限公司、省级人民政府负责）

（八）完善物流用地考核

指导地方政府合理设置物流用地绩效考核指标。在符合规划、不改变用途的前提下，对提高自有工业用地或仓储用地利用率、容积率并用于仓储、分拨转运等物流设施建设的，不再增收土地价款。（自然资源部、省级人民政府负责）

（九）拓宽融资渠道

加大中央预算内投资、地方政府专项债券对国家物流枢纽、国家骨干冷链物流基地等重大物流基础设施建设的支持力度。引导银行业金融机构加强对物流企业融资支持，鼓励规范发展供应链金融，依托核心企业加强对上下游小微企业的金融服务。充分发挥全国中小企业融资综合信用服务平台作用，推广“信易贷”模式。落实授信尽职免责和差异化考核激励政策，明确尽职认定标准和免责条件。鼓励社会资本设立物流产业发展基金。（国家发展改革委、财政部、中国人民银行、中国银保监会、国家开发银行按职责分工负责）

（十）完善风险补偿分担机制

鼓励保险公司为物流企业获取信贷融资提供保证保险增信支持，加大政策性担保对物流企业的信贷担保支持力度。发挥商业保险优势，支持保险公司开发物流企业综合保险产品和物流新兴业态从业人员的意外、医疗保险产品。（中国银保监会负责）

三、深入落实减税降费措施，降低物流税费成本

（十一）落实物流领域税费优惠政策

落实好大宗商品仓储用地城镇土地使用税减半征收等物流减税降费政策。（财政部、税务总局负责）

（十二）降低公路通行成本

结合深化收费公路制度改革，全面推广高速公路差异化收费，引导拥堵路段、时段车辆科学分流，进一步提高通行效率。深化高速公路电子不停车快捷收费改革。加强取消高速公路省界收费站后的路网运行保障，确保不增加货车通行费总体负担。鼓励有条件的地方回购经营性普通收费公路收费权，对车辆实行免费通行。严格落实鲜活农产品运输“绿色通道”政策，切实降低冷鲜猪肉等鲜活农产品运输成本。（交通运输部、财政部、国家发展改革委、省级人民政府按职责分工负责）

（十三）降低铁路航空货运收费

精简铁路货运杂费项目，降低运杂费迟交金收费标准，严格落实取消货物运输变更手续费。（中国国家铁路集团有限公司负责）大力推行大宗货物“一口价”运输。严格落实铁路专用线领域收费目录清单和公示制度，对目录清单外的收费项目以及地方政府附加收费、专用线产权单位或经营单位收费等进行清理规范。制定铁路专用线服务价格行为规则，规范铁路专用线、自备车维修服务收费行为，进一步降低收费标准，严禁通过提高或变相提高其他收费的方式冲抵降费效果。（市场监管总局、国家铁路局、中国国家铁路集团有限公司按职责分工负责）推动中欧班列高质量发展，优化班列运输组织，加强资源整合，推进“中转集散”，规范不良竞争行为，进一步降低班列开行成本。（国家发展改革委、中国国家铁路集团有限公司、财政部按职责分工负责）将机场货站运抵费归并纳入货物处理费。（中国民航局、省级人民政府负责）

（十四）规范海运口岸收费

降低港口、检验检疫等收费。对海运口岸收费进行专项清理整顿，进一步精简合并收费项目，完善海运口岸收费目录清单并实行动态管理，确保清单外无收费项目。研究将港口设施保安费等并入港口作业包干费，降低部分政府定价的港口收费标准。依法规范港口企业和船公司收费行为。降低集装箱进出口常规收费水平。（国家发展改

革委、财政部、交通运输部、海关总署、市场监管总局按职责分工负责)

(十五)加强物流领域收费行为监管

对实行政府定价或政府指导价的收费项目，及时降低偏高收费标准；对实行市场调节价的收费项目，研究建立收费行为规则和指南。严格执行收费项目和标准公示制度，对不按公示价格标准收费或随意增加收费项目等行为，加大查处力度。依法查处强制收费、只收费不服务、超标准收费等违规违法行为。(国家发展改革委、市场监管总局、交通运输部、海关总署、省级人民政府按职责分工负责)

四、加强信息开放共享，降低物流信息成本

(十六)推动物流信息开放共享

在确保信息安全前提下，交通运输、公安交管、铁路、港口、航空等单位要向社会开放与物流相关的公共信息。按照安全共享和对等互利的原则，推动铁路企业与港口、物流等企业信息系统对接，完善信息接口等标准，加强列车到发时刻等信息开放。研究建立全国多式联运公共信息系统，推行标准化数据接口和协议，更大程度实现数据信息共享。(交通运输部、公安部、工业和信息化部、国家铁路局、中国民航局、中国国家铁路集团有限公司按职责分工负责)

(十七)降低货车定位信息成本

对出厂前已安装卫星定位装置的货运车辆，任何单位不得要求重复加装卫星定位装置。规范货运车辆定位信息服务商收费行为，减轻货运车辆定位信息成本负担。(工业和信息化部、市场监管总局、交通运输部按职责分工负责)

五、推动物流设施高效衔接，降低物流联运成本

(十八)破除多式联运“中梗阻”

中央和地方财政加大对铁路专用线、多式联运场站等物流设施建设的资金支持力度，研究制定铁路专用线进港口设计规范，促进铁路专用线进港口、进大型工矿企业、进物流枢纽。持续推进长江航道整治工程和三峡翻坝综合转运体系建设，进一步提升长江等内河航运能力。加快推动大宗货物中长距离运输“公转铁”“公转水”。(财政部、国家发展改革委、交通运输部、工业和信息化部、国家铁路局、中国国家铁路集团有限公司按职责分工负责)以多式联运示范工程为重点，推广应用多式联运运单，

加快发展“一单制”联运服务。（交通运输部、国家发展改革委、国家铁路局、中国国家铁路集团有限公司负责）

（十九）完善物流标准规范体系

推广应用符合国家标准的货运车辆、内河船舶船型、标准化托盘和包装基础模数，带动上下游物流装载器具标准化。（工业和信息化部、商务部、交通运输部、市场监管总局按职责分工负责）加强与国际标准接轨，适应多式联运发展需求，推广应用内陆集装箱（系列2），加强特定货类安全装载标准研究，减少重复掏箱装箱。（交通运输部、国家铁路局、工业和信息化部、公安部、中国国家铁路集团有限公司负责）

六、推动物流业提质增效，降低物流综合成本

（二十）推进物流基础设施网络建设

研究制定2021—2025年国家物流枢纽网络建设实施方案，整合优化存量物流基础设施资源，构建“通道＋枢纽＋网络”的物流运作体系，系统性降低全程运输、仓储等物流成本。（国家发展改革委、交通运输部负责）继续实施示范物流园区工程，示范带动骨干物流园区互联成网。（国家发展改革委、自然资源部负责）布局建设一批国家骨干冷链物流基地，有针对性补齐城乡冷链物流设施短板，整合冷链物流以及农产品生产、流通资源，提高冷链物流规模化、集约化、组织化、网络化水平，降低冷链物流成本。（国家发展改革委负责）加强县乡村共同配送基础设施建设，推广应用移动冷库等新型冷链物流设施设备。（商务部、国家发展改革委负责）加强应急物流体系建设，完善应急物流基础设施网络，整合储备、运输、配送等各类存量基础设施资源，加快补齐特定区域、特定领域应急物流基础设施短板，提高紧急情况下应急物流保障能力。（国家发展改革委、交通运输部、省级人民政府按职责分工负责）

（二十一）培育骨干物流企业

鼓励大型物流企业市场化兼并重组，提高综合服务能力和国际竞争力。培育具有较强实力的国际海运企业，推动构建与我国对外贸易规模相适应的国际航运网络。（国务院国资委、交通运输部按职责分工负责）严格落实网络货运平台运营相关法规和标准，促进公路货运新业态规范发展。鼓励物流企业向多式联运经营人、物流全链条服务商转型。（交通运输部、国家发展改革委按职责分工负责）

（二十二）提高现代供应链发展水平

深入推进供应链创新与应用试点，总结推广试点成功经验和模式，提高资金、存货周转效率，促进现代供应链与农业、工业、商贸流通业等融合创新。研究制定现代供应链发展战略，加快发展数字化、智能化、全球化的现代供应链。（国家发展改革委、商务部按职责分工负责）

（二十三）加快发展智慧物流

积极推进新一代国家交通控制网建设，加快货物管理、运输服务、场站设施等数字化升级。（交通运输部负责）推进新兴技术和智能化设备应用，提高仓储、运输、分拨配送等物流环节的自动化、智慧化水平。（国家发展改革委负责）

（二十四）积极发展绿色物流

深入推动货物包装和物流器具绿色化、减量化，鼓励企业研发使用可循环的绿色包装和可降解的绿色包材。加快推动建立托盘等标准化装载器具循环共用体系，减少企业重复投入。（商务部、交通运输部、市场监管总局、工业和信息化部、国家邮政局按职责分工负责）

各地区各部门要按照党中央、国务院决策部署，加强政策统筹协调，切实落实工作责任，结合本地区本部门实际认真组织实施。国家发展改革委要会同有关部门发挥全国现代物流工作部际联席会议作用，加强工作指导，及时总结推广降低物流成本典型经验做法，协调解决政策实施中存在的问题，确保各项政策措施落地见效。

关于印发《推动物流业制造业深度融合创新发展实施方案》的通知

发改经贸〔2020〕1315号

各省、自治区、直辖市及计划单列市、新疆生产建设兵团发展改革委、工业和信息化主管部门、公安厅、财政厅、自然资源主管部门、交通运输厅（局、委）、农业农村（农牧）厅（局、委）、商务厅（局、委）、市场监管局（厅、委）、银保监局，各地区铁路监督管理局，民航各地区管理局，邮政管理局，各铁路局集团公司：

为贯彻落实党中央、国务院关于推动高质量发展的决策部署，做好“六稳”工作，落实“六保”任务，进一步推动物流业制造业深度融合、创新发展，推进物流降本增效，促进制造业转型升级，国家发展改革委会同工业和信息化部等部门和单位研究制定了《推动物流业制造业深度融合创新发展实施方案》，现印发给你们，请认真贯彻执行。

国家发展改革委
工业和信息化部
公安部
财政部
自然资源部
交通运输部
农业农村部
商务部
市场监管总局
银保监会
国家铁路局
民航局
国家邮政局
中国国家铁路集团有限公司
2020 年 8 月 22 日

推动物流业制造业深度融合创新发展实施方案

物流业是支撑国民经济发展的基础性、战略性、先导性产业，制造业是国民经济的主体，是全社会物流总需求的主要来源。推动物流业制造业融合发展，是深化供给侧结构性改革，推动经济高质量发展的现实需要；是进一步提高物流发展质量效率，深入推动物流降本增效的必然选择；是适应制造业数字化、智能化、绿色化发展趋势，加快物流业态模式创新的内在要求。当前，我国物流业制造业融合发展趋势不断增强，在推动降低制造业成本水平等方面取得积极成效，但融合层次不够高、范围不够广、程度不够深，与促进形成强大国内市场，构建现代化经济体系的总体要求还不相适应。特别是应对新冠肺炎疫情和推动复工复产期间，供应链弹性不足、产业链协同不强、物流业制造业联动不够等问题凸显，直接影响到产业平稳运行和正常生产生活秩序。为进一步深入推动物流业制造业深度融合、创新发展，保持产业链供应链稳定，推动形成以国内大循环为主体、国内国际双循环相互促进的新发展格局，特制定本方案。

一、总体要求

（一）指导思想

以习近平新时代中国特色社会主义思想为指导，全面贯彻党的十九大和十九届二中、三中、四中全会精神，牢固树立和深入践行新发展理念，紧紧围绕高质量发展要求，以深化供给侧结构性改革为主线，充分发挥市场在资源配置中的决定性作用，更好发挥政府作用，统筹推动物流业降本增效提质和制造业转型升级，促进物流业制造业协同联动和跨界融合，延伸产业链，稳定供应链，提升价值链，为实体经济高质量发展和现代化经济体系建设奠定坚实基础。

（二）发展目标

到2025年，物流业在促进实体经济降本增效、供应链协同、制造业高质量发展等方面作用显著增强。探索建立符合我国国情的物流业制造业融合发展模式，制造业供应链协同发展水平大幅提升，精细化、高品质物流服务供给能力明显增强，主要制造业领域物流费用率不断下降；培育形成一批物流业制造业融合发展标杆企业，引领带动物流业制造业融合水平显著提升；初步建立制造业物流成本核算统计体系，对制造业物流成本水平变化的评估监测更加及时准确。

二、紧扣关键环节，促进物流业制造业融合创新

（三）促进企业主体融合发展

支持物流企业与制造企业通过市场化方式创新供应链协同共建模式，建立互利共赢的长期战略合作关系，进一步增强响应市场需求变化、应对外部冲击的能力，提高核心竞争力。引导制造企业结合实际系统整合其内部分散在采购、制造、销售等环节的物流服务能力，以及铁路专用线、仓储、配送等存量设施资源，向社会提供专业化、高水平的综合物流服务。（各部门按职能分工负责）

（四）促进设施设备融合联动

在国土空间规划和产业发展规划中加强物流业制造业有机衔接，统筹做好工业园区等生产制造设施，以及物流枢纽、铁路专用线等物流基础设施规划布局和用地用海安排。（发展改革委、工业和信息化部、自然资源部、交通运输部、国家邮政局、国家铁路集团按职责分工负责）积极推进生产服务型国家物流枢纽建设，充分发挥国家物

流枢纽对接干线运力、促进资源集聚的显著优势，支撑制造业高质量集群化发展。（发展改革委、交通运输部、国家邮政局负责）支持大型工业园区新建或改扩建铁路专用线、仓储、配送等基础设施，吸引第三方物流企业进驻并提供专业化物流服务。（发展改革委、工业和信息化部、国家邮政局、国家铁路集团按职责分工负责）

（五）促进业务流程融合协同

推动制造企业与第三方物流、快递企业密切合作，在生产基地规划、厂内设施布局、销售渠道建设等方面引入专业化物流解决方案，结合生产制造流程合理配套物流设施设备，具备条件的可结合实际共同投资建设专用物流设施。加快发展高品质、专业化定制物流，引导物流、快递企业为制造企业量身定做供应链管理库存、线边物流、供应链一体化服务等物流解决方案，增强柔性制造、敏捷制造能力。（发展改革委、工业和信息化部、商务部、国家邮政局按职责分工负责）

（六）促进标准规范融合衔接

建立跨部门工作沟通机制，对涉及物流业制造业融合发展的国家标准、行业标准和地方标准，在立项、审核、发布等环节广泛听取相关部门意见，加强标准规范协调衔接；支持行业协会等社会团体结合实际研究制定物流业制造业融合发展的团体标准，引导和规范物流业制造业融合创新。鼓励制造企业在产品及包装设计、生产中充分考虑物流作业需要，采用标准化物流装载单元，促进1200mm×1000mm标准托盘和600mm×400mm包装基础模数从商贸、物流等领域向制造业领域延伸，提高托盘、包装箱等装载单元标准化和循环共用水平。（发展改革委、工业和信息化部、交通运输部、商务部、市场监管总局、国家邮政局按职责分工负责）

（七）促进信息资源融合共享

促进工业互联网在物流领域融合应用，发挥制造、物流龙头企业示范引领作用，推广应用工业互联网标识解析技术和基于物联网、云计算等智慧物流技术装备，建设物流工业互联网平台，实现采购、生产、流通等上下游环节信息实时采集、互联共享，推动提高生产制造和物流一体化运作水平。推动将物流业制造业深度融合信息基础设施纳入数字物流基础设施建设，夯实信息资源共享基础。支持大型工业园区、产业集聚区、物流枢纽等依托专业化的第三方物流信息平台实现互联互通，面向制造企业特别是中小型制造企业提供及时、准确的物流信息服务，促进制造企业与物流企业高效协同。积极探索和推进区块链、第五代移动通信技术（5G）等新兴技术在物流信息共享和物流信用体系建设中的应用。（发展改革委、工业和信息化部、交通运输部、国家

邮政局按职责分工负责）

三、突出重点领域，提高物流业制造业融合水平

（八）大宗商品物流

推动和支持钢铁、有色金属、建材等大型制造业企业和工业园区提高煤炭、原油、矿石、粮食等大宗商品中长期运输合同比例以及铁路、水路等清洁运输比例。扩大面向大型厂矿、制造业基地的“点对点”直达货运列车开行范围。鼓励铁路、水路运输企业与制造业大客户签订量价互保协议，实现互惠共赢。依托具备条件的国家物流枢纽发展现代化大宗商品物流中心，促进大宗商品物流降本增效。（发展改革委、工业和信息化部、交通运输部、国家铁路集团按职责分工负责）

（九）生产物流

鼓励制造业企业适应智能制造发展需要，开展物流智能化改造，推广应用物流机器人、智能仓储、自动分拣等新型物流技术装备，提高生产物流自动化、数字化、智能化水平。加强大型装备等大件运输管理和综合协调，不断优化跨省大件运输并联许可服务。加快商品车物流基地建设，优化铁路运输组织模式，稳定衔接车船班期，提高商品车铁路、水路运输比例；优化商品车城市配送通道，便利合规车辆运输车通行。（发展改革委、工业和信息化部、公安部、交通运输部、国家邮政局、国家铁路集团按职责分工负责）

（十）消费物流

鼓励邮政、快递企业针对高端电子消费产品、医药品等单位价值较高以及纺织服装、工艺品等个性化较强的产品提供高品质、差异化寄递服务，促进精益制造和定制化生产发展。稳步推进国家骨干冷链物流基地建设，推动提高生鲜农产品产业化发展水平。推动构建全国性、区域性冷链物流公共信息平台，促进相关企业数据交换，逐步实现冷链信息全程透明化和可追溯。鼓励企业根据市场需求，提升港区及周边冷链存储能力。支持生鲜农产品及食品全程冷链物流体系建设，加快农产品产地“最先一公里”预冷、保鲜等商品化处理和面向城市消费者“最后一公里”的低温加工配送设施建设。（发展改革委、工业和信息化部、交通运输部、农业农村部、商务部、市场监管总局、国家邮政局按职责分工负责）

（十一）绿色物流

引导制造企业在产品设计、制造等环节充分考虑全生命周期物流跟踪管理，推动

产品包装和物流器具绿色化、减量化、循环化。鼓励企业针对家用电器、电子产品、汽车等废旧物资构建线上线下融合的逆向物流服务平台和回收网络，促进资源循环利用以及逆向物流、再制造发展。支持具备条件的城市和制造、商贸企业开展逆向物流试点，探索符合我国国情的逆向物流发展模式。（发展改革委、工业和信息化部、商务部、国家邮政局按职责分工负责）

（十二）国际物流

发挥国际物流协调保障机制、全国现代物流工作部际联席会议等作用，加强顶层设计，构建现代国际物流体系，保障进口货物进得来，出口货物出得去。加强国际航空、海运、中欧班列等国际干线物流通道以及物流枢纽、制造业园区统筹布局和协同联动，支持外向型制造企业发展。支持制造企业利用中欧班列拓展“一带一路”沿线国家市场。加快培育与我国生产制造、货物贸易规模相适应的骨干海运企业和国际海运服务能力。围绕国际产能和装备制造合作重点领域，鼓励骨干制造企业与物流、快递企业合作开辟国际市场，培育一批具有全球采购、全球配送能力的国际供应链服务商。发展面向集成电路、生物制药、高端电子消费产品、高端精密设备等高附加值制造业的全流程航空物流，促进“买全球”“卖全球”。支持邮政、快递企业与制造企业深度合作，打造安全可靠的国际国内生产型寄递物流体系。（发展改革委、工业和信息化部、交通运输部、商务部、民航局、国家邮政局、国家铁路集团按职责分工负责）

（十三）应急物流

研究制定健全应急物流体系的实施方案，建立以企业为主体的应急物流队伍，在发生重大突发事件时确保主要制造产业链平稳运行。支持物流、快递企业和应急物资制造企业深度合作，研究制定应急保障预案，提高紧急情况下关键原辅料、产成品等调运效率。补齐医疗等应急物资储备设施短板，完善医疗等应急物资储备体系，提高实物储备和产能储备能力。在工业园区等生产制造设施、物流枢纽等物流基础设施规划布局、功能设计中充分考虑产品生产、调运及原辅料供应保障等需要，确保紧急情况下物流通道畅通，增强相关制造产业链在受到外部冲击时的快速恢复能力。（发展改革委、工业和信息化部、自然资源部、交通运输部、国家邮政局、国家铁路集团按职责分工负责）

四、加强统筹引导，优化融合发展的政策环境

（十四）营造良好市场环境

深入推进放管服改革，对物流业制造业融合发展新业态、新模式实施包容审慎监

管。取消不合理的市场准入限制，确保各类市场主体平等参与市场竞争。严格落实国务院和相关部门已出台的物流降成本措施，为物流业制造业融合创新发展创造良好条件。支持行业协会加强行业自律和诚信建设，持续改善物流行业信用环境，增强制造企业与物流企业战略合作的信心和意愿。（各相关部门按职责分工负责）

（十五）加大政策支持力度

充分利用现有政策渠道支持物流标准化设施设备推广、铁路专用线建设、农产品冷链物流发展等。鼓励有条件的制造企业剥离物流资产成立独资或合资物流企业，符合条件的按照有关规定享受财税政策。支持制造企业在不改变用地主体和规划条件的前提下，利用存量厂房、土地资源发展生产性物流服务，其土地用途可暂不变更。加快修订铁路专用线管理相关文件，完善专用线共建共用机制，规范专用线收费项目标准和收费行为。（发展改革委、工业和信息化部、财政部、自然资源部、国家铁路局、国家铁路集团按职责分工负责）

（十六）创新金融支持方式

鼓励银行保险机构按照风险可控、商业可持续的原则，开发服务物流业制造业深度融合的金融产品和服务。鼓励供应链核心制造企业或平台企业与金融机构深度合作，整合物流、信息流、资金流等信息，为包括物流、快递企业在内的上下游企业提供增信支持，妥善促进供应链金融发展。支持社会资本设立物流业制造业融合发展产业投资平台，拓宽融资支持渠道。（发展改革委、银保监会按职责分工负责）

（十七）发挥示范引领作用

支持骨干物流、快递、制造企业兼并重组、做大做强，在危化品物流、逆向物流及服务先进制造等专业化程度高的领域培育形成一批技术水平高、服务能力强的企业，打造物流业制造业融合创新品牌。研究修订推荐性国家标准《企业物流成本构成与计算》，选取若干企业开展物流成本统计核算试点，研究建立制造业物流成本核算统计体系。鼓励龙头企业发起成立物流业制造业融合创新发展专业联盟，促进协同联动和跨界融合。在重点领域梳理一批物流业制造业深度融合创新发展典型案例，总结推广物流降成本、改造提升传统制造业等方面的成功经验。（发展改革委、工业和信息化部、交通运输部、市场监管总局、国家邮政局按职责分工负责）

（十八）强化组织协调保障

依托全国现代物流工作部际联席会议机制推进物流业制造业融合发展，加强跨部门政策统筹和工作协调，及时研究解决物流业制造业融合发展面临的突出问题，营造良好政策环境。充分利用科研院校、骨干企业等社会研究力量，搭建覆盖产学研用的咨询服务平台，为促进物流业制造业融合发展提供智力支持。依托主要行业协会建立物流业制造业融合发展动态监测和第三方评估机制，研究制定融合发展统计和评价体系，定期发布研究报告，为相关政府部门决策提供参考，引导行业健康发展。（各相关部门按职责分工负责）

商务部等9部门关于印发《商贸物流高质量发展专项行动计划（2021—2025年）》的通知

各省、自治区、直辖市、计划单列市及新疆生产建设兵团商务、发展改革、财政、自然资源、住房城乡建设、交通运输、市场监管、邮政主管部门，各直属海关：

为贯彻落实党中央、国务院关于畅通国民经济循环和建设现代流通体系的决策部署，推进商贸物流高质量发展，商务部、发展改革委、财政部、自然资源部、住房城乡建设部、交通运输部、海关总署、市场监管总局、邮政局联合制定了《商贸物流高质量发展专项行动计划（2021—2025年）》，现印发给你们，请结合实际认真组织实施。

商务部
发展改革委
财政部
自然资源部
住房城乡建设部
交通运输部
海关总署
市场监管总局
邮政局
2021年8月6日

商贸物流高质量发展专项行动计划（2021—2025年）

商贸物流是指与批发、零售、住宿、餐饮、居民服务等商贸服务业及进出口贸易相关的物流服务活动，是现代流通体系的重要组成部分，是扩大内需和促进消费的重要载体，是连接国内国际市场的重要纽带。推进商贸物流高质量发展，有利于更大范围把生产和消费联系起来，提高国民经济总体运行效率。为贯彻落实党中央、国务院关于畅通国民经济循环和建设现代流通体系的决策部署，加快提升商贸物流现代化水平，促进商贸物流降本增效，服务构建新发展格局，制定本行动计划。

一、总体要求

（一）指导思想

以习近平新时代中国特色社会主义思想为指导，全面贯彻党的十九大和十九届二中、三中、四中、五中全会精神，立足新发展阶段，贯彻新发展理念，深化供给侧结构性改革，注重需求侧管理，加快提升商贸物流网络化、协同化、标准化、数字化、智能化、绿色化和全球化水平，健全现代流通体系，促进商贸物流提质降本增效，便利居民生活消费，推动经济高质量发展，为形成强大国内市场、构建新发展格局提供有力支撑。

（二）基本原则

市场主导，政府引导。充分发挥市场在资源配置中的决定性作用，激发商贸物流企业内生动力和发展活力；更好发挥政府作用，加强商贸物流规划引导，完善激励和保障政策，推动有效市场和有为政府更好结合。

创新驱动，转型升级。坚持发挥创新在商贸物流高质量发展中的引领作用，积极推动技术创新、业态创新和模式创新，促进商贸服务业和物流业深度融合，提升商贸物流运行效率和服务质量。

因地制宜，有序推进。综合考量各地商贸物流发展水平和基础条件，对标国内国际先进，补短板、强弱项，着力缩小城市与农村、东中西部、我国与发达国家商贸物流发展差距。

（三）发展目标

到2025年，初步建立畅通高效、协同共享、标准规范、智能绿色、融合开放的现代商贸物流体系，培育一批有品牌影响力和国际竞争力的商贸物流企业，商贸物流标准化、数字化、智能化、绿色化水平显著提高，商贸物流网络更加健全，区域物流一体化加快推进，新模式新业态加快发展，商贸物流服务质量和效率进一步提升，商贸服务业和国际贸易物流成本进一步下降。

二、重点任务

（四）优化商贸物流网络布局

加强商贸物流网络与国家综合运输大通道及国家物流枢纽衔接，提升全国性、区域性商贸物流节点城市集聚辐射能力。统筹推进城市商业设施、物流设施、交通基础设施规划建设和升级改造，优化综合物流园区、配送（分拨）中心、末端配送网点等空间布局。加强县域商业体系建设，健全农村商贸服务和物流配送网络。（商务部、发展改革委、交通运输部、自然资源部、住房城乡建设部按职责分工负责）

（五）建设城乡高效配送体系

强化综合物流园区、配送（分拨）中心服务城乡商贸的干线接卸、前置仓储、分拣配送能力，促进干线运输与城乡配送高效衔接。鼓励有条件的城市搭建城乡配送公共信息服务平台，推动城乡配送车辆“统一车型、统一标识、统一管理、统一标准”。引导连锁零售企业、电商企业等加快向农村地区下沉渠道和服务，完善县乡村三级物流配送体系，实施“快递进村”工程，促进交通、邮政、商贸、供销、快递等资源开放共享，发展共同配送。（商务部、交通运输部、邮政局、供销合作总社按职责分工负责）

（六）促进区域商贸物流一体化

围绕国家区域重大战略、区域协调发展战略实施，支持京津冀、长三角、粤港澳大湾区、成渝地区双城经济圈等重点区域探索建立商贸物流一体化工作机制，提升区域内城市群、都市圈商贸物流规划、政策、标准和管理协同水平。优化整合区域商贸物流设施布局，加强功能衔接互补，减少和避免重复建设，提高区域物流资源集中度和商贸物流总体运行效率。（商务部、发展改革委、交通运输部、自然资源部、住房城乡建设部按职责分工负责）

（七）提升商贸物流标准化水平

加快标准托盘（1200mm × 1000mm）、标准物流周转箱（筐）等物流载具推广应用，支持叉车、货架、月台、运输车辆等上下游物流设备设施标准化改造。应用全球统一编码标识（GS1），拓展标准托盘、周转箱（筐）信息承载功能，推动托盘条码与商品条码、箱码、物流单元代码关联衔接。鼓励发展带板运输，支持货运配送车辆尾板改造。探索构建开放式标准托盘、周转箱（筐）循环共用体系，支持托盘、周转箱（筐）回收网点、清洗中心、维修中心等配套设施建设。积极推荐标准化工作成绩突出的商贸物流企业及个人参与国家标准化工作有关表彰和激励。（商务部、交通运输部、住房城乡建设部、市场监管总局、邮政局按职责分工负责）

（八）推广应用现代信息技术

推动5G、大数据、物联网、人工智能等现代信息技术与商贸物流全场景融合应用，提升商贸物流全流程、全要素资源数字化水平。探索应用标准电子货单。支持传统商贸物流设施数字化、智能化升级改造，推广智能标签、自动导引车（AGV）、自动码垛机、智能分拣、感应货架等系统和装备，加快高端标准仓库、智能立体仓库建设。完善末端智能配送设施，推进自助提货柜、智能生鲜柜、智能快件箱（信包箱）等配送设施进社区。（商务部、交通运输部、住房城乡建设部、邮政局按职责分工负责）

（九）发展商贸物流新业态新模式

鼓励批发、零售、电商、餐饮、进出口等商贸服务企业与物流企业深化合作，优化业务流程和渠道管理，促进自营物流与第三方物流协调发展。推广共同配送、集中配送、统一配送、分时配送、夜间配送等集约化配送模式，完善前置仓配送、门店配送、即时配送、网订店取、自助提货等末端配送模式。支持家电、医药、汽车、大宗商品、再生资源回收等专业化物流发展。（商务部、交通运输部、邮政局按职责分工负责）

（十）提升供应链物流管理水平

鼓励商贸企业、物流企业通过签订中长期合同、股权投资等方式建立长期合作关系，将物流服务深度嵌入供应链体系，提升市场需求响应能力和供应链协同效率。引导传统商贸企业、物流企业拓展供应链一体化服务功能，向供应链服务企业转型。鼓励金融机构与商贸企业、物流企业加强信息共享，规范发展供应链存货、仓单、订单融资。（商务部、发展改革委、人民银行、银保监会按职责分工负责）

（十一）加快推进冷链物流发展

加强冷链物流规划，布局建设一批国家骨干冷链物流基地，支持大型农产品批发市场、进出口口岸等建设改造冷冻冷藏仓储设施，推广应用移动冷库、恒温冷藏车、冷藏箱等新型冷链设施设备。改善末端冷链设施装备，提高城乡冷链设施网络覆盖水平。鼓励有条件的企业发展冷链物流智能监控与追溯平台，建立全程冷链配送系统。（发展改革委、商务部、交通运输部、供销合作总社按职责分工负责）

（十二）健全绿色物流体系

鼓励使用可循环利用环保包材，减少物流过程中的二次包装，推动货物包装和物流器具绿色化、减量化、可循环。大力推广节能和清洁能源运输工具与物流装备，引导物流配送企业使用新能源车辆或清洁能源车辆。发展绿色仓储，支持节能环保型仓储设施建设。加快构建新型再生资源回收体系，支持建设绿色分拣中心，提高再生资源收集、仓储、分拣、打包、加工能力，提升再生资源回收网络化、专业化、信息化发展水平。（商务部、发展改革委、交通运输部、邮政局按职责分工负责）

（十三）保障国际物流畅通

支持优势企业参与国际物流基础设施投资和国际道路运输合作，畅通国际物流通道。推动商贸物流型境外经贸合作区建设，打造国际物流网络支点。引导和支持骨干商贸企业、跨境电商平台、跨境物流企业等高质量推进海外仓、海外物流中心建设，完善全球营销和物流服务网络。积极培育有国际竞争力的航运企业，持续增强航运自主可控能力。（商务部、发展改革委、交通运输部、国资委按职责分工负责）

（十四）推进跨境通关便利化

深入推进口岸通关一体化改革，巩固压缩整体通关时间成效。全面推进“两步申报”“提前申报”等便利化措施，提高通关效率。推进经认证的经营者（AEO）国际互认合作，鼓励符合条件的企业向注册地海关申请成为 AEO 企业。（海关总署、商务部、交通运输部按职责分工负责）

（十五）培育商贸物流骨干企业

支持和鼓励符合条件的商贸企业、物流企业通过兼并重组、上市融资、联盟合作等方式优化整合资源、扩大业务规模，开展技术创新和商业模式创新。在连锁商超、城乡配送、综合物流、国际货运代理、供应链服务、冷链物流等领域培育一批核心竞争力强、服务水平高、有品牌影响力的商贸物流骨干企业。（商务部、发展改革委、交通运输部、国资委、证监会按职责分工负责）

三、保障措施

（十六）构建良好营商环境

深化物流领域“放管服”改革，全面推行运输领域资质证照电子化、线上签注。全面推广高速公路差异化收费，坚决整治违规设置妨碍货车通行的道路限高限宽设施和检查卡点，深入整治交通运输执法领域乱收费、滥罚款等问题。改善城市配送货车通行和停靠条件，落实配送货车通行差异化管理措施，综合解决配送货车“通行难、停靠难、装卸难”等问题。（交通运输部、公安部、住房城乡建设部、商务部按职责分工负责）

（十七）加大政策支持力度

完善物流设施用地规划，促进城市物流规划与国土空间规划相衔接，保障商贸物流基础设施用地需求。鼓励地方政府合理设置物流用地绩效考核指标，多渠道整合盘活存量土地资源用于商贸物流设施建设。鼓励有条件的地方政府加大财政支持力度，引导社会资金投入商贸物流高质量发展项目建设。引导银行业金融机构规范发展供应链金融、普惠金融，加大对中小微商贸物流企业的信贷支持。（自然资源部、财政部、人民银行、银保监会按职责分工负责）

（十八）完善重点企业联系制度

建立商贸物流重点联系企业名单，加强与重点企业日常工作联系，实施动态管理。支持名单内企业参与供应链创新与应用、物流标准化等商贸物流相关试点示范工作。鼓励银行业金融机构在风险可控的基础上，按照市场化、商业可持续原则，提高对名单内企业的金融服务效率。（商务部、人民银行、银保监会按职责分工负责）

（十九）发挥行业组织作用

支持批发、零售、仓储、运输、物流、供应链管理、国际货运代理等行业协会加强自身建设，完善政府购买行业协会服务制度，充分发挥有关行业协会在行业统计监测、标准拟定与宣传贯彻、课题研究、咨询服务、资质认证、人才培训等方面积极作用，引导行业健康发展。支持行业协会围绕商贸物流高质量发展组织召开举办全国性、区域性的会议、展会及论坛。（各有关部门按职责分工负责）

（二十）加强商贸物流行业统计

完善社会物流统计报表制度，研究建立物流重点行业统计分类标准，加强商贸物流领域统计分析。完善地方商贸物流统计监测制度，依托重点行业协会和重点联系企业，加强商贸物流运行监测及信息发布工作。（发展改革委、商务部、统计局、中国物流与采购联合会按职责分工负责）

各地区、各有关部门要坚持以习近平新时代中国特色社会主义思想为指导，坚决贯彻党中央、国务院决策部署，充分认识提升商贸物流现代化水平、加快建设现代流通体系的重大意义，注重加强与国家出台各项物流政策措施衔接配套落实，扎实推进专项行动，加大政策支持力度，持续优化商贸物流发展环境，推动各项政策措施落地见效。

各省级商务主管部门要加强组织协调，结合本地实际情况，会同相关部门研究制定商贸物流高质量发展专项行动工作方案，确定重点任务和落实举措，提出可量化、可考核的工作目标，制定工作台账。同时，要加强和改进对本地商贸物流重点企业的联系沟通与服务，并推荐一批企业作为商务部重点联系的商贸物流企业。工作台账（模板见附件1）和重点联系企业推荐表（附件2）请于8月31日前报商务部（流通业发展司）。工作进展实行半年报制度，上半年和全年结束15天内分别将半年和全年工作进展报商务部（流通业发展司）。对工作推进过程中的阶段性成效和好经验好做法，及时总结并报商务部（流通业发展司）。

国务院办公厅关于印发推进多式联运发展优化调整运输结构工作方案（2021—2025年）的通知

国办发〔2021〕54号

各省、自治区、直辖市人民政府，国务院各部委、各直属机构：

《推进多式联运发展优化调整运输结构工作方案（2021—2025年）》已经国务院同意，现印发给你们，请结合实际，认真组织实施。

国务院办公厅

2021年12月25日

（此件公开发布）

推进多式联运发展优化调整运输结构工作方案（2021—2025年）

为深入贯彻落实党中央、国务院决策部署，大力发展多式联运，推动各种交通运输方式深度融合，进一步优化调整运输结构，提升综合运输效率，降低社会物流成本，促进节能减排降碳，制定本方案。

一、总体要求

（一）指导思想

以习近平新时代中国特色社会主义思想为指导，深入贯彻党的十九大和十九届历次全会精神，立足新发展阶段，完整、准确、全面贯彻新发展理念，以推动高质量发展为主题，以深化供给侧结构性改革为主线，以加快建设交通强国为目标，以发展多式联运为抓手，提升基础设施联通水平，促进运输组织模式创新，推动技术装备升级，营造统一开放市场环境，加快构建安全、便捷、高效、绿色、经济的现代化综合交通体系，更好服务构建新发展格局，为实现碳达峰、碳中和目标作出交通贡献。

（二）工作目标

到2025年，多式联运发展水平明显提升，基本形成大宗货物及集装箱中长距离运输以铁路和水路为主的发展格局，全国铁路和水路货运量比2020年分别增长10%和12%左右，集装箱铁水联运量年均增长15%以上。重点区域运输结构显著优化，京津冀及周边地区、长三角地区、粤港澳大湾区等沿海主要港口利用疏港铁路、水路、封闭式皮带廊道、新能源汽车运输大宗货物的比例力争达到80%；晋陕蒙煤炭主产区大型工矿企业中长距离运输（运距500公里以上）的煤炭和焦炭中，铁路运输比例力争达到90%。

二、提升多式联运承载能力和衔接水平

（三）完善多式联运骨干通道

强化规划统筹引领，提高交通基础设施一体化布局和建设水平，加快建设以“6轴7廊8通道”主骨架为重点的综合立体交通网，提升京沪、陆桥、沪昆、广昆等综合运输通道功能，加快推进西部陆海新通道、长江黄金水道、西江水运通道等建设，补齐出疆入藏和中西部地区、沿江沿海沿边骨干通道基础设施短板，挖掘既有干线铁路运能，加快铁路干线瓶颈路段扩能改造。（交通运输部、国家发展改革委、国家铁路局、中国民航局、中国国家铁路集团有限公司等按职责分工负责，地方各级人民政府落实。以下均需地方各级人民政府落实，不再列出）

（四）加快货运枢纽布局建设

加快港口物流枢纽建设，完善港口多式联运、便捷通关等服务功能，合理布局内陆无水港。完善铁路物流基地布局，优化管理模式，加强与综合货运枢纽衔接，推动铁路场站向重点港口、枢纽机场、产业集聚区、大宗物资主产区延伸。有序推进专业性货运枢纽机场建设，强化枢纽机场货物转运、保税监管、邮政快递、冷链物流等综合服务功能，鼓励发展与重点枢纽机场联通配套的轨道交通。依托国家物流枢纽、综合货运枢纽布局建设国际寄递枢纽和邮政快递集散分拨中心。（交通运输部、国家发展改革委、财政部、中国国家铁路集团有限公司牵头，海关总署、国家铁路局、中国民航局、国家邮政局等配合）

（五）健全港区、园区等集疏运体系

加快推动铁路直通主要港口的规模化港区，各主要港口在编制港口规划或集疏运

规划时，原则上要明确联通铁路，确定集疏运目标，同步做好铁路用地规划预留控制；在新建或改扩建集装箱、大宗干散货作业区时，原则上要同步建设进港铁路，配足到发线、装卸线，实现铁路深入码头堆场。加快推进港口集疏运公路扩能改造。新建或迁建煤炭、矿石、焦炭等大宗货物年运量150万吨以上的物流园区、工矿企业及粮食储备库等，原则上要接入铁路专用线或管道。挖掘既有铁路专用线潜能，推动共线共用。（交通运输部、国家发展改革委、生态环境部、国家铁路局、中国国家铁路集团有限公司等按职责分工负责）

三、创新多式联运组织模式

（六）丰富多式联运服务产品

加大35吨敞顶箱使用力度，探索建立以45英尺内陆标准箱为载体的内贸多式联运体系。在符合条件的港口试点推进“船边直提”和“抵港直装”模式。大力发展铁路快运，推动冷链、危化品、国内邮件快件等专业化联运发展。鼓励重点城市群建设绿色货运配送示范区。充分挖掘城市铁路场站和线路资源，创新“外集内配”等生产生活物资公铁联运模式。支持港口城市结合城区老码头改造，发展生活物资水陆联运。（交通运输部、中国国家铁路集团有限公司牵头，国家发展改革委、商务部、生态环境部、海关总署、国家铁路局、中国民航局、国家邮政局等配合）

（七）培育多式联运市场主体

深入开展多式联运示范工程建设，到2025年示范工程企业运营线路基本覆盖国家综合立体交通网主骨架。鼓励港口航运、铁路货运、航空寄递、货代企业及平台型企业等加快向多式联运经营人转型。（交通运输部、国家发展改革委牵头，国家铁路局、中国民航局、国家邮政局、中国国家铁路集团有限公司等配合）

（八）推进运输服务规则衔接

以铁路与海运衔接为重点，推动建立与多式联运相适应的规则协调和互认机制。研究制定不同运输方式货物品名、危险货物划分等互认目录清单，建立完善货物装载交接、安全管理、支付结算等规则体系。深入推进多式联运“一单制”，探索应用集装箱多式联运运单，推动各类单证电子化。探索推进国际铁路联运运单、多式联运单证物权化，稳步扩大在“一带一路”运输贸易中的应用范围。（交通运输部、中国国家铁路集团有限公司牵头，商务部、司法部、国家铁路局、中国民航局、国家邮政局等配合）

（九）加大信息资源共享力度

加强铁路、港口、船公司、民航等企业信息系统对接和数据共享，开放列车到发时刻、货物装卸、船舶进离港等信息。加快推进北斗系统在营运车船上的应用，到2025年基本实现运输全程可监测、可追溯。（交通运输部、中国国家铁路集团有限公司牵头，国务院国资委、国家铁路局、中国民航局、国家邮政局等配合）

四、促进重点区域运输结构调整

（十）推动大宗物资“公转铁、公转水”

在运输结构调整重点区域，加强港口资源整合，鼓励工矿企业、粮食企业等将货物“散改集”，中长距离运输时主要采用铁路、水路运输，短距离运输时优先采用封闭式皮带廊道或新能源车船。探索推广大宗固体废物公铁水协同联运模式。深入开展公路货运车辆超限超载治理。（交通运输部、中国国家铁路集团有限公司牵头，国家发展改革委、工业和信息化部、公安部、财政部、自然资源部、生态环境部、市场监管总局、国家铁路局等配合）

（十一）推进京津冀及周边地区、晋陕蒙煤炭主产区运输绿色低碳转型

加快区域内疏港铁路、铁路专用线和封闭式皮带廊道建设，提高沿海港口大宗货物绿色集疏运比例。推动浩吉、大秦、唐包、瓦日、朔黄等铁路按最大运输能力保障需求。在煤炭矿区、物流园区和钢铁、火电、煤化工、建材等领域培育一批绿色运输品牌企业，打造一批绿色运输枢纽。（交通运输部、中国国家铁路集团有限公司牵头，国家发展改革委、自然资源部、生态环境部、国家铁路局等配合）

（十二）加快长三角地区、粤港澳大湾区铁水联运、江海联运发展

加快建设小洋山北侧等水水中转码头，推动配套码头、锚地等设施升级改造，大幅降低公路集疏港比例。鼓励港口企业与铁路、航运等企业加强合作，统筹布局集装箱还箱点。因地制宜推进宁波至金华双层高集装箱运输示范通道建设，加快推进沪通铁路二期及外高桥港区装卸线工程、浦东铁路扩能改造工程、北仑支线复线改造工程和梅山港区铁路支线、南沙港区疏港铁路、平盐铁路复线、金甬铁路苏溪集装箱办理站等多式联运项目建设。推动企业充分利用项目资源，加快发展铁水联运、江海直达运输，形成一批江海河联运精品线路。（交通运输部、中国国家铁路集团有限公司牵头，国家发展改革委、国家铁路局等配合）

五、加快技术装备升级

（十三）推广应用标准化运载单元

推动建立跨区域、跨运输方式的集装箱循环共用系统，降低空箱调转比例。探索在大型铁路货场、综合货运枢纽拓展海运箱提还箱等功能，提供等同于港口的箱管服务。积极推动标准化托盘（1200mm×1000mm）在集装箱运输和多式联运中的应用。加快培育集装箱、半挂车、托盘等专业化租赁市场。（交通运输部、中国国家铁路集团有限公司牵头，工业和信息化部、商务部、市场监管总局等配合）

（十四）加强技术装备研发应用

加快铁路快运、空铁（公）联运标准集装器（板）等物流技术装备研发。研究适应内陆集装箱发展的道路自卸卡车、岸桥等设施设备。鼓励研发推广冷链、危化品等专用运输车船。推动新型模块化运载工具、快速转运和智能口岸查验等设备研发和产业化应用。（中国国家铁路集团有限公司、工业和信息化部牵头，交通运输部、海关总署、科技部、国家铁路局、中国民航局、国家邮政局等配合）

（十五）提高技术装备绿色化水平

积极推动新能源和清洁能源车船、航空器应用，推动在高速公路服务区和港站枢纽规划建设充换电、加气等配套设施。在港区、场区短途运输和固定线路运输等场景示范应用新能源重型卡车。加快推进港站枢纽绿色化、智能化改造，协同推进船舶和港口岸电设施匹配改造，深入推进船舶靠港使用岸电。（交通运输部、工业和信息化部、国家发展改革委、住房城乡建设部、生态环境部、国家能源局、中国国家铁路集团有限公司等按职责分工负责）

六、营造统一开放市场环境

（十六）深化重点领域改革

深化“放管服”改革，加快构建以信用为基础的新型监管机制，推动多式联运政务数据安全有序开放。深化铁路市场化改革，促进铁路运输市场主体多元化，研究推进铁路、港口、航运等企业股权划转和交叉持股，规范道路货运平台企业经营，建立统一开放、竞争有序的运输服务市场。（国家发展改革委、交通运输部、市场监管总局、国家铁路局、中国民航局、国家邮政局、中国国家铁路集团有限公司等按职责分

工负责）

（十七）规范重点领域和环节收费

完善铁路运价灵活调整机制，鼓励铁路运输企业与大型工矿企业等签订“量价互保”协议。规范地方铁路、专用铁路、铁路专用线收费，明确线路使用、管理维护、运输服务等收费规则，进一步降低使用成本。规范海运口岸的港口装卸、港外堆场、检验检疫、船公司、船代等收费。（国家发展改革委、交通运输部、中国国家铁路集团有限公司等按职责分工负责）

（十八）加快完善法律法规和标准体系

推动加快建立与多式联运相适应的法律法规体系，进一步明确各方法律关系。加快推进多式联运枢纽设施、装备技术等标准制修订工作，补齐国内标准短板，加强与国际规则衔接。积极参与国际多式联运相关标准规则研究制定，更好体现中国理念和主张。研究将多式联运量纳入交通运输统计体系，为科学推进多式联运发展提供参考依据。（交通运输部、司法部、商务部、市场监管总局、国家统计局、国家铁路局、中国民航局、国家邮政局、中国国家铁路集团有限公司等按职责分工负责）

七、完善政策保障体系

（十九）加大资金投入力度

统筹利用车购税资金、中央预算内投资等多种渠道，加大对多式联运发展和运输结构调整的支持力度。鼓励社会资本牵头设立多式联运产业基金，按照市场化方式运作管理。鼓励各地根据实际进一步加大资金投入力度。（财政部、国家发展改革委、交通运输部、国家铁路局、中国民航局、国家邮政局、中国国家铁路集团有限公司等按职责分工负责）

（二十）加强对重点项目的资源保障

加大对国家物流枢纽、综合货运枢纽、中转分拨基地、铁路专用线、封闭式皮带廊道等项目用地的支持力度，优先安排新增建设用地指标，提高用地复合程度，盘活闲置交通用地资源。加大涉海项目协调推进力度，在符合海域管理法律法规、围填海管理和集约节约用海政策、生态环境保护要求的前提下，支持重点港口、集疏港铁路和公路等建设项目用海及岸线需求；对支撑多式联运发展、运输结构调整的规划和重点建设项目，开辟环评绿色通道，依法依规加快环评审查、审批。（自然资源部牵头，

生态环境部、住房城乡建设部、交通运输部等配合）

（二十一）完善交通运输绿色发展政策

制定推动多式联运发展和运输结构调整的碳减排政策，鼓励各地出台支持多种运输方式协同、提高综合运输效率、便利新能源和清洁能源车船通行等方面政策。在特殊敏感保护区域，鼓励创新推广绿色低碳运输组织模式，守住自然生态安全边界。（国家发展改革委、公安部、财政部、生态环境部、住房城乡建设部、交通运输部等按职责分工负责）

（二十二）做好组织实施工作

完善运输结构调整工作协调推进机制，加强综合协调和督促指导，强化动态跟踪和分析评估。各地、各有关部门和单位要将发展多式联运和调整运输结构作为“十四五”交通运输领域的重点事项，督促港口、工矿企业、铁路企业等落实责任，有力有序推进各项工作。在推进过程中，要统筹好发展和安全的关系，切实保障煤炭、天然气等重点物资运输安全，改善道路货运、邮政快递等从业环境，进一步规范交通运输综合行政执法，畅通“12328”热线等交通运输服务监督渠道，做好政策宣传和舆论引导，切实维护经济社会发展稳定大局。（交通运输部、国家发展改革委、中国国家铁路集团有限公司牵头，各有关部门和单位配合）

国务院办公厅关于印发“十四五”现代物流发展规划的通知

国办发〔2022〕17 号

各省、自治区、直辖市人民政府，国务院各部委、各直属机构：

《“十四五”现代物流发展规划》已经国务院同意，现印发给你们，请认真贯彻执行。

国务院办公厅

2022 年 5 月 17 日

（本文有删减）

“十四五”现代物流发展规划

现代物流一头连着生产，一头连着消费，高度集成并融合运输、仓储、分拨、配送、信息等服务功能，是延伸产业链、提升价值链、打造供应链的重要支撑，在构建现代流通体系、促进形成强大国内市场、推动高质量发展、建设现代化经济体系中发挥着先导性、基础性、战略性作用。“十三五”以来，我国现代物流发展取得积极成效，服务质量效益明显提升，政策环境持续改善，对国民经济发展的支撑保障作用显著增强。为贯彻落实党中央、国务院关于构建现代物流体系的决策部署，根据《中华人民共和国国民经济和社会发展第十四个五年规划和2035年远景目标纲要》，经国务院同意，制定本规划。

一、现状形势

（一）发展基础

物流规模效益持续提高。“十三五”期间，社会物流总额保持稳定增长，2020年超过300万亿元，年均增速达5.6%。公路、铁路、内河、民航、管道运营里程以及货运量、货物周转量、快递业务量均居世界前列，规模以上物流园区达到2000个左右。社会物流成本水平稳步下降，2020年社会物流总费用与国内生产总值的比率降至14.7%，较2015年下降1.3个百分点。

物流资源整合提质增速。国家物流枢纽、国家骨干冷链物流基地、示范物流园区等重大物流基础设施建设稳步推进。物流要素与服务资源整合步伐加快，市场集中度提升，中国物流企业50强2020年业务收入较2015年增长超过30%。航运企业加快重组，船队规模位居世界前列。民航货运领域混合所有制改革深入推进，资源配置进一步优化。

物流结构调整加快推进。物流区域发展不平衡状况有所改善，中西部地区物流规模增速超过全国平均水平。运输结构加快调整，铁路货运量占比稳步提升，多式联运货运量年均增速超过20%。仓储结构逐步优化，高端标准仓库、智能立体仓库快速发展。快递物流、冷链物流、农村物流、即时配送等发展步伐加快，有力支撑和引领消费结构升级。

科技赋能促进创新发展。移动互联网、大数据、云计算、物联网等新技术在物流领域广泛应用，网络货运、数字仓库、无接触配送等“互联网+”高效物流新模式新业态不断涌现。自动分拣系统、无人仓、无人码头、无人配送车、物流机器人、智能快件箱等技术装备加快应用，高铁快运动车组、大型货运无人机、无人驾驶卡车等起步发展，快递电子运单、铁路货运票据电子化得到普及。

国际物流网络不断延展。我国国际航运、航空物流基本通达全球主要贸易合作伙伴。截至2020年年底，中欧班列通达欧洲20多个国家的90多个城市，累计开行超过3万列，在深化我国与共建“一带一路”国家经贸合作、应对新冠肺炎疫情和推进复工复产中发挥了国际物流大动脉作用。企业海外仓、落地配加快布局，境外物流网络服务能力稳步提升。

营商环境持续改善。推动现代物流发展的一系列规划和政策措施出台实施，特别是物流降本增效政策持续发力，“放管服”改革与减税降费等取得实效。物流市场监测、监管水平明显提升，政务服务质量和效率大幅改善。物流标准、统计、教育、培训等支撑保障体系进一步完善，物流诚信体系建设加快推进，行业治理能力稳步提升。

（二）突出问题

物流降本增效仍需深化。全国统一大市场尚不健全，物流资源要素配置不合理、利用不充分。多式联运体系不完善，跨运输方式、跨作业环节衔接转换效率较低，载运单元标准化程度不高，全链条运行效率低、成本高。

结构性失衡问题亟待破局。存量物流基础设施网络“东强西弱”“城强乡弱”“内强外弱”，对新发展格局下产业布局、内需消费的支撑引领能力不够。物流服务供给对需求的适配性不强，低端服务供给过剩、中高端服务供给不足。货物运输结构还需优化，大宗货物公路中长距离运输比重仍然较高。

大而不强问题有待解决。物流产业规模大但规模经济效益释放不足，特别是公路货运市场同质化竞争、不正当竞争现象较为普遍，集约化程度有待提升。现代物流体系组织化、集约化、网络化、社会化程度不高，国家层面的骨干物流基础设施网络不健全，缺乏具有全球竞争力的现代物流企业，与世界物流强国相比仍存在差距。

部分领域短板较为突出。大宗商品储备设施以及农村物流、冷链物流、应急物流、航空物流等专业物流和民生保障领域物流存在短板。现代物流嵌入产业链深度广度不足，供应链服务保障能力不够，对畅通国民经济循环的支撑能力有待增强。行业协同治理水平仍需提升。

（三）面临形势

统筹国内国际两个大局要求强化现代物流战略支撑引领能力。中华民族伟大复兴战略全局与世界百年未有之大变局历史性交汇，新冠肺炎疫情、俄乌冲突影响广泛深远，全球产业链供应链加速重构，要求现代物流对内主动适应社会主要矛盾变化，更好发挥连接生产消费、畅通国内大循环的支撑作用；对外妥善应对错综复杂国际环境带来的新挑战，为推动国际经贸合作、培育国际竞争新优势提供有力保障。

建设现代产业体系要求提高现代物流价值创造能力。发展壮大战略性新兴产业，促进服务业繁荣发展，要求现代物流适应现代产业体系对多元化专业化服务的需求，深度嵌入产业链供应链，促进实体经济降本增效，提升价值创造能力，推进产业基础高级化、产业链现代化。

实施扩大内需战略要求发挥现代物流畅通经济循环作用。坚持扩大内需战略基点，加快培育完整内需体系，要求加快构建适应城乡居民消费升级需要的现代物流体系，提升供给体系对内需的适配性，以高质量供给引领、创造和扩大新需求。

新一轮科技革命要求加快现代物流技术创新与业态升级。现代信息技术、新型智慧装备广泛应用，现代产业体系质量、效率、动力变革深入推进，既为物流创新发展注入新活力，也要求加快现代物流数字化、网络化、智慧化赋能，打造科技含量高、创新能力强的智慧物流新模式。

二、总体要求

（一）指导思想

以习近平新时代中国特色社会主义思想为指导，坚持稳中求进工作总基调，完整、准确、全面贯彻新发展理念，加快构建新发展格局，全面深化改革开放，坚持创新驱动发展，推动高质量发展，坚持以供给侧结构性改革为主线，统筹疫情防控和经济社会发展，统筹发展和安全，提升产业链供应链韧性和安全水平，推动构建现代物流体系，推进现代物流提质、增效、降本，为建设现代产业体系、形成强大国内市场、推动高水平对外开放提供有力支撑。

（二）基本原则

——市场主导、政府引导。充分发挥市场在资源配置中的决定性作用，激发市场主体创新发展活力，提高物流要素配置效率和效益。更好发挥政府作用，加强战略规划和政策引导，推动形成规范高效、公平竞争、统一开放的物流市场，强化社会民生物流保障。

——系统观念、统筹推进。统筹谋划物流设施建设、服务体系构建、技术装备升级、业态模式创新，促进现代物流与区域、产业、消费、城乡协同布局，构建支撑国内国际双循环的物流服务体系，实现物流网络高效联通。

——创新驱动、联动融合。以数字化、网络化、智慧化为牵引，深化现代物流与制造、贸易、信息等融合创新发展，推动形成需求牵引供给、供给创造需求的良性互动和更高水平动态平衡。

——绿色低碳、安全韧性。将绿色环保理念贯穿现代物流发展全链条，提升物流可持续发展能力。坚持总体国家安全观，提高物流安全治理水平，完善应急物流体系，提高重大疫情等公共卫生事件、突发事件应对处置能力，促进产业链供应链稳定。

（三）主要目标

到2025年，基本建成供需适配、内外联通、安全高效、智慧绿色的现代物流体系。

——物流创新发展能力和企业竞争力显著增强。物流数字化转型取得显著成效，智慧物流应用场景更加丰富。物流科技创新能力不断增强，产学研结合机制进一步完善，建设一批现代物流科创中心和国家工程研究中心。铁路、民航等领域体制改革取得显著成效，市场活力明显增强，形成一批具有较强国际竞争力的骨干物流企业和知名服务品牌。

——物流服务质量效率明显提升。跨物流环节衔接转换、跨运输方式联运效率大幅提高，社会物流总费用与国内生产总值的比率较2020年下降2个百分点左右。多式联运、铁路（高铁）快运、内河水运、大宗商品储备设施、农村物流、冷链物流、应急物流、航空物流、国际寄递物流等重点领域补短板取得明显成效。通关便利化水平进一步提升，城乡物流服务均等化程度明显提高。

——“通道+枢纽+网络”运行体系基本形成。衔接国家综合立体交通网主骨架，完成120个左右国家物流枢纽、100个左右国家骨干冷链物流基地布局建设，基本形成以国家物流枢纽为核心的骨干物流基础设施网络。物流干支仓配一体化运行更加顺畅，串接不同运输方式的多元化国际物流通道逐步完善，畅联国内国际的物流服务网络更加健全。枢纽经济发展取得成效，建设20个左右国家物流枢纽经济示范区。

——安全绿色发展水平大幅提高。提高重大疫情、自然灾害等紧急情况下物流对经济社会运行的保障能力。冷链物流全流程监测能力大幅增强，生鲜产品冷链流通率显著提升。货物运输结构进一步优化，铁路货运量占比较2020年提高0.5个百分点，集装箱铁水联运量年均增长15%以上，铁路、内河集装箱运输比重和集装箱铁水联运比重大幅上升。面向重点品类的逆向物流体系初步建立，资源集约利用水平明显提升。清洁货运车辆广泛应用，绿色包装应用取得明显成效，物流领域节能减排水平显著提高。

——现代物流发展制度环境更加完善。物流标准规范体系进一步健全，标准化、集装化、单元化物流装载器具和包装基础模数广泛应用。社会物流统计体系、信用体系更加健全，营商环境持续优化，行业协同治理体系不断完善、治理能力显著提升。

展望2035年，现代物流体系更加完善，具有国际竞争力的一流物流企业成长壮大，通达全球的物流服务网络更加健全，对区域协调发展和实体经济高质量发展的支撑引领更加有力，为基本实现社会主义现代化提供坚实保障。

三、精准聚焦现代物流发展重点方向

（一）加快物流枢纽资源整合建设

深入推进国家物流枢纽建设，补齐内陆地区枢纽设施结构和功能短板，加强业务协同、政策协调、运行协作，加快推动枢纽互联成网。加强国家物流枢纽铁路专用线、联运转运设施建设，有效衔接多种运输方式，强化多式联运组织能力，实现枢纽间干线运输密切对接。依托国家物流枢纽整合区域物流设施资源，引导应急储备、分拨配送等功能设施集中集约布局，支持各类物流中心、配送设施、专业市场等与国家物流枢纽功能对接、联动发展，促进物流要素规模集聚和集成运作（见专栏1）。

专栏1　国家物流枢纽建设工程
优化国家物流枢纽布局，实现东中西部物流枢纽基本均衡分布。发挥国家物流枢纽联盟组织协调作用，建立物流标准衔接、行业动态监测等机制，探索优势互补、资源共享、业务协同合作模式，形成稳定完善的国家物流枢纽合作机制。积极推进国家级示范物流园区数字化、智慧化、绿色化改造。

（二）构建国际国内物流大通道

依托国家综合立体交通网和主要城市群、沿海沿边口岸城市等，促进国家物流枢纽协同建设和高效联动，构建国内国际紧密衔接、物流要素高效集聚、运作服务规模化的“四横五纵、两沿十廊”物流大通道。“四横五纵”国内物流大通道建设，要畅通串接东中西部的沿黄、陆桥、长江、广昆等物流通道和联接南北方的京沪、京哈—京港澳（台）、二连浩特至北部湾、西部陆海新通道、进出藏等物流通道，提升相关城市群、陆上口岸城市物流综合服务能力和规模化运行效率。加快“两沿十廊”国际物流大通道建设，对接区域全面经济伙伴关系协定（RCEP）等，强化服务共建“一带一路”的多元化国际物流通道辐射能力。

（三）完善现代物流服务体系

围绕做优服务链条、做强服务功能、做好供应链协同，完善集约高效的现代物流服务体系，支撑现代产业体系升级，推动产业迈向全球价值链中高端。加快运输、仓储、配送、流通加工、包装、装卸等领域数字化改造、智慧化升级和服务创新，补齐农村物流、冷链物流、应急物流、航空物流等专业物流短板，增强专业物流服务能力，推动现代物流向供应链上下游延伸。

（四）延伸物流服务价值链条

把握物流需求多元化趋势，加强现代物流科技赋能和创新驱动，推进现代物流服务领域拓展和业态模式创新。发挥现代物流串接生产消费作用，与先进制造、现代商贸、现代农业融合共创产业链增值新空间。提高物流网络对经济要素高效流动的支持能力，引导产业集群发展和经济合理布局，推动跨区域资源整合、产业链联动和价值协同创造，发展枢纽经济、通道经济新形态，培育区域经济新增长点。

（五）强化现代物流对社会民生的服务保障

围绕更好满足城乡居民生活需要，适应扩大内需、消费升级趋势，优化完善商贸、快递物流网络。完善城市特别是超大特大城市物流设施网络，健全分级配送体系，实现干线、支线物流和末端配送有机衔接、一体化运作，加强重点生活物资保障能力。补齐农村物流设施和服务短板，推动快递服务基本实现直投到建制村，支撑扩大优质消费品供给。加快建立覆盖冷链物流全链条的动态监测和追溯体系，保障食品药品消费安全。鼓励发展物流新业态新模式，创造更多就业岗位，保障就业人员权益，促进灵活就业健康发展。

（六）提升现代物流安全应急能力

统筹发展和安全，强化重大物流基础设施安全和信息安全保护，提升战略物资、应急物流、国际供应链等保障水平，增强经济社会发展韧性。健全大宗商品物流体系。加快构建全球供应链物流服务网络，保持产业链供应链稳定。充分发挥社会物流作用，推动建立以企业为主体的应急物流队伍。

四、加快培育现代物流转型升级新动能

（一）推动物流提质增效降本

促进全链条降成本。推动解决跨运输方式、跨作业环节瓶颈问题，打破物流“中梗阻”。依托国家物流枢纽、国家骨干冷链物流基地等重大物流基础设施，提高干线运输规模化水平和支线运输网络化覆盖面，完善末端配送网点布局，扩大低成本、高效率干支仓配一体化物流服务供给。鼓励物流资源共享，整合分散的运输、仓储、配送能力，发展共建船队车队、共享仓储、共同配送、统仓统配等组织模式，提高资源利用效率。推动干支仓配一体化深度融入生产和流通，带动生产布局和流通体系调整优

化，减少迂回、空驶等低效无效运输，加快库存周转，减少社会物流保管和管理费用。

推进结构性降成本。加快推进铁路专用线进港区、连园区、接厂区，合理有序推进大宗商品等中长距离运输“公转铁”“公转水”。完善集装箱公铁联运衔接设施，鼓励发展集拼集运、模块化运输、“散改集”等组织模式，发挥铁路干线运输成本低和公路网络灵活优势，培育有竞争力的“门到门”公铁联运服务模式，降低公铁联运全程物流成本。统筹沿海港口综合利用，提升大型港口基础设施服务能力，提高码头现代化专业化规模化水平，加快推进铁水联运衔接场站改造，提高港口铁路专用线集疏网络效能，优化作业流程。完善内河水运网络，统筹江海直达、江海联运发展，发挥近海航线、长江水道、珠江水道等水运效能，稳步推进货物运输“公转水”。推进铁水联运业务单证电子化，促进铁路、港口信息互联，实现铁路现车、装卸车、货物在途、到达预确报以及港口装卸、货物堆存、船舶进出港、船期舱位预订等铁水联运信息交换共享。支持港口、铁路场站加快完善集疏运油气管网，有效对接石化等产业布局，提高管道运输比例（见专栏2）。

专栏2　铁路物流升级改造工程
大力组织班列化货物列车开行，扩大铁路“点对点”直达货运服务规模，在运量较大的物流枢纽、口岸、港口间组织开行技术直达列车，形成“核心节点＋通道＋班列”的高效物流组织体系，增强铁路服务稳定性和时效性。有序推动城市中心城区既有铁路货场布局调整，或升级改造转型为物流配送中心。到2025年，沿海主要港口、大宗货物年运量150万吨以上的大型工矿企业、新建物流园区等的铁路专用线接入比例力争达到85%左右，长江干线主要港口全面实现铁路进港。

（二）促进物流业与制造业深度融合

促进企业协同发展。支持物流企业与制造企业创新供应链协同运营模式，将物流服务深度嵌入制造供应链体系，提供供应链一体化物流解决方案，增强制造企业柔性制造、敏捷制造能力。引导制造企业与物流企业建立互利共赢的长期战略合作关系，共同投资专用物流设施建设和物流器具研发，提高中长期物流合同比例，制定制造业物流服务标准，提升供应链协同效率。鼓励具备条件的制造企业整合对接分散的物流服务能力和资源，实现规模化组织、专业化服务、社会化协同。

推动设施联动发展。加强工业园区、产业集群与国家物流枢纽、物流园区、物流中心等设施布局衔接、联动发展。支持工业园区等新建或改造物流基础设施，吸引第三方物流企业进驻并提供专业化、社会化物流服务。发展生产服务型国家物流枢纽，完善第三方仓储、铁路专用线等物流设施，面向周边制造企业提供集成化供应链物流服务，促进物流供需规模化对接，减少物流设施重复建设和闲置。

支持生态融合发展。统筹推进工业互联网和智慧物流体系同步设计、一体建设、协同运作，加大智能技术装备在制造业物流领域应用，推进关键物流环节和流程智慧化升级。打造制造业物流服务平台，促进制造业供应链上下游企业加强采购、生产、流通等环节信息实时采集、互联共享，实现物流资源共享和过程协同，提高生产制造和物流服务一体化运行水平，形成技术驱动、平台赋能的物流业制造业融合发展新生态（见专栏3）。

专栏3　物流业制造业融合创新工程

在重点领域梳理一批物流业制造业深度融合创新发展典型案例，培育一批物流业制造业融合创新模式、代表性企业和知名品牌。鼓励供应链核心企业发起成立物流业制造业深度融合创新发展联盟，开展流程优化、信息共享、技术共创和业务协同等创新。研究制定物流业制造业融合发展行业标准，开展制造企业物流成本核算对标。

（三）强化物流数字化科技赋能

加快物流数字化转型。利用现代信息技术推动物流要素在线化数据化，开发多样化应用场景，实现物流资源线上线下联动。结合实施“东数西算”工程，引导企业信息系统向云端跃迁，推动“一站式”物流数据中台应用，鼓励平台企业和数字化服务商开发面向中小微企业的云平台、云服务，加强物流大数据采集、分析和应用，提升物流数据价值。培育物流数据要素市场，统筹数据交互和安全需要，完善市场交易规则，促进物流数据安全高效流通。积极参与全球物流领域数字治理，支撑全球贸易和跨境电商发展。研究电子签名和电子合同应用，促进国际物流企业间互认互验，试点铁路国际联运无纸化。

推进物流智慧化改造。深度应用第五代移动通信（5G）、北斗、移动互联网、大数据、人工智能等技术，分类推动物流基础设施改造升级，加快物联网相关设施建设，发展智慧物流枢纽、智慧物流园区、智慧仓储物流基地、智慧港口、数字仓库等新型物流基础设施。鼓励智慧物流技术与模式创新，促进创新成果转化，拓展智慧物流商业化应用场景，促进自动化、无人化、智慧化物流技术装备以及自动感知、自动控制、智慧决策等智慧管理技术应用。加快高端标准仓库、智慧立体仓储设施建设，研发推广面向中小微企业的低成本、模块化、易使用、易维护智慧装备。

促进物流网络化升级。依托重大物流基础设施打造物流信息组织中枢，推动物流设施设备全面联网，实现作业流程透明化、智慧设备全连接，促进物流信息交互联通。推动大型物流企业面向中小微企业提供多样化、数字化服务，稳步发展网络货运、共享物流、无人配送、智慧航运等新业态。鼓励在有条件的城市搭建智慧物流“大脑”，全面链接并促进城市物流资源共享，优化城市物流运行，建设智慧物流网络。推动物流领域基础公共信息数据有序开放，加强物流公共信息服务平台建设，推动企业数据对接，面向物流企业特别是中小微物流企业提供普惠性服务（见专栏4）。

专栏4　数字物流创新提质工程

加强物流公共信息服务平台建设，在确保信息安全的前提下，推动交通运输、公安交管、市场监管等政府部门和铁路、港口、航空等企事业单位向社会开放与物流相关的公共数据，推进公共数据共享。利用现代信息技术搭建数字化、网络化、协同化物流第三方服务平台，推出一批便捷高效、成本经济的云服务平台和数字化解决方案，推广一批先进数字技术装备。推动物流企业“上云用数赋智”，树立一批数字化转型标杆企业。

（四）推动绿色物流发展

深入推进物流领域节能减排。加强货运车辆适用的充电桩、加氢站及内河船舶适用的岸电设施、液化天然气（LNG）加注站等配套布局建设，加快新能源、符合国六排放标准等货运车辆在现代物流特别是城市配送领域应用，促进新能源叉车在仓储领域应用。继续加大柴油货车污染治理力度，持续推进运输结构调整，提高铁路、水路运输比重。推动物流企业强化绿色节能和低碳管理，推广合同能源管理模式，积极开展节能诊断。加强绿色物流新技术和设备研发应用，推广使用循环包装，减少过度包装和二次包装，促进包装减量化、再利用。加快标准化物流周转箱推广应用，推动托盘循环共用系统建设。

加快健全逆向物流服务体系。探索符合我国国情的逆向物流发展模式，鼓励相关装备设施建设和技术应用，推进标准制定、检测认证等基础工作，培育专业化逆向物流服务企业。支持国家物流枢纽率先开展逆向物流体系建设，针对产品包装、物流器具、汽车以及电商退换货等，建立线上线下融合的逆向物流服务平台和网络，创新服务模式和场景，促进产品回收和资源循环利用（见专栏5）。

专栏5　绿色低碳物流创新工程

依托行业协会等第三方机构，开展绿色物流企业对标贯标达标活动，推广一批节能低碳技术装备，创建一批绿色物流枢纽、绿色物流园区。在运输、仓储、配送等环节积极扩大电力、氢能、天然气、先进生物液体燃料等新能源、清洁能源应用。加快建立天然气、氢能等清洁能源供应和加注体系。

（五）做好供应链战略设计

提升现代供应链运行效率。推进重点产业供应链体系建设，发挥供应链核心企业组织协同管理优势，搭建供应链协同服务平台，提供集贸易、物流、信息等多样化服务于一体的供应链创新解决方案，打造上下游有效串接、分工协作的联动网络。加强数字化供应链前沿技术、基础软件、先进模式等研究与推广，探索扩大区块链技术应用，提高供应链数字化效率和安全可信水平。规范发展供应链金融，鼓励银行等金融机构在依法合规、风险可控的前提下，加强与供应链核心企业或平台企业合作，丰富创新供应链金融产品供给。

强化现代供应链安全韧性。坚持自主可控、安全高效，加强供应链安全风险监测、预警、防控、应对等能力建设。发挥供应链协同服务平台作用，引导行业、企业间加强供应链安全信息共享和资源协同联动，分散化解潜在风险，增强供应链弹性，确保产业链安全。积极参与供应链安全国际合作，共同防范应对供应链中断风险（见专栏6）。

专栏6　现代供应链体系建设工程

现代供应链创新发展工程。总结供应链创新与应用试点工作经验，开展全国供应链创新与应用示范创建，培育一批示范城市和示范企业，梳理一批供应链创新发展典型案例，推动供应链技术、标准和服务模式创新。

制造业供应链提升工程。健全制造业供应链服务体系，促进生产制造、原材料供应、物流等企业在供应链层面强化战略合作。建立制造业供应链评价体系、重要资源和产品全球供应链风险预警系统。提升制造业供应链智慧化水平，建设以工业互联网为核心的数字化供应链服务体系，深化工业互联网标识解析体系应用。选择一批企业竞争力强、全球化程度高的行业，深入挖掘数字化应用场景，开展制造业供应链数字化创新应用示范工程。

（六）培育发展物流经济

壮大物流枢纽经济。发挥国家物流枢纽、国家骨干冷链物流基地辐射广、成本低、效率高等优势条件，推动现代物流和相关产业深度融合创新发展，促进区域产业空间布局优化，打造具有区域集聚辐射能力的产业集群，稳妥有序开展国家物流枢纽经济示范区建设。

发展物流通道经济。围绕共建“一带一路”、长江经济带发展等重大战略实施和西部陆海新通道建设，提升“四横五纵、两沿十廊”物流大通道沿线物流基础设施支撑和服务能力，密切通道经济联系，优化通道沿线产业布局与分工合作体系，提高产业组织和要素配置能力。

五、深度挖掘现代物流重点领域潜力

（一）加快国际物流网络化发展

推进国际通道网络建设。强化国家物流枢纽等的国际物流服务设施建设，完善通关等功能，加强国际、国内物流通道衔接，推动国际物流基础设施互联互通。推动商贸物流型境外经贸合作区建设，优化海外布局，扩大辐射范围。巩固提升中欧班列等国际铁路运输组织水平，推动跨境公路运输发展，加快构建高效畅通的多元化国际物流干线通道。积极推进海外仓建设，加快健全标准体系。鼓励大型物流企业开展境外港口、海外仓、分销网络建设合作和协同共享，完善全球物流服务网络。

补齐国际航空物流短板。依托空港型国家物流枢纽，集聚整合国际航空物流货源，完善配套服务体系，打造一体化运作的航空物流服务平台，提供高品质“一站式”国际航空物流服务。加快培育规模化、专业化、网络化的国际航空物流骨干企业，优化国际航空客运航线客机腹舱运力配置，增强全货机定班国际航线和包机组织能力，逐步形成优质高效的国际航空物流服务体系，扩大国际航空物流网络覆盖范围，建设覆盖重点产业布局的国际货运通道。

培育国际航运竞争优势。加密国际海运航线，打造国际航运枢纽港，提升国际航运服务能力，强化国际中转功能，拓展国际金融、国际贸易等综合服务。加快推进长三角世界级港口群一体化治理体系建设。加强港口与内陆物流枢纽等联动，发展海铁联运、江海联运，扩大港口腹地辐射范围。鼓励港航企业与货主企业、贸易企业加强战略合作，延伸境外末端服务网络。

提高国际物流综合服务能力。优化完善中欧班列开行方案统筹协调和动态调整机制，加快建设中欧班列集结中心，完善海外货物集散网络，推动中欧班列双向均衡运输，提高货源集结与班列运行效率。加快国际航运、航空与中欧班列、西部陆海新通道国际海铁联运班列等协同联动，提升国际旅客列车行包运输能力，开行客车化跨境班列，构建多样化国际物流服务体系。提高重点边境铁路口岸换装和通行能力，推动边境水运口岸综合开发和国际航道物流合作，提升边境公路口岸物流能力。推进跨境物流单证规则、检验检疫、认证认可、通关报关等标准衔接和国际互认合作（见专栏7）。

专栏7　国际物流网络畅通工程

国际物流设施提升工程。培育一批具备区域和国际中转能力的海港、陆港、空港。发挥国家物流枢纽资源整合优势，加快中欧班列集结中心建设，完善物流中转配套能力，加快形成“干支结合、枢纽集散”的高效集疏运体系；开展航空货运枢纽规划布局研究，提升综合性机场货运设施服务能力和服务质量，稳妥有序推进专业性航空货运枢纽机场建设。

西部陆海新通道增量提质工程。发挥西部陆海新通道班列运输协调委员会作用，提升通道物流服务水平。加强通道物流组织模式创新，推动通道沿线物流枢纽与北部湾港口协同联动，促进海铁联运班列提质增效。推动通道海铁联运、国际铁路联运等运输组织方式与中欧班列高效衔接。

（二）补齐农村物流发展短板

完善农村物流节点网络。围绕巩固拓展脱贫攻坚成果与乡村振兴有效衔接，重点补齐中西部地区、经济欠发达地区和偏远山区等农村物流基础设施短板，切实改善农村流通基础条件。统筹城乡物流发展，推动完善以县级物流节点为核心、乡镇服务网点为骨架、村级末端站点为延伸的县乡村三级物流服务设施体系。推动交通运输与邮政快递融合发展，加快农村物流服务品牌宣传推广，促进交通、邮政、快递、商贸、供销、电商等农村物流资源融合和集约利用，打造一批公用型物流基础设施，建设村级寄递物流综合服务站，完善站点服务功能。推进公益性农产品市场和农产品流通骨干网络建设。

提升农村物流服务效能。围绕农村产业发展和居民消费升级，推进物流与农村第一、第二、第三产业深度融合，深化电商、快递进村工作，发展共同配送，打造经营规范、集约高效的农村物流服务网络，加快工业品下乡、农产品出村双向物流服务通道升级扩容、提质增效。推动物流服务与规模化种养殖、商贸渠道拓展等互促提升，推动农产品品牌打造和标准化流通，创新物流支持农村特色产业品质化、品牌化发展模式，提升农业产业化水平。

（三）促进商贸物流提档升级

完善城乡商贸物流设施。优化以综合物流园区、专业配送中心、末端配送网点为支撑的商贸物流设施网络。完善综合物流园区干线接卸、前置仓储、流通加工等功能。结合老旧小区、老旧厂区、老旧街区和城中村改造以及新城新区建设，新建和改造升级一批集运输、仓储、加工、包装、分拨等功能于一体的公共配送中心，支持大型商超、批发市场、沿街商铺、社区商店等完善临时停靠装卸等配套物流设施，推进智能提货柜、智能快件箱、智能信包箱等设施建设。

提升商贸物流质量效率。鼓励物流企业与商贸企业深化合作，优化业务流程，发展共同配送、集中配送、分时配送、夜间配送等集约化配送模式，优化完善前置仓配送、即时配送、网订店取、自助提货等末端配送模式。深化电商与快递物流融合发展，提升线上线下一体服务能力。

（四）提升冷链物流服务水平

完善冷链物流设施网络。发挥国家物流枢纽、国家骨干冷链物流基地的资源集聚优势，引导商贸流通、农产品加工等企业向枢纽、基地集聚或强化协同衔接。加强产销冷链集配中心建设，提高产地农产品产后集散和商品化处理效率，完善销地城市冷链物流系统。改善机场、港口、铁路场站冷链物流配套条件，健全冷链集疏运网络。加快实施产地保鲜设施建设工程，推进田头小型冷藏保鲜设施等建设，加强产地预冷、仓储保鲜、移动冷库等产地冷链物流设施建设，引导商贸流通企业改善末端冷链设施装备条件，提高城乡冷链设施网络覆盖水平。

提高冷链物流质量效率。大力发展铁路冷链运输和集装箱公铁水联运，对接主要农产品产区和集散地，创新冷链物流干支衔接模式。发展“生鲜电商＋产地直发”等冷链物流新业态新模式。推广蓄冷箱、保温箱等单元化冷链载器具和标准化冷藏车，促进冷链物流信息互联互通，提高冷链物流规模化、标准化水平。依托国家骨干冷链物流基地、产销冷链集配中心等大型冷链物流设施，加强生鲜农产品检验检疫、农兽药残留及防腐剂、保鲜剂、添加剂合规使用等质量监管。研究推广应用冷链道路运输电子运单，加强产品溯源和全程温湿度监控，将源头至终端的冷链物流全链条纳入监管范围，提升冷链物流质量保障水平。健全进口冷链食品检验检疫制度，筑牢疫情外防输入防线（见专栏 8）。

专栏8　冷链物流基础设施网络提升工程

国家骨干冷链物流基地建设工程。到2025年，面向农产品优势产区、重要集散地和主销区，依托存量冷链物流基础设施群布局建设100个左右国家骨干冷链物流基地，整合集聚冷链物流市场供需、存量设施以及农产品流通、生产加工等上下游产业资源，提高冷链物流规模化、集约化、组织化、网络化水平。探索建立以国家骨干冷链物流基地为核心的安全检测、全程冷链追溯系统。

产地保鲜设施建设工程。到2025年，在农产品主产区和特色农产品优势产区支持建设一批田头小型冷藏保鲜设施，推动建设一批产地冷链集配中心，培育形成一批一体化运作、品牌化经营、专业化服务的农产品仓储保鲜冷链物流运营主体，初步形成符合我国国情的农产品仓储保鲜冷链物流运行模式，构建稳定、高效、低成本运行的农产品出村进城冷链物流网络。

（五）推进铁路（高铁）快运稳步发展

完善铁路（高铁）快运网络。结合电商、邮政快递等货物的主要流向、流量，完善铁路（高铁）快运线路和网络。加快推进铁路场站快运服务设施布局和改造升级，强化快速接卸货、集散、分拣、存储、包装、转运和配送等物流功能，建设专业化铁路（高铁）快运物流基地。鼓励电商、邮政快递等企业参与铁路（高铁）快运设施建设和改造，就近或一体布局建设电商快递分拨中心，完善与铁路（高铁）快运高效衔接的快递物流服务网络。

创新高铁快运服务。适应多样化物流需求，发展多种形式的高铁快运。在具备条件的高铁场站间发展“点对点”高铁快运班列服务。依托现有铁路物流平台，构建业务受理、跟踪查询、结算办理等“一站式”高铁快运服务平台，推动高铁快运与电商、快递物流企业信息对接。

（六）提高专业物流质量效率

完善大宗商品物流体系。优化粮食、能源、矿产等大宗商品物流服务，提升沿海、内河水运通道大宗商品物流能力，扩大铁路货运班列、“点对点”货运列车、大宗货物直达列车开行范围，发展铁路散粮运输、棉花集装箱运输、能源和矿产重载运输。有序推进油气干线管道建设，持续完善支线管道，打通管网瓶颈和堵点，提高干支管网互联互通水平。依托具备条件的国家物流枢纽发展现代化大宗商品物流中心，增强储备、中转、通关等功能，推进大宗商品物流数字化转型，探索发展电子仓单、提单，构建衔接生产流通、串联物流贸易的大宗商品供应链服务平台。

安全有序发展特种物流。提升现代物流对大型装备制造、大型工程项目建设的配套服务能力，加强大件物流跨区域通道线路设计，推动形成多种运输方式协调发展的大件物流综合网络。发展危化品罐箱多式联运，提高安全服务水平，推动危化品物流向专业化定制、高品质服务和全程供应链服务转型升级。推动危化品物流全程监测、线上监管、实时查询，提高异常预警和应急响应处置能力。完善医药物流社会化服务体系，培育壮大第三方医药物流企业。鼓励覆盖生产、流通、消费的医药供应链平台建设，健全全流程监测追溯体系，确保医药产品物流安全。

（七）提升应急物流发展水平

完善应急物流设施布局。整合优化存量应急物资储备、转运设施，推动既有物流设施嵌入应急功能，在重大物流基础设施规划布局、设计建造阶段充分考虑平急两用需要，完善应急物流设施网络。统筹加强抗震、森林草原防灭火、防汛抗旱救灾、医疗救治等各类应急物资储备设施和应急物流设施在布局、功能、运行等方面相互匹配、有机衔接，提高紧急调运能力。

提升应急物流组织水平。统筹应急物流力量建设与管理，建立专业化应急物流企业库和人员队伍，健全平急转换和经济补偿机制。充分利用市场资源，完善应急物流干线运输和区域配送体系，提升跨区域大规模物资调运组织水平，形成应对各类突发事件的应急物流保障能力。

健全物流保通保畅机制。充分发挥区域统筹协调机制作用，鼓励地方建立跨区域、跨部门的应对疫情物流保通保畅工作机制，完善决策报批流程和信息发布机制，不得擅自阻断或关闭高速公路、普通公路、航道船闸等通道，不得擅自关停高速公路服务区、港口码头、铁路车站和航空机场，严禁采取全城24小时禁止货车通行的限制措施，不得层层加码实施“一刀切”管控措施；加快完善物流通道和物流枢纽、冷链基地、物流园区、边境口岸等环节的检验检疫、疫情阻断管理机制和分类分级应对操作规范，在发生重大公共卫生事件时有效阻断疫情扩散、确保物流通道畅通，保障防疫物资、生活物资以及工业原材料、农业生产资料等供应，维护正常生产生活秩序和产业链供应链安全（见专栏9）。

专栏9　应急物流保障工程
研究完善应急物流转运等设施和服务标准，对具备条件的铁路场站、公路港、机场和港口进行改造提升，建设平急两用的应急物资运输中转站。完善应急物流信息联通标准，强化各部门、各地区、各层级间信息共享，提高应对突发事件物流保障、组织指挥、辅助决策和社会动员能力。

六、强化现代物流发展支撑体系

（一）培育充满活力的物流市场主体

提升物流企业市场竞争力。鼓励物流企业通过兼并重组、联盟合作等方式进行资源优化整合，培育一批具有国际竞争力的现代物流企业，提升一体化供应链综合服务能力。引导中小微物流企业发掘细分市场需求，做精做专、创新服务，增强专业化市场竞争力，提高规范化运作水平。完善物流服务质量评价机制，支持企业塑造物流服务品牌。深化物流领域国有企业改革，盘活国有企业存量物流资产，支持国有资本参与物流大通道建设。鼓励民营物流企业做精做大做强，加快中小微企业资源整合，培育核心竞争力。

规范物流市场运行秩序。统筹推进物流领域市场监管、质量监管、安全监管和金融监管，实现事前事中事后全链条全领域监管，不断提高监管效能。加大物流领域反垄断和反不正当竞争执法力度，深入推进公平竞争政策实施。有序放宽市场准入，完善市场退出机制，有效引导过剩物流能力退出，扩大优质物流服务供给。引导公路运输企业集约化、规模化经营，提升公路货物运输组织效率（见专栏10）。

专栏10　现代物流企业竞争力培育工程
支持具备条件的物流企业加强软硬件建设，壮大发展成为具有较强国际竞争力的现代物流领军企业，参与和主导全球物流体系建设和供应链布局。支持和鼓励中小微物流企业专业化、精益化、品质化发展，形成一批“专、精、特、新”现代物流企业。

（二）强化基础标准和制度支撑

健全物流统计监测体系。研究建立物流统计分类标准，加强社会物流统计和重点物流企业统计监测，开展企业物流成本统计调查试点。研究制定反映现代物流重点领域、关键环节高质量发展的监测指标体系，科学系统反映现代物流发展质量效率，为政府宏观调控和企业经营决策提供参考依据。

健全现代物流标准体系。强化物流领域国家标准和行业标准规范指导作用，鼓励高起点制定团体标准和企业标准，推动国际国内物流标准接轨，加大已发布物流标准宣传贯彻力度。推动基础通用和产业共性的物流技术标准优化升级，以标准提升促进物流科技成果转化。建立政府推动、行业协会和企业等共同参与的物流标准实施推广机制。建立物流标准实施评价体系，培育物流领域企业标准“领跑者”，发挥示范带动作用。

加强现代物流信用体系建设。加强物流企业信用信息归集共享，通过“信用中国”网站和国家企业信用信息公示系统依法向社会公开。建立健全跨部门、跨区域信用信息共享机制，建立以信用为基础的企业分类监管制度，完善物流行业经营主体和从业人员守信联合激励和失信联合惩戒机制。依法依规建立物流企业诚信记录和严重失信主体名单制度，提高违法失信成本。

加强物流安全体系建设。完善物流安全管理制度，加强对物流企业的监督管理和日常安全抽查，推动企业严格落实安全生产主体责任。提高物流企业承运物品、客户身份等信息登记规范化水平，加强运输物品信息共享和安全查验部门联动，实现物流活动全程跟踪，确保货物来源可追溯、责任能倒查。提高运输车辆安全性能和从业人员安全素质，规范车辆运输装载，提升运输安全水平。落实网络安全等级保护制度，提升物流相关信息系统的安全防护能力（见专栏11）。

专栏11　物流标准化推进工程

研究制定现代物流标准化发展规划，完善现代物流标准体系。加强多式联运、应急物流、逆向物流、绿色物流等短板领域标准研究与制订。制修订一批行业急需的物流信息资源分类与编码、物流单证、智慧物流标签标准，以及企业间物流信息采集、信息交互标准和物流公共信息服务平台应用开发、通用接口、数据传输等标准。完善包装、托盘、周转箱等标准，加强以标准托盘为基础的单元化物流系统系列标准制修订，加快运输工具、载运装备、设施体系等标准对接和系统运作，提高全社会物流运行效率。推动完善货物运输、物流园区与冷链、大件、药品和医疗器械、危化品等物流标准规范。推进危险货物在铁路、公路、水路等运输环节标准衔接。加快制定智慧物流、供应链服务、电商快递、即时配送、城乡物流配送等新兴领域标准。推进面向数字化与智慧化需求的物流装备设施标准制修订。积极参与国际物流标准制修订。

（三）打造创新实用的科技与人才体系

强化物流科技创新支撑。依托国家企业技术中心、高等院校、科研院所等开展物流重大基础研究和示范应用，推动设立一批物流技术创新平台。建立以企业为主体的协同创新机制，鼓励企业与高等院校、科研院所联合设立产学研结合的物流科创中心，开展创新技术集中攻关、先进模式示范推广，建立成果转化工作机制。鼓励物流领域研究开发、创业孵化、技术转移、检验检测认证、科技咨询等创新服务机构发展，提升专业化服务能力。

建设物流专业人才队伍。发挥物流企业用人主体作用，加强人才梯队建设，完善人才培养、使用、评价和激励机制。加强高等院校物流学科专业建设，提高专业设置的针对性，培育复合型高端物流人才。加快物流现代职业教育体系建设，支持职业院校（含技工院校）开设物流相关专业。加强校企合作，创新产教融合人才培养模式，培育一批有影响力的产教融合型企业，支持企业按规定提取和使用职工教育经费，开展大规模多层次职业技能培训，促进现代物流专业技术人员能力提升。指导推动物流领域用人单位和社会培训评价组织开展职业技能等级认定，积极开展物流领域相关职业技能竞赛。实现学历教育与培训并举衔接，进一步推动物流领域 1 + X 证书制度和学分银行建设。对接国际专业认证体系，提高国际化物流人才培养水平，加大海外高端人才引进力度。实施新一轮专业技术人才知识更新工程和职业技能提升行动，推进物流领域工程技术人才职称评审，逐步壮大高水平工程师和高技能人才队伍。

七、实施保障

（一）优化营商环境

深化“放管服”改革，按规定放宽物流领域相关市场准入，消除各类地方保护和隐性壁垒。依托全国一体化政务服务平台，推动物流领域资质证照电子化，支持地方开展“一照多址”改革，促进物流企业网络化布局，实现企业注册、审批、变更、注销等“一网通办”，允许物流领域（不含快递）企业分支机构证照异地备案和异地审验。推动物流领域（不含快递）资质许可向资质备案和告知承诺转变。完善物流发展相关立法，推动健全物流业法律法规体系和法治监督体系。开展现代物流促进法等综合性法律立法研究和准备工作。严格依法行政依法监管，统一物流监管执法标准和处罚清单。推动跨部门、跨区域、跨层级政务信息开放共享，避免多头管理和重复监管。大力推动货车非法改装治理，研究制定非标准货运车辆治理工作方案。依托国际贸易“单一窗口”创新“通关 + 物流”服务，提高口岸智慧管理和服务水平。推动部门间物流安检互认、数据互通共享，减少不必要的重复安检。支持航空公司壮大货运机队规模，进一步简化货机引进程序和管理办法，优化工作流程，鼓励航空物流企业“走出去”。

（二）创新体制机制

完善全国现代物流工作部际联席会议制度，强化跨部门、跨区域政策协同，着力推动降低物流成本等重点工作。深化铁路货运市场化改革，推进投融资、运输组织、科技创新等体制机制改革，吸引社会资本进入，推动铁路货运市场主体多元化和服务创新发展，促进运输市场公平有序竞争。鼓励铁路企业与港口、社会物流企业等交叉持股，拓展战略合作联盟。

（三）强化政策支持

保障重大项目用地用海。依据国土空间规划，落实《国土空间调查、规划、用途管制用地用海分类指南（试行）》要求，完善物流设施专项规划，重点保障国家物流枢纽等重大物流基础设施和港航设施等的合理用地用海需求，确保物流用地规模、土地性质和空间位置长期稳定。创新物流用地模式，推动物流枢纽用地统一规划和科学布局，提升土地空间集约节约利用水平，支持物流仓储用地以长期租赁或先租后让、租让结合的方式供应。鼓励地方政府盘活存量土地和闲置土地资源用于物流设施建设。支持物流企业利用自有土地进行物流基础设施升级改造。支持依法合规利用铁路划拨用地、集体建设用地建设物流基础设施。

巩固减税降费成果。落实深化税收征管制度改革有关部署，推进现代物流领域发票电子化。按规定落实物流企业大宗商品仓储设施用地城镇土地使用税减半征收、购置挂车车辆购置税减半征收等税收优惠政策。严格落实已出台的物流简政降费政策，严格执行收费目录清单和公示制度，严禁违规收费，坚决治理乱收费、乱罚款、乱摊派，依法治理“只收费、不服务”的行为。清理规范铁路、港口、机场等收费，对主要海运口岸、机场地面服务收费开展专项调查，增强铁路货运收费透明度。对货运车辆定位信息及相关服务商开展典型成本调查，及时调整过高收费标准。

加大金融支持力度。鼓励符合条件的社会资本按市场化方式发起成立物流产业相关投资基金。发挥各类金融机构作用，按照市场化、法治化原则，加大对骨干物流企业和中小物流企业的信贷支持力度，拓宽企业兼并重组融资渠道，引导资金流向创新型物流企业。在仓储物流行业稳妥推进基础设施领域不动产投资信托基金（REITs）试点。鼓励保险公司开发农产品仓储保鲜冷链物流保险，提升鲜活农产品经营和质量安全风险保障水平。

（四）深化国际合作

推动建立国际物流通道沿线国家协作机制，加强便利化运输、智慧海关、智能边境、智享联通等方面合作。持续推动中欧班列“关铁通”项目在有合作意愿国家落地实施。逐步建立适应国际铁路联运特点的陆路贸易规则体系，推动完善配套法律法规，加强与国内外银行、保险等金融机构合作，探索使用铁路运输单证开展贸易融资。

（五）加强组织实施

国家发展改革委要会同国务院有关部门加强行业综合协调和宏观调控，协调解决本规划实施中存在的问题，确保规划落地见效。建立现代物流发展专家咨询委员会，加强对重大问题的调查研究和政策咨询，指导规划任务科学推进。推动行业协会深度参与行业治理，发挥社会监督职能，加强行业自律和规范发展，助力规划落地实施。

第十一章　物流包装重点政策摘录

政策文件名称	发布时间	发布部门	发文字号	重点内容
《塑料加工业“十三五”发展规划指导意见》	2016. 04	中国塑料加工工业协会	中国塑料加工工业协会二〇一六年四月二十四日	①重点发展生物基塑料包装制品的生产。 ②塑料制品目前约占全球食品包装产品总量30%的市场份额，因此要把卫生、安全工作放在首位。严格遵守新版《食品安全法》规定和要求，切实做好塑料制品的卫生、安全工作，需要依靠技术进步，大力开发安全可靠的食品接触新材料及助剂，加快建立食品包装材料卫生安全溯源机制和方法，从源头上保证原料及助剂达到食品级要求；要加快食品包装材料标准化体系建设，建立健全食品包装材料安全评价制度和方法
《轻工业发展规划（2016—2020）》	2016. 07	工业和信息化部	工信部规〔2016〕241号	①关键共性技术研发与产业化工程：高阻隔包装等高性能薄膜，生物降解地膜，高光效功能与寿命同步农膜，超临界 CO_2 发泡塑料产业化，工程塑料改性、合金产业化技术。 ②重点发展高速大型化、成套化、智能化食品生产及包装生产线等食品装备。 ③推进发展基于物联网的液态食品包装装备。 ④重点发展白度适当的文化用纸、未漂白的生活用纸和高档包装用纸和高技术含量的特种纸，增加纸及纸制品的功能、品种和质量。充分利用开发国内外资源，加大国内废纸回收体系建设，提高资源利用效率，降低原料对外依赖过高的风险。 ⑤提升生产及包装设备的自动化、数字化及智能化程度

续 表

政策文件名称	发布时间	发布部门	发文字号	重点内容
《消费品标准和质量提升规划 2016—2020》	2016. 09	国务院	国办发〔2016〕68 号	提高食品容器、包装材料以及智能化食品包装生产线标准水平，不断完善食品相关产品质量标准体系
《关于加快我国包装产业转型发展的指导意见》	2016. 12	工信部、商务部	工信部联消费〔2016〕397 号	①国包装产业已建成涵盖设计、生产、检测、流通、回收循环利用等产品全生命周期较为完善的体系，分为包装材料、包装制品、包装装备三大类别和纸包装、塑料包装、金属包装、玻璃包装、竹木包装五大子行业。 ②问题：行业自主创新能力弱，重大科技创新投入和企业技术研发投入严重不足，高新技术难以实现重大突破，先进装和关键技术进口依赖度高；企业高投入、高消耗、高排放的粗放生产模式仍然较为普遍，绿色化生产方式与体系尚未有效形成；包装制造过程自动化、信息化、智能化水平有待提高；产业区域发展不平衡、不协调；低档次、同质化产品生产企业重复建设问题突出，无序竞争现象未能得到遏制。 ③重点开发和推广废塑料改性再造、废（碎）玻璃回收再利用、纸铝塑等复合材料分离，以及废纸（金属、塑料等）自动识别、分拣、脱墨等包装废弃物循环利用技术，采用先进节能和低碳环保技术改造传统产业，加强节能环保技术、工艺及装备的推广应用，推行企业循环式生产、产业循环式组合、园区循环式改造，推动企业生产方式绿色化。加强包装绿色制造企业与园区示范工程建设，建设一批绿色转型示范基地，形成一批引领性强、辐射作用大、竞争优势明显的重点企业、大型企业集团和产业集群

续　表

政策文件名称	发布时间	发布部门	发文字号	重点内容
《中国包装工业发展规划（2016—2020）》	2016. 12	中国包装联合会	中国包联综字〔2016〕61 号	①问题：自主创新能力有待进一步增强；协调发展机制有待进一步完善；产业信息化水平有待进一步提升。 ②发展环境：包装工业前景广阔，国际竞争压力巨大；政策红利不断释放，转型发展任务艰巨；“一带一路”机遇凸显，战略思维亟待调整。 ③提升包装工业的创新力、提升包装工业的竞争力、提升包装工业的贡献力。 ④围绕自主创新能力、两化深度融合、军民融合包装、产业发展基础、新兴业态培育、包装标准建设、包装品牌塑造等主要任务，全面推动包装产业绿色转型，不断夯实“包装强国”的建设基础。 ⑤重点发展绿色包装、安全包装、智能包装、包装制品、包装装备、包装印刷、军民通用包装
《国务院办公厅关于积极推进供应链创新与应用的指导意见》	2017. 10	国务院	国办发〔2017〕84 号	积极倡导绿色消费理念，培育绿色消费市场。鼓励流通环节推广节能技术，加快节能设施设备的升级改造，培育一批集节能改造和节能产品销售于一体的绿色流通企业。加强绿色物流新技术和设备的研究与应用，贯彻执行运输、装卸、仓储等环节的绿色标准，开发应用绿色包装材料，建立绿色物流体系
《完善促进消费体制机制实施方案 2018—2020》	2018. 09	国务院	国办发〔2018〕93 号	推动绿色流通发展，倡导流通环节减量包装、使用可降解包装。创建一批绿色商场，在继续做好绿色购物中心创建基础上，逐步向超市、专业店等业态延伸，引导流通企业增设绿色产品专区，扩大绿色产品销售，积极发挥绿色商场在促进绿色循环消费方面的示范作用

续 表

政策文件名称	发布时间	发布部门	发文字号	重点内容
《绿色包装评价方法与准则》	2019.05	国家标准化管理委员会	GB/T 37422—2019	①适用于绿色包装的评价、也适用于各类绿色包装评价规范的编制； ②绿色包装评价指标体系要求说明； ③针对绿色包装产品低碳、节能、环保、安全的要求规定了绿色包装评价准则、评价方法、评价报告内容和格式，并定义了“绿色包装”的内涵：在包装产品全生命周期中，在满足包装功能要求的前提下，对人体健康和生态环境危害小、资源能源消耗少的包装
《重点行业挥发性有机物综合治理方案》	2019.06	生态环境部	环大气〔2019〕53 号	工业涂装、包装印刷等行业要加大源头替代力度： ①容器或包装袋在非取用状态时是否加盖、封口，保持密闭；盛装过 VOCs 物料的废包装容器是否加盖密闭。 ②容器或包装袋是否存放于室内，或存放于设置有雨棚、遮阳和防渗设施的专用场地。挥发性有机液体储罐。 ③储罐类型与储存物料真实蒸气压、容积等是否匹配，是否存在破损、孔洞、缝隙等问题
《关于进一步加强塑料污染治理的意见》	2020.01	国家发改委、生态环境部	发改环资〔2020〕80 号	①快递塑料包装。到 2022 年年底，北京、上海、江苏、浙江、福建、广东等省市的邮政快递网点，先行禁止使用不可降解的塑料包装袋、次性塑料编织袋等，降低不可降解的塑料胶带使用量。到 2025 年年底，全国范围邮政快递网点禁止使用不可降解的塑料包装袋、塑料胶带、一次性塑料编织袋等。 ②培育优化新业态新模式。强化企业绿色管理责任，推行绿色供应链。电商、外卖等平台企业要加强入驻商户管理，制定一次性塑料制品减量替代实施方案，并向社会发布执行情况。以连锁商超、大型集贸市场、物流仓储、电商快递等为重点，推动企业通过设备租赁、融资租赁等方式，积极推广可循环、可折叠包装产品和物流配送器具。鼓励企业采用股权合作、共同注资等方式，建设可循环包装跨平台运营体系。鼓励企业使用商品和物流一体化包装，建立可循环物流配送器具回收体系

续　表

政策文件名称	发布时间	发布部门	发文字号	重点内容
《关于加快建立绿色生产和消费法规政策体系的意见》	2020.03	国家发改委、司法部	发改环资〔2020〕379号	加快制定农药包装废弃物回收处理管理办法。完善绿色物流建设支持政策。加快建立健全快递、电子商务、外卖等领域绿色包装的法律、标准、政策体系，减少过度包装和一次性用品使用，鼓励使用可降解、可循环利用的包装材料、物流器具
《关于加强快递绿色包装标准化工作的指导意见》	2020.07	市场监管总局 发展改革委 科技部 工业和信息化部 生态环境部 住房城乡建设部 商务部 邮政局	国市监标技〔2020〕126号	①发挥政府引导作用，升级快递绿色包装标准体系；强化生产源头治理，明确企业实施快递绿色包装标准的主体责任；聚焦快递绿色包装材料研发、设计、生产、使用和回收处理等关键环节，支持绿色包装科技创新成果快速转化为标准，以科技创新带动标准创新，以标准创新促进快递包装绿色升级；打通快递上下游产业链，统筹考虑适应实体渠道和电商渠道销售的包装及快递包装需求。 ②升级快递绿色包装标准体系；加快研制快递包装绿色化标准；完善快递包装减量化标准；抓紧制定快递包装回收支撑标准；促进快递包装产业上下游标准衔接；提高快递绿色包装标准约束性；推动快递绿色包装标准有效实施；提升快递绿色包装标准国际化水平
市场监管总局 国家邮政局关于发布《快递包装绿色产品认证目录（第一批）》《快递包装绿色产品认证规则》的公告	2020.10	市场监管总局 邮政局	国家市场监督管理总局 国家邮政局公告2020年第47号	快递包装绿色产品认证目录：以植物纤维为原料制成的快递封套、快递包装箱、免胶带包装箱、电子运单、填充物、悬空紧固包装；以可生物分解的原料制成的包装袋、填充物、胶带；以天然、化学纤维为原材料制成的集装袋；以对环境和健康危害小的原材料制成的可重复使用的封套、包装箱、集装袋等

续 表

政策文件名称	发布时间	发布部门	发文字号	重点内容
《关于加快推进快递包装绿色转型的意见》	2020.12	国家发展改革委、国家邮政局等	国办函〔2020〕115 号	①主要目标：到 2022 年，快递包装领域法律法规体系进一步健全，基本形成快递包装治理的激励约束机制；制定实施快递包装材料无害化强制性国家标准，全面建立统一规范、约束有力的快递绿色包装标准体系；电商和快递规范管理普遍推行，电商快件不再二次包装比例达到 85%，可循环快递包装应用规模达 700 万个，快递包装标准化、绿色化、循环化水平明显提升。到 2025 年，快递包装领域全面建立与绿色理念相适应的法律、标准和政策体系，形成贯穿快递包装生产、使用、回收、处置全链条的治理长效机制；电商快件基本实现不再二次包装，可循环快递包装应用规模达 1000 万个，包装减量和绿色循环的新模式、新业态发展取得重大进展，快递包装基本实现绿色转型。 ②完善快递包装法律法规和标准体系：健全法律法规体系、加强标准化工作顶层设计、升级完善快递包装标准。 ③强化快递包装绿色治理：推进快递包装材料源头减量、提升快递包装产品规范化水平、减少电商快件二次包装。 ④加强电商和快递规范管理；严格快递操作规范、完善快递收寄管理、推行绿色供应链管理。 ⑤推进可循环快递包装应用；推广可循环包装产品、培育可循环快递包装新模式、加强可循环快递包装基础设施建设。 ⑥规范快递包装废弃物回收和处置；加强快递包装回收、规范快递包装废弃物分类投放和清运处置。 ⑦完善支撑保障体系：加强监督执法、完善综合性支持政策、强化科技支撑、加强部门协同、落实地方责任、加强宣传引导

续　表

政策文件名称	发布时间	发布部门	发文字号	重点内容
《邮件快件包装管理办法》	2021. 02	国家邮政局	中华人民共和国交通运输部令 2021 年第 1 号	明确了寄递企业总部： ①明确包装管理机构和人员，落实包装管理责任，加强从业人员培训。 ②使用统一的商标、字号或者寄递详情单经营寄递业务的，商标、字号或者寄的统一管理责在递详情单所属企业应当对邮件快件包装实行统一管理。 明确了包装选用要求和原则： ①寄递企业应当按照规定使用环保材料对邮件快递进行包装，优先采用可重复使用、易回收利用的包装物，并积极回收利用包装物。 ②寄递企业应当遵守国家有关禁止、限制使用不可降解塑料袋等一次性塑料制品的规定。 ③寄递企业应当优先使用宽度较小的胶带，在已有黏合功能的封套、包装袋上减免使用胶带。鼓励寄递企业使用免胶带设计的包装箱。 ④寄递企业应当优化邮件快件包装，加强结构性设计，减少使用填充材料。 突出了包装操作标准化和规范化建设： ①寄递企业应当按照环保、节约的原则，合理进行包装操作，防止过度包装，不得过多缠统胶带，尽量减少包装层数、空隙率和填充物。 ②寄递企业应当规范操作和文明作业，避免抛扔、踩踏、着地摆放邮件快件等行为，防止包装物破损。 ③鼓励寄递企业在其营业场所、处理场所设置包装物回收设施设备，建立健全相应的工作机制和业务流程，对包装物进行回收再利用。 细化了监督管理规定管理： ①邮政管理部门建立实施包装物编码管理制度，推动包装物溯源管理。 ②邮政管理部门依法记录寄递企业包装违法失信行为信息，并纳入邮政业信用。 ③单位或者个人可以向邮政管理部门举报寄递企业使用不符合国家规定的包装物等违法行为

续 表

政策文件名称	发布时间	发布部门	发文字号	重点内容
《限制商品过度包装要求食品和化妆品》	2021.09	市场监督管理局	GB 23350—2021	新标准规范了31类食品、16类化妆品的包装要求，同时严格限定了包装层数，食品中的粮食及其加工品不应超过三层包装，其他食品和化妆品不应超过四层。此外，新标准中包装空隙率计算方法解决了将初始包装体积做大、增加其他商品等逃避监管的问题，还增加了外包装体积检测、判定规则和不同商品的必要空间系数，有利于引导绿色生产和消费，也有利于实现有效监管
《关于组织开展可循环快递包装规模化应用试点的通知》	2021.12	国家发展改革委办公厅 商务部办公厅 国家邮政局办公室	发改办环资〔2021〕963号	通过开展试点，探索形成一批可复制、可推广、可持续的可循环快递包装规模化应用模式。推广一批使用方便、成本较低、绿色低碳的可循环快递包装产品。推动解决可循环快递包装应用成本高、回收调拨运营难、个人消费者使用意愿不高、包装与物流状态数据链接不畅、产品标准化低等问题。促进可循环快递包装使用规模和比例明显提升，使用范围逐步扩大，投放和回收基础设施不断完善，回收方式更加丰富有效，调拨运营网络基本健全。 试点主要内容： （一）提升可循环快递包装产品绿色设计和标准化水平。 （二）培育可循环快递包装可持续使用机制。 （三）发挥电商平台可循环包装推广应用作用。 （四）完善可循环快递包装基础设施。 （五）创新可循环快递包装回收模式。 （六）健全可循环快递包装调拨运营网络

续　表

政策文件名称	发布时间	发布部门	发文字号	重点内容
《国务院办公厅关于进一步加强商品过度包装治理的通知》	2022. 09	国务院	国办发〔2022〕29号	①主要目标：到2025年，基本形成商品过度包装全链条治理体系，相关法律法规更加健全，标准体系更加完善，行业管理水平明显提升，线上线下一体化执法监督机制有效运行，商品过度包装治理能力显著增强。月饼、粽子、茶叶等重点商品过度包装违法行为得到有效遏制，人民群众获得感和满意度显著提升。 ②强化商品过度包装全链条治理：加强包装领域技术创新、防范商品生产环节过度包装、避免销售过度包装商、推进商品交付环节包装减量化、加强包装废弃物回收和处置。 ③加大监管执法力度：加强行业管理、强化执法监督、健全法律法规、完善标准体系、强化政策支持、加强行业自律。 ④强化组织实施：加强部门协同、落实地方责任、加强宣传教育
《扩大内需战略规划纲要（2022—2035年）》	2022. 12	中共中央、国务院	—	持续推进过度包装治理，倡导消费者理性消费，推动形成"节约光荣、浪费可耻"的社会氛围
《国务院办公厅关于印发"十四五"现代物流发展规划的通知》	2022. 12	国务院办公厅	国办发〔2022〕17号	加强绿色物流新技术和设备研发应用，推广使用循环包装，减少过度包装和二次包装，促进包装减量化、再利用。加快标准化物流周转箱推广应用，推动托盘循环共用系统建设

第十二章　物流包装标准综述

序号	标准号	标准名称
1	GB/T 15233—2008	《包装单元货物尺寸》
2	GB/T 37422—2019	《绿色包装评价方法与准则》
3	GB/T 36911—2018	《运输包装指南》
4	GB/T 9174—2008	《一般货物运输包装通用技术条件》
5	GB/T 35412—2017	《托盘共用系统电子标签（RFID）应用规范》
6	GB/T 37106—2018	《托盘单元化物流系统托盘设计准则》
7	GB/T 37922—2019	《托盘单元化物流系统通用技术条件》
8	GB/T 35781—2017	《托盘共用系统塑料平托盘》
9	GB/T 34397—2017	《托盘共用系统管理规范》
10	GB/T 34396—2017	《托盘共用系统木质平托盘维修规范》
11	GB 12463—2009	《危险货物运输包装通用技术条件》
12	GB/T 35973—2018	《集装箱环保技术要求》
13	GB/T 17448—1998	《集装袋运输包装尺寸系列》